成渝地区双城经济圈高质量协同发展研究丛书

成渝地区双城经济圈
建设的法治保障研究

CHENG-YU DIQU SHUANGCHENG
JINGJIQUAN JIANSHE DE
FAZHI BAOZHANG YANJIU

张立哲 / 著

西南财经大学出版社

四川·成都

图书在版编目(CIP)数据

成渝地区双城经济圈建设的法治保障研究/张立哲著.—成都:西南财经
大学出版社,2021.9
ISBN 978-7-5504-4943-5

Ⅰ.①成⋯ Ⅱ.①张⋯ Ⅲ.①社会主义法治—建设—研究—成都②社会
主义法治—建设—研究—重庆 Ⅳ.①D927.711②D927.719
中国版本图书馆 CIP 数据核字(2021)第 132176 号

成渝地区双城经济圈建设的法治保障研究
张立哲 著

责任编辑:王利
封面设计:墨创文化
责任印制:朱曼丽

出版发行	西南财经大学出版社(四川省成都市光华村街55号)
网 址	http://cbs.swufe.edu.cn
电子邮件	bookcj@swufe.edu.cn
邮政编码	610074
电 话	028-87353785
照 排	四川胜翔数码印务设计有限公司
印 刷	四川五洲彩印有限责任公司
成品尺寸	170mm×240mm
印 张	12
字 数	222 千字
版 次	2021 年 9 月第 1 版
印 次	2021 年 9 月第 1 次印刷
书 号	ISBN 978-7-5504-4943-5
定 价	88.00 元

前言

　　成渝地区双城经济圈将形成西部高质量发展的重要增长极，探寻成渝地区双城经济圈建设的法治保障方案，对解决中国区域发展不平衡、不充分问题，具有重要战略意义。本书聚焦以下三个问题：一是框架机制，将成渝地区双城经济圈建设作为地方法治保障实践进行分析，构建一个与成渝地区双城经济圈建设相适应的法治保障框架；二是法治实践，在宪法框架下以行为法和组织法论证区域法治合法性，对京津冀、粤港澳大湾区、长三角地区同样问题的解决，具有普遍性意义；三是制度示范，成渝地区在协同立法、协同协议基础上，开展协同监督、协同代表、联合执法，打造国内乃至国际区域经济法治化样板，为区域协同提供制度范本。

　　全书共七章。

　　第一章为导言，梳理了国内外研究概况。

　　第二章为成渝地区双城经济圈建设法治保障的意义研究。成渝地区双城经济圈建设是新时代国家重大战略，是贯彻新发展理念、建设现代化经济体系的重要组成部分。区域经济协调发展以整体主义、实质公平和可持续发展为基本理念，符合法治的价值功能与目标追求。

　　第三章为成渝地区双城经济圈建设法治保障的法理研究。本章结合成渝地区双城经济圈建设实际，探讨法治概念的三个属性，即空间性、平等性、保障性；法治实践的三组关系，即中央与成渝地方政府的位阶关系、成渝地区政府间的权力关系、成渝地区双城经济圈建设中经济与法治的保障关系；法治保障的三个特征，即巴蜀法制文化一体、成渝中心城市法治先行、城市农村法律制度耦合。

第四章为成渝地区双城经济圈建设法治保障的比较研究。本章讨论了英国 20 世纪 60 年代的"地区就业优先计划"，认为经济圈建设应以劳动力转移问题为核心；讨论了美国开发地区失业问题治理，认为成渝地区双城经济圈建设要成立专门的职能部门进行管理；讨论了日本 20 世纪 50 年代的土地开发规划，认为要重视地方政府和私营企业的主体作用；总结了欧盟在制度基础、政策工具、区域划分、规划制订、运行机制方面的经验，认为超国家、国家、跨境区域形成的欧盟软法机制在欧盟区域经济发展中具有重要作用；分析了京津冀人大协同立法意见、办法、实施细则、协同立法制度体系，认为联席会议机制的实施对京津冀区域经济发展具有促进作用；总结了粤港澳大湾区社会制度和法律制度冲突解决经验，认为成渝地区双城经济圈建设应借鉴其行政执法清单制度；讨论了长三角地区决策层、协调层和执行层的"三级运作治理机制"，认为成渝地区双城经济圈建设中应统一法律适用标准。

第五章为成渝地区双城经济圈建设法治保障的基本架构。沟通协调机制：通常包括党政主要领导联席会议制度、政府工作协调机制以及专责小组协调推进机制。信息共享机制：信息收集以及信息共享平台建设与管理经费的承担等应在法律上进行系统规范。利益均衡机制：协同治理的信任关系建立取决于协同主体间利益的同构性，应建立利益分享机制、利益补偿机制、利益协调机制。政府间纠纷解决机制：通过政府协议及两地司法、行政、检察部门协定方式明确双方义务，构建事前责任调控解决机制。民商事纠纷解决机制：受制于司法、行政管辖密切联系原则，需寻求成渝地区纠纷替代性解决方案。

第六章为成渝地区双城经济圈建设法治保障的效果评价。中央财经委员会第六次会议为成渝地区双城经济圈建设规定了统一标准，成渝地方政府在会议的基础上相继推出了协议、方案、意见，围绕中央会议精神设计衡量法治保障效果的指标体系。

第七章为成渝地区双城经济圈建设法治保障的主要内容。本章提出了法治保障的七项任务。交通设施：将法治思维和法治方式贯穿交通基础设施规划、建设、管理、运营过程。现代产业体系：产业与区域经济协调发展应以法律制度体系加以规范，摆脱经济发展政策路径依赖。协同创新：创新资源共建共享和区域法治协同。国土空间：优化长江上游单元的国土空间布局。生态环境：考虑长江流域生态系统与经济发展同构性、流域治理开发保护与管理特殊性，在制度上规范引导。体制创新：强化管理的程序公正，以治理框架法治化保障成渝地区平衡发展。公共服务：完善服务标准化、区域均等、城乡均等、群体均等的政策法律体系。

本书是积极响应中央"推动成渝地区双城经济圈建设，在西部形成高质量发展的重要增长极""使成渝地区成为具有全国影响力的重要经济中心、科技创新中心、改革开放新高地、高品质生活宜居地"等着眼于新发展阶段、经略西部腹地、完善区域布局、促进协同发展等重大战略部署的研究成果。

本书经过多次讨论，反复修改，最终形成。张立哲设计了基本思路和全书提纲，并负责全书的统稿、定稿。中共四川省委党校王倩楠、王丽萍、鲍钰同学参与了书稿的撰写和校对工作。同时，本书的出版得到了中共四川省委党校的大力支持，并得到多位专家的指导；此外，本书还参考和借鉴了不少同行专家学者的观点。对上述单位和个人，在此一并表示衷心的感谢！

张立哲

2021 年 5 月

目录

第一章 导言

一、国内外相关研究的学术史梳理及研究动态

成渝地区双城经济圈建设是新时代中国区域经济协调发展的重大战略。区域经济研究基于全球化与本土化，内容聚焦优势区域（国家）与欠发达区域（国家）关系探讨，是国内外经济学、管理学、法学研究的重要议题。

第一，国外区域经济研究的学术史梳理及研究动态。国外区域经济研究经历了从经济学、管理学向法学等多学科研究视角拓展的发展历程。传统区域经济学（Anderson et al., 1968）强调特定区域政府、政策、创新、人口集聚对经济的影响（Din, 2015）。20 世纪 80 年代，随生产要素流动性增强、地方公共事务外溢性凸显，学者意识到公共管理是跨地区经济合作的基础（Dickey, 1978），公共管理学研究为区域经济合作提供了新的理论框架（Glushakova, 2019）。20 世纪 90 年代，软法（soft law）理论兴起，以"没有法律约束力但有实际效力的行为规则"（Francis, 1994）作为概念标识，为区域经济提供了规范研究视角（Lucia Quaglia, 2019）。

第二，国内区域经济研究的学术史梳理及研究动态。与国外区域经济研究的学术脉络保持一致的同时，国内研究还呈现出"回应中国本土重特大现实问题"的研究倾向，成果集中在三方面：一是区域经济理论研究。以区域经济为对象的研究成果主要集中在国内区域经济学理论研究中，主要有区域经济增长理论、区域产业结构理论（袁永科 等，2019）、区域产业布局理论（邱少煌，2016）、区域竞争力理论（倪外 等，2020）等。二是区域发展政策研究。区域协调发展政策作为指导地区经济和社会发展的国家战略，拓宽了区域经济研究的公共治理维度，主要有国家重点战略区域政策的协调性研究（赵艾，2019），产业政策、基础设施政策、环境政策评价研究（赵婷 等，2020）。三是区域经济法治研究。区域经济制度基础在于从内部政策到公共政策（包括

广义的法律）的转变。和经济学、管理学成果相比，法学研究呈现实践描述—规范分析—理论探讨视角的切换。实践描述是对粤港澳大湾区（谢宇，2020）、长三角（王爽，2018）、京津冀（陈泰 等，2020）等公共事务跨域治理进行研究；规范分析是对不同区域经济发展与法律治理的模式进行提炼，主要有区域立法、区域行政协议（董国权，2020）；理论探讨是对法律治理的共性问题进行反思，主要有行政行为理论（叶必丰，2016）、区域经济法理论（陈婉玲，2020）和区域法治理论（公丕祥，2016；文正邦，2016）。

二、国内外成渝地区经济研究的学术史梳理及研究动态

通过对成渝经济、成渝城市群、成渝经济圈等中英关键词的检索分析发现：中国提出"构建成渝中国西部双核城市群"后（2003 年），相关论文数量快速增长；2011 年《成渝经济区区域规划》实施，该主题文献达到第一个峰值（359 篇）；2016 年《成渝城市群发展规划》实施，该主题文献达到第二个峰值（248 篇）。成果主要集中在经济学（57%）、管理学（18%）、工程科技（11%）领域。与成渝地区双城经济圈具有共引关系的关键词包括：城市群、成渝城市群、成渝地区、长江经济带。其中成渝城市群、成渝经济区被引次数多，在此基础上引发了对多个领域的拓展研究，包括：污染治理、政策实施、区域法治。第一，域外软法理论，该理论由罗豪才、宋功德、叶必丰、公丕祥等学者引入国内并广泛应用于区域经济研究。软法理论的贡献在于对政府行政指导行为的合法性解释，但区域经济法治保障是一项综合性研究，尚需其他理论支持，包括以法治理论解释空间区位在区域治理中的特殊性，以组织法理论解释央地、府际主体关系，以法社会学理论检验法治保障的信度、效度等研究。这些理论主要基于中国独特的法制文化传统和区域经济法治实践，是中国法学界对国际法治理论的贡献。将成渝地区双城经济圈等区域经济建设纳入法治研究范畴是法学对社会经济发展新现象、新问题的积极回应。第二，成渝地区经济研究主要为单一学科门类。以单一的经济学、管理学研究视角讨论经济区域问题，容易割裂区域经济丰富多样的价值取向，淹没区域经济深厚的法治意义。成渝地区双城经济圈文献主要以报纸、网络媒体报道为主，与成渝地区双城经济圈国家战略要求有较大距离。从研究成果时间分布看，成渝研究政策驱动明显，关键词聚类文献与政策背景高度匹配。可以预见，随着成渝地区双城经济圈的细化政策陆续出台，相关研究成果会不断涌现。同时，从成渝经济区、城市群、长江经济带等宏观词汇逐步延伸到川渝协同、区域治理等细分词

汇，说明成渝研究正不断细化。尽管法学研究在现有研究中占比小、数量少，但可以预见未来该主题研究势必将延伸至法学领域，成为新的知识增长点。

　　成渝地区双城经济圈建设法治保障这一命题蕴含着完整的逻辑体系，为解决新时代区域经济"为何需要法治保障""如何进行法治保障"以及"怎样评价法治保障效果"等一系列重大问题提供了实证经验支撑和理论研究基点。成渝经济发展不仅具有法治范畴的一般性，也具有区域法治的特殊性，本书以成渝经济与法治关系为切入点，集中讨论区域法治地域性、公平性、保障性，为理解成渝经济一体化寻找可靠的概念工具。目前多数研究成果缺少对国外、国内不同区域的比较研究，对长三角、粤港澳大湾区、京津冀等与成渝经济具有共性特征区域治理的比较研究不足。成渝地区双城经济圈建设将形成高质量发展的重要增长极，探寻成渝地区双城经济圈法治保障方案，对解决中国区域发展不平衡、不充分问题，具有重要战略意义。

第二章　成渝地区双城经济圈建设法治保障的意义研究

　　2020 年 10 月 16 日，习近平主持的中共中央政治局会议上审议通过的《成渝地区双城经济圈建设规划纲要》将成渝地区双城经济圈建设作为国家区域经济发展的重要规划①。2021 年 1 月 10 日，中共中央审议通过了《法治中国建设规划（2020—2025 年）》，提出要坚定不移建设良法善治的法治中国②。现阶段，我国正处于百年未有之大变局的关键时期，在统筹推进"四个伟大"的发展阶段，在我国大力建设社会主义现代化强国的社会主义新时代，在以习近平同志为核心的党中央坚强领导下，国家提出成渝地区双城经济圈战略，具有重大的时代意义与价值。新时代区域发展中，国家就是要将地处西部的成渝地区打造成为继长三角、京津冀、粤港澳大湾区之后的第四增长极。新中国成立以来尤其是改革开放以来，我国坚持以经济建设为中心，先后划分了长三角、珠三角、京津冀、粤港澳大湾区区域建设，拉动了我国东部沿海以及重要区域经济社会发展。为进一步缩小区域发展差距、推动西部地区发展，新时代国家提出成都和重庆这两大中心城市牵头带动我国西部地区发展。成渝地区如果能与沿海三大增长极连点成线，从全国范围来看，将形成一个占全国经济总量七成以上的巨大菱形空间，形成"北有京津冀，东有长三角，南有粤港澳，西有成渝"的中国区域经济格局，将在拉动我国区域经济建设、文化建设、社会建设、政治建设、生态建设中发挥引擎作用。

　　我国改革开放总设计师邓小平高瞻远瞩，率先在我国东部沿海地区设立经济特区，打开中国国门，积极学习和借鉴西方国家发展经验。随着科技的进步

---

　　①　中共中央政治局召开会议审议《成渝地区双城经济圈建设规划纲要》[N]. 人民日报，2020-10-17（1）.
　　②　中共中央印发《法治中国建设规划（2020—2025 年）》[N]. 人民日报，2021-01-11（1）.

与对外开放的深化，我国东部沿海地区在经济、文化、社会、生态建设方面远远领先于国内其他区域。为深入贯彻落实西部大开发与区域协调发展战略，并顺应区域产业发展规律，现阶段，只有按照"资源、劳动密集型产业—资本密集型产业—技术密集型产业"的产业梯度转移顺序，将沿海的制造业更多留在西部大后方，推动西部地区经济发展水平大幅提升，跨越"胡焕庸线"，激活西部地区4亿人口的庞大内需市场，才能形成更高质量的内循环体系。为进一步扩大对外开放，加强与世界各国经济贸易往来，我国不断加强与世界各国往来的交通设施建设。纵观我国地形图，成渝地区属于我国重要的交通枢纽，目前已有多条国际物流大通道在成渝地区形成联结点。向东，可打通中欧班列与长江水道，实现两地水陆交通一体化；向西，中欧班列可从成渝沿线直达欧洲各国；向南，可直接打通成渝直达新加坡等东盟国家的"陆海新通道"，将成渝地区与水陆丝绸之路有效衔接；向北，成渝已开通直达俄罗斯的国际班列，两地人员可直接往来。由此可见，成渝地区作为重要的交通枢纽，其建立与完善将极大地拉动西部地区经济社会发展。因此，国家提出大力建设成渝地区双城经济圈具有重大的战略意义与时代价值。

法治是人类文明进步的重要标志。1954年我国颁布了第一部真正意义上的宪法，之后，在社会主义现代化建设中，中国共产党带领中国人民不断进行法治化建设与实践，根据我国发展实际不断修改与完善宪法条例，切实用法律保障广大人民群众的权利。我国是社会主义法治国家，经济社会的平稳、良好运行离不开法治的保障。成渝地区双城经济圈建设作为国家提出的一项重大区域发展战略，在发展中会有诸多方面的不足，因此用法治来保障区域经济发展的有效实施，符合国家区域发展理念，也符合我国建设社会主义法治国家的初心与使命。法治对成渝地区加快基础设施建设、搞好生态环境保护与建设、实现成渝地区经济结构调整、发展教育与新兴科技、进一步扩大成渝地区区域对外开放、带动成渝地区乃至整个西部地区的法治化发展都起到了重要作用。因此，新时代加快成渝地区双城经济圈的法治保障，是国家顺应时势而提出的一项重大区域发展战略，其发展不仅可以带动区域经济社会发展，而且可以带动整个西部地区发展壮大，呼应国家建设社会主义法治社会的时代要求，是一项重大而有意义的行动规划。

一、成渝地区双城经济圈建设是建设现代化经济体系的重要组成

党的十九届五中全会提出，要加快构建以国内大循环为主体、国内国际双

循环相互促进的新发展格局①。新中国成立以来尤其是改革开放以来，我国为拉动经济和区域发展，按地理位置划分，先后提出并实施了东部地区率先发展、老东北全面崛起、西部大开发、中部崛起等集中连片式发展战略；按区域划分，先后提出了长三角、珠三角、京津冀、粤港澳大湾区区域发展。总体来看，区域经济的发展拉动了我国经济社会的发展，也极大地提高了人民的生活水平与生活质量。加强产业联动，健全合作机制，推动区域发展是国家发展的重要目标与追求。中共中央政治局审议通过的《成渝地区双城经济圈建设规划纲要》，对成渝地区双城经济圈建设明确了目标，提出了要求，意味着成渝这片土地未来的发展有了新定位和新路径。贯彻落实中央部署，打造带动全国高质量发展的重要增长极和新的动力源，成渝两地在成渝地区双城经济圈建设中正在协同发力。成渝地区作为国家的一部分，成渝地区双城经济圈的建设与发展对国家整体发展、西部崛起意义重大。四川、重庆作为我国西部地区发展的领头羊，新时代在全面促进西部大开发、拉动我国中西部区域协同发展中发挥了重要作用。

1. 成渝地区双城经济圈建设是新时代国家发展的一项重大战略

新中国成立以来尤其是改革开放以来，党的领导集体审时度势，根据我国正处于社会主义初级阶段的基本国情，调整我国区域发展战略与经济发展战略。1978 年党的十一届三中全会提出我国实行改革开放政策，1979 年邓小平同志在中国南海边"画了一个圈"，在我国东南沿海设立经济特区，随后我国经济进入了长达 40 余年的黄金发展期，GDP 年均增速超 9%，并一跃成为世界第二大经济体。随着改革开放的深入发展，我国逐渐形成了京津冀、长三角、粤港澳大湾区三大东部沿海增长极。中央财经委员会第六次会议提出，要推动成渝地区双城经济圈建设，在西部形成具有全国重要影响力的增长极②。这表明国家将成渝地区双城经济圈建设提升为国家发展的一项重大战略方针。在当代国际社会深刻变革、国内经济发展压力增大的时代背景下，成渝地区双城经济圈建设具有重大意义与时代价值。对内而言，成渝地区双城经济圈将成为西部地区发展的新引擎，进而带动我国西部地区经济增长，最大范围地解决我国区域发展不平衡、不充分问题；对外而言，成渝地区双城经济圈的建设与发展可以依托"一带一路"成为新时代扩大对外开放的新支点。畅通国内大

---

① 中共中央关于制定国民经济和社会发展第十四个五年规划和二〇三五年远景目标的建议 [N]. 人民日报, 2020-11-04 (1).

② 习近平主持召开中央财经委员会第六次会议强调 抓好黄河流域生态保护和高质量发展 大力推动成渝地区双城经济圈建设 [N]. 人民日报, 2020-01-04 (1).

循环、促进国内国际双循环是现阶段我国发展的重要目标与追求①，成渝地区双城经济圈将形成国内国际双循环的新发展格局中的重要增长极与发展点。

继长三角、京津冀、粤港澳大湾区形成增长极后，成渝经济圈区域经济的发展将使我国形成"北有京津冀，东有长三角，南有粤港澳，西有成渝"的中国区域经济格局，将带动西部地区新一轮发展。成都和重庆作为成渝地区双城经济圈建设的重心，在成渝经济区建设中发挥着引擎作用。经济基础方面，成都和重庆是两大国家级发展城市，成都是西部经济发展的重心和国家级高新技术基地，可为成渝地区经济发展提供强大的技术与科技支持；重庆作为直辖市，在西部整体区域发展中发挥着领头羊与排头兵的作用。2019 年成渝地区实现 GDP 近 7 万亿元，经济总量占西部地区的 33.25%②。区位优势方面，成渝地处全国"两横三纵"城市化战略格局沿长江通道横轴和包昆通道纵轴的交汇地带，不仅具有承东启西、连接南北的独特区位优势，而且是"一带一路"建设和西部大开发、长江经济带战略的交汇点，是打通西部陆海新通道建设的重要战略支撑，是国家推进新型城镇化建设的重要示范区，得天独厚的地理位置和区域优势为成渝地区双城经济圈的建设提供了先决条件。我国幅员辽阔，其中西部地区更是面积广阔，但是总体上看，西部地区经济、社会、文化、教育等各方面还远落后于东部沿海地区，且西部城市由于身处我国西部内陆地区，单个城市很难担负西部地区经济发展的重任，因此需要多个地区加强交流与合作，共同提升地区发展实力。从这个角度来看，成渝地区双城经济圈建设具有较大的优势。成渝两地在国务院批复《成渝经济区区域规划》后就不断加深加强多方面合作与交流。2015 年成渝高铁正式通车，通行时间约 1.5 小时，将成渝"双城生活"变为现实；2016 年 4 月，国家发展改革委、住房和城乡建设部联合印发《成渝城市群发展规划》③；2018 年 6 月，川渝签署《深化川渝合作深入推动长江经济带发展行动计划（2018—2022 年）》和 12 个专项合作协议④；

---

① 中共中央关于制定国民经济和社会发展第十四个五年规划和二〇三五年远景目标的建议 [N]. 人民日报，2020-11-04（4）.

② 惠小勇，李勇，江毅，等. 西部有个新的"圈"：成渝加快成渝地区双城经济圈建设 [EB/OL].（2020-09-15）[2021-01-12]. http://www.gov.cn/xinwen/2020/09/15/content_5543704.htm.

③ 国家发改委. 关于印发《成渝城市群发展规划》的通知 [EB/OL].（2016-05-04）[2021-01-24]. https://www.ndrc.gov.cn/fzggw/jgsj/ghs/sjdt/201605/t20160504_1170022.html.

④ 中华人民共和国生态环境部. 四川重庆签署《深化川渝合作深入推动长江经济带发展行动计划（2018—2022 年）》[EB/OL].（2018-06-08）[2021-02-02]. http://www.mee.gov.cn/ywdt/dfkx/201806/t20180608_442795.shtml.

2019年，签署《深化川渝合作推进成渝城市群一体化发展重点工作方案》①；2020年，习近平主持召开中央政治局会议，审议通过了《成渝地区双城经济圈建设规划纲要》，开启了成渝地区双城经济圈建设的新的历史进程。在国家政策的引导和成渝两地共同努力下，两地之间的交流合作越来越频繁，两地的资源和要素分配越来越趋向正规化、合理化。2020年4月重庆市委五届八次全会和2020年7月四川省委十一届七次全会上，两地再次强调"一盘棋""一家亲"的发展理念，并强调在基础交通设施建设、协同创新、区域生态环境保护与治理、现代产业发展、教育等方面进一步加强合作与交流。总体上来说，成渝地区双城经济圈的建设与发展在西部地区已达成共识，两地将作为我国西部地区经济发展的增长极协同发展。

从国家层面看，成渝地区双城经济圈的建设是国家发展的一项重大战略。区域经济一体化已经成为我国现阶段经济与社会发展的显著特征与重要趋势②。成渝地区双城经济圈区域规划也是国家根据当前国内外发展形势而顺时提出的一项国家重大区域发展战略。2020年突发席卷全球的新冠肺炎疫情，疫情增加了世界发展不平衡不稳定的诸多因素，这也凸显了国家加大力度实施成渝地区双城经济圈建设的紧迫性与时代性。为稳定国内发展大局和保障人民的生命财产安全，以习近平同志为核心的党中央运筹帷幄，着眼于百年未有之大变局和中华民族伟大复兴战略全局，计划将成渝地区打造成我国西部地区区域发展的又一增长极。成渝地区双城经济圈建设是习近平总书记亲自谋划、亲自部署、亲自推动的国家重大区域发展战略，党的十八大以来，我国社会主要矛盾转变为人民日益增长的美好生活需要和不平衡不充分的发展之间的矛盾，社会主要矛盾的转化和我国处于社会主义初级阶段的基本国情决定了以习近平同志为核心的党中央聚焦重点区域、重点流域，坚持因时应势、精准施策，谋划实施一系列区域发展重大战略，有力促进了全国区域协调发展。推动成渝地区双城经济圈建设是党中央基于国家发展形势和国内外发展背景而提出的重大国家发展战略，是培育新的发展战略支撑、抢占国家发展有利位势的重大举措，也是新时代更好地服务于中华民族伟大复兴的重大国家战略。坚持问题导向和目标导向是我国大力建设社会主义法治国家遵循的基本原则③。成渝地区

---

① 赵宇飞. 川渝合作推出成渝城市群一体化发展"路线图" [EB/OL]. (2019-07-12) [2021-02-06]. http://www.gov.cn/xinwen/2019-07/12/content_5408701.htm.

② 李煜兴. 区域行政的兴起与行政法的发展变迁 [J]. 武汉大学学报 (哲学社会科学版), 2018, 71 (4): 138-144.

③ 中共中央印发《法治中国建设规划 (2020—2025年)》[N]. 人民日报, 2021-01-11 (1).

双城经济圈的法治保障，就要坚持法治在成渝区域建设中的引领与指导作用，聚焦新时代成渝发展中的突出问题、人民群众反映强烈的问题以及成渝地区双城经济圈建设中法治薄弱的环节，加大法治投入力度，增强区域法治建设的针对性与有效性。成渝地区双城经济圈是国家新提出的区域发展战略，法治化建设应紧贴实际，充分考虑成渝地区经济社会发展状况、成渝法治建设的总体进程以及区域内人民群众法治需求的变化，不断满足人民群众对法治建设的需求，提升国家整体法治建设水平。

对成渝两地而言，成渝地区双城经济圈建设是新时代进一步提升成渝两地各方面合作、促进成渝区域优势互补协同共兴的战略举措。当前，成渝地区既有成都和重庆两大人口过千万的国家级中心城市，又有周边一些迅速成长的中小型城市。以成都和重庆为中心的成渝地区是我国西部地区人口密集、人才聚集、产业发展良好、交通基础设施完善、发展潜力大的优质型区域，再加上自古以来川渝两地山水相连，具有深厚的历史渊源。因此，推动成渝地区双城经济圈建设不仅顺应国家发展大势，而且符合成渝两地人民的热切盼望。将成渝两地合作推向高位实施、全面深化的新阶段，有利于发挥成都和重庆两地区域中心的作用，有利于进一步强化成都和重庆两地的比较优势。成渝地区双城经济圈建设，将在经济、政治、文化、社会、民生、教育、医疗、交通等方面实现两地资源优势互补、互融互通，实现两地共同发展，不仅可以提升西部地区经济发展水平与发展质量，而且可以进一步加强两地交流与合作。在新时代新的发展阶段和历史时期，成渝地区双城经济圈建设有利于完善该区域基础交通新布局，吸引带动区域经济发展的重大项目落地生根，实现西部地区基础交通设施的完善与发展；有利于构造区域发展新格局，在国家区域协同发展的政策引导下成为拉动西部地区经济社会发展的增长极；有利于培育成渝地区创新驱动新优势，依托国家区域发展政策，实现成渝地区产业发展由资源密集型、劳动密集型向以科学技术为主的技术密集型转化，成渝两地协同产业转移，打造西部技术密集型产业发展示范区，依靠更多创新驱动的产业发展型企业，提升成渝地区整体科技发展水平；有利于形成成渝两地全面开放的新高地，以成都和重庆为中心的成渝地区位于我国西部内陆地区，与东部沿海地区相比，其开放程度较低，开放范围相对较小，在成渝地区双城经济圈的国家政策引导下，两地将进一步扩大对外开放空间和范围，形成全面开放新态势，在更大范围更深层次参与区域化、国际化竞争；有利于迈向绿色发展新阶段，从国家战略方面，新时代成渝地区双城经济圈建设有利于进一步筑牢长江和黄河上游生态屏障，在坚持和贯彻绿色发展理念的条件下走出一条生态优先、绿色发展的新道路，助推成渝地区双城经济圈的建设与发展。高起点、高标准规划建设天府中央法务区，是新时代深入贯彻落实习近平法治思想、打造一流法律服务高地的题中应有之义①。同样，成渝地区双城经济圈建设将成为西部区域法治发展的重要样板，通过区域法治协调提升川渝地区整体法律发展水平，将成为加快打造立足西部、影响全国的区域法律高地的重要举措，打造区域建设市场化、法治化、国际化营商环境，助力四川省法律新高地建设。

就国家大政方针和成渝区域发展角度来看，成渝地区双城经济圈建设的法治保障有重大现实意义。人类的文明进步离不开法治，同样，区域的健康发展也需要法治的保障。《法治中国建设规划（2020—2025年）》明确提出，坚持立改废释并举，加强重点领域、新兴领域立法②。成渝地区双城经济圈作为国家级发展战略，加强区域发展中的法治保障是大力开发成渝地区双城经济圈的一项重要任务，也符合法治中国建设规划的要求。同时规划还提出加强京津冀协同发展、长江经济带发展、粤港澳大湾区建设、长三角一体化发展、黄河流域生态保护和高质量发展、推进海南深化改革开放等国家重大发展战略的法治保障③。这意味着成渝地区双城经济圈将与我国其他区域一起，不断打造区域法治建设新高地，提升成渝地区双城经济圈法治化建设水平。成渝地区在发展中认真贯彻落实《成渝地区双城经济圈建设规划纲要》和《法治中国建设规划（2020—2025年）》文件精神，在追求成渝经济发展的过程中不断加强区域发展的法治保障，让法治为区域发展保驾护航。

2. 成渝地区双城经济圈建设是贯彻国家新发展理念的生动写照

成渝地区双城经济圈建设不仅是新时代国家发展的一项重大战略，而且是贯彻国家新发展理念的生动写照。新时代下坚持新发展理念，就要坚定不移走创新、协调、绿色、开放、共享的新型发展之路④。新时代我国的经济发展正不断追求健康、绿色的发展模式，成渝地区双城经济圈建设与各方面的发展都要坚定不移贯彻新发展理念。成渝地区双城经济圈建设就是深入贯彻落实国家新发展理念的生动写照。

要贯彻新发展理念，成渝地区双城经济圈建设应坚持以下五点：

第一，坚持创新发展。创新是一个国家兴旺发达的不竭动力源泉，是一个

---

① 张守帅. 彭清华出席天府中央法务区启动运行活动强调 加快打造一流法律服务高地 以高水平法治护航我省高质量发展 [N]. 四川日报，2021-02-06（1）.

② 中共中央印发《法治中国建设规划（2020—2025年）》[N]. 人民日报，2021-01-11（1）.

③ 中共中央印发《法治中国建设规划（2020—2025年）》[N]. 人民日报，2021-01-11（1）.

④ 兰红光、黄敬文. 中共十八届五中全会在京举行 [N]. 人民日报，2015-10-30（1）.

国家立足世界舞台的发展动力，社会经济的发展、文化的繁荣、政局的稳定、生态的治理、社会的进步、科技的每一次飞跃都离不开创新。加强成渝两地的创新发展，提升成渝两地创新发展水平，将成渝打造成拉动西部地区创新发展的主要动力引擎，在实践发展中推进理论创新、制度创新、科技创新、文化创新，让创新在成渝地区蔚然成风。成渝两地根据本区域发展实际，培育本地区发展新动力，优化成渝及周边中小城市在劳动力、土地、技术、资本、管理等方面的要素分配，激发该区域企业创新活力；构建成渝发展新体制，加快构建有利于创新发展的市场环境、产权制度、投融资体制、分配制度、人才培养机制，并进一步转变政府职能，处理好政府与市场的关系，在坚持以市场为主导的前提下不断激发市场活力和社会创造力，使市场、资源、劳动力等要素在成渝地区自由流动；进一步创新和完善国家和政府部门宏观调控方式，减少政府对成渝区域发展中价格形式的干预，并全面放开竞争性领域商品和服务价格，充分发挥市场在资源配置和价格形成中的主导作用，使以成渝为主导的广袤的西部地区成为社会主义市场经济发展示范区。

第二，坚持协调发展。进入新的历史发展阶段，要牢牢把握我国社会主要矛盾已转变为人民日益增长的美好生活需要同不平衡不充分的发展之间的矛盾，牢牢把握中国特色社会主义事业总体布局，正确处理好成渝两地在发展中出现的各种矛盾与问题，促进四川和重庆城乡区域协调发展，以及新时代新型工业化、信息化、城镇化、农业现代化同步发展。力争在增强和提高成渝两地硬实力的同时不断提升两地的软实力，增强区域发展的整体性与竞争力。确保成渝两地协调发展，积极推进形成两地市场一体化、要素自由流动、基本公共服务均等化的新发展格局。推进四川省和重庆市城乡协调发展，在实践中不断建立健全一体化发展机制，加强两地农村基础设施建设，增强城市对农村的援助，提高区域整体发展水平。在坚持"五位一体"总体布局的前提下，推进成渝地区精神文明发展。近年来，成渝地区从只重视区域物质文明建设转变为提倡物质文明和精神文明协调发展、相互促进。成渝地区经济的发展不仅可以增加当地居民的收入，而且可以提升人民的生活水平与生活质量，进而不断提升人民的幸福感。成渝地区贯彻新发展理念，坚持协调发展，能更好地促进成渝地区经济、政治、文化、社会、生态等各方面发展。

第三，坚持绿色发展。总结我国早期"先污染后治理"之路的经验与教训，之前我国的经济虽然得到一定的发展，但是伴随而来的是大气污染、水污染、噪声污染、土地沙漠化、土地荒漠化、水土流失等生态失衡事件，甚至有些严重的生态破坏事件已威胁人类生命健康安全。党的十八大将"生态文明建设"纳入中国特色社会主义"五位一体"总体布局①。党的十九大报告提出"建设生态文明是中华民族永续发展的千年大计"②，并在同次会议中将"生态文明"写入党章③。第十三届全国人民代表大会第一次会议通过了《中华人民共和国宪法修正案》，"生态文明"历史性写入宪法④。成渝地区双城经济圈建设作为国家新提出的国家战略，在区域发展中始终牢牢抓住绿色发展理念，并将绿色发展理念融入成渝区域发展的方方面面。2021年2月2日是第25个"世界湿地日"，当日，重庆市林业局、四川省林业和草原局联合举办了成渝地区以"湿地与水"为主题的世界湿地日活动。截至2021年2月底，重庆已建成湿地自然保护区12个、国家湿地公园（含试点）22个，全市湿地面积共计20.72万公顷⑤。成渝两地在贯彻落实成渝区域建设一体化发展和新发展理念的过程中，坚持以绿色发展理念为引领、以绿色发展方式为指导，坚定不移地走生产发展、生活富裕、生态良好的文明发展道路。成渝地区双城经济圈建设在此时提出，意味着成渝地区双城经济圈在发展中要坚定不移地贯彻绿色发展理念，在经济、社会发展的同时不断改善环境质量。

第四，坚持开放发展。成渝地区双城经济圈建设作为国家新兴战略，在区域发展中始终坚持开放发展。我国西部内陆地区由于特殊的地理位置，其开放程度较东部沿海地区低。成渝区域发展坚持开放发展理念，就是在新发展阶段以更加开放的心态投身区域建设与发展，坚持"引进来"与"走出去"相结合。成渝两地尤其要加强区域间经济、文化、市场、资源、要素等的流动，形成互利合作的开放格局。成渝地区双城经济圈建设依托"一带一路"，形成对外开放新体制。成渝地区坚持开放发展理念，就是在国家对成渝两地的大力支持下不断扩大对外开放水平，吸引大型产业、大量资金入驻该区。截至2021年1月，成都已有英特尔、IBM、戴尔、华为等60余家知名公司入驻，大规模企业达1 400余户⑥。这些大型企业的入驻，可为成都市提供相关就业岗位，带动相关配套产业落户该区，也可拉动相关基础设施、休闲娱乐设施的建设与

---

① 坚定不移沿着中国特色社会主义道路前进为全面建成小康社会而奋斗 [N]. 人民日报, 2012-11-09（1）.

② 决胜全面建成小康社会 夺取新时代中国特色社会主义伟大胜利：习近平同志代表第十八届中央委员会向大会作的报告摘登 [N]. 人民日报, 2017-10-19（1）.

③ 中国共产党第十九次全国代表大会关于《中国共产党章程（修正案）》的决议 [N]. 人民日报, 2017-10-25（1）.

④ 十三届全国人大一次会议举行第三次全体会议 [N]. 2018-03-12（1）.

⑤ 王翔. 川渝携手共护湿地 [N]. 重庆日报, 2021-02-04（4）.

⑥ 王国平. 成都首个万亿级产业诞生 [N]. 四川日报, 2021-01-29（1）.

发展。同时这些大型高端企业在入驻与发展过程中，也需要法治保障。因此，在新发展理念下，成渝两地应坚持经济发展与法治保障同步进行，区域经济的提升吸引更多高端企业入驻该区，同时也进一步提升了区域法治建设与发展水平。在我国大力建设社会主义法治国家的时代背景下，运用法治思维和法律规范进行区域建设与开发，营造公平、公正、互利、共赢的区域发展环境，坚持开放的发展理念，可吸引更多高端企业或公司入驻该区。

第五，坚持共享发展。共享，即全民共享。国家提出的成渝地区双城经济圈建设就是要提升成渝区域发展水平，提升成渝区域人民的幸福感与获得感。成渝地区双城经济圈建设应牢固树立发展为了人民、发展依靠人民、发展成果由人民共享的成渝区域发展理念，在发展中提升区域人民的生活水平与生活质量，不断满足成渝地区人民日益增长的物质文化需求。以成渝为中心的我国西部地区相对来说经济、社会、文化、科教发展较为落后，该区域人民的生活水平总体来说相对较低。成渝地区双城经济圈的规划与建设依托国家财政、人才、项目等的支持，会带动该区经济发展迈上更高台阶。截至 2020 年年底，我国已有长三角城市群、珠三角城市群、京津冀城市群、成渝城市群四个一级城市群①。成渝城市群在建设中始终坚持以人为本的发展理念，改善区域发展环境，将人民群众的需求落实到区域发展建设的方方面面。一是加强交通基础设施建设，以高速交通网络建设增加区域的通达性，为区域发展和人民生活提供便捷的基础交通条件；二是坚持以"集约、紧凑、绿色、生态"为原则，优化区域内部各部分规划，为区域发展提供良好的宏观指导；三是以扩大区域就业为导向，为成渝地区人民尤其是年轻人提供多方位、可供选择的就业岗位，扩大就业，保障人民的生存权、就业权、发展权。总之，在成渝地区双城经济圈的发展中坚持共享发展理念，就是要不断提升区域发展水平与发展质量，并建立健全收入分配制度，在将"蛋糕做大"的同时将"蛋糕分好"，提升区域内人民的获得感与幸福感。

成渝地区双城经济圈建设贯彻新发展理念，就是要根据我国社会主要矛盾的转变，在发展中不断满足人民日益增长的美好生活需要。坚持高质量发展，就要牢牢坚持创新、协调、绿色、开放、共享的发展之路，并在发展过程中贯彻实施法治保障。2021 年 1 月，经国务院同意，国家发改委修订出台了《西部地区鼓励类产业目录（2020 年本）》，此次修改的一项内容就是围绕区域生态环境建设与发展，提倡该区域根据区域实际，发挥区域特色优势，发展新兴

---

① 叶裕民. 实施以人为本的城市群发展战略［N］. 人民日报，2013-07-14（5）.

产业和区域绿色经济。在国家法治化进程中，成渝两地在认真贯彻落实《法治中国建设规划（2020—2025年）》，根据成渝新发展理念，在实现中华民族伟大复兴的关键时期，在统揽伟大斗争、伟大工程、伟大事业、伟大梦想的实践中，将全面依法治国摆在全局性、战略性、基础性、保障性的位置，向着全面建成法治中国不断前进。

3. 成渝地区双城经济圈建设是建设现代化经济体系的重要组成部分

新时代发展现代化经济体系，就是不断建立和完善与我国社会主义现代化建设相适应的现代产业体系及其运行机制和管理机制①。成渝地区双城经济圈建设是国家在进入社会主义发展新时期、新阶段、新时代，为全面建成小康社会和实现中华民族伟大复兴的中国梦而提出的区域发展战略。党的十八大以来，在以习近平同志为核心的党中央的领导下，我国将建设现代化经济体系作为全面建设社会主义现代化国家的重大任务。习近平总书记指出："现阶段我国经济正处在转变发展方式、优化经济结构、转换增长动力的攻关期，建设现代化经济体系是我国迫切的发展需求。"② 发展的根本途径就是实现质量变革、效率变革、动力变革③。成渝地区在建设现代化经济体系的过程中，也要以法治理念为指导，提升区域现代化经济发展水平与现代化经济法治保障水平。

建设现代化经济体系，必须把发展经济的着力点放在实体经济上④。成渝地区双城经济圈的建设，首要的任务就是建立现代产业体系。成渝地区双城经济圈建设要着力构建新型现代化经济体系，努力在发展中建设创新引领、协同发展的产业体系。成渝地区要加快建设现代产业体系，就要根据时代发展要求，依托现代科技，将现代科技如互联网、人工智能、大数据与实体经济相融合，不断加大区域间合作，在推进生产性服务业、金融服务业、科技服务业、物流服务业一体化方面深化合作与交流，推动成渝地区实体经济快速发展。自成渝地区双城经济圈建设规划提出以来，成渝地区不断推动区域实体经济整体升级，建立起了以成都、重庆为中心，泸州、内江、永川、荣昌等中小城市和多个小城镇协调发展的产城融合新格局⑤。毋庸置疑，现代化产业体系的建成

---

① 周绍朋. 强国之路：建设现代化经济体系 [J]. 国家行政学院学报，2018 (5)：51-56，188.
② 决胜全面建成小康社会 夺取新时代中国特色社会主义伟大胜利：习近平同志代表第十八届中央委员会向大会做的报告摘登 [N]. 人民日报，2017-10-19 (2).
③ 周绍朋. 强国之路：建设现代化经济体系 [J]. 国家行政学院学报，2018 (5)：51-56，188.
④ 王政. 现代产业新体系加快构建（"十三五"，我们这样走过）[N]. 人民日报，2020-12-15 (1).
⑤ 吴陆牧. 川渝13城市共建协调发展"朋友圈" [EB/OL]. (2017-11-14) [2021-01-15]. http://www.gov.cn/xinwen/2017-11/14/content_5239491.htm.

将为成渝地区双城经济圈的建设提供有力经济基础支撑。

建设现代化经济体系，需要统一开放、竞争有序的现代市场经济体系的支撑与保障。陈敏尔指出，成渝地区双城经济圈建设中要健全市场化运作机制，注重发挥市场配置资源的作用①。市场作为一只"看不见的手"，在成渝地区双城经济圈的建设中，根据区域发展需要，配置不同的资源。但是由于市场的盲目性、滞后性，也会出现资源配置不均等现象，这就需要区域政府这只"有形的手"进行调节。在成渝地区双城经济圈建设中，两地政府多次强调在区域间建立完善有效的现代市场经济体系，并深化资源、要素、资金、人才、市场等方面的沟通与协作，实现成渝两地区域间有效合作与共建共治共享。进入社会主义新时代，在贯彻新发展理念下建立健全现代市场经济体系，可以带动成渝地区在新一轮经济发展浪潮中不断创造新的历史佳绩，为成渝地区双城经济圈建设提供有力制度支撑。

建设体现效率、促进公平的收入分配体系。公平合理的收入可以有效地激发人们的生产生活积极性与创造性。进入社会主义新发展阶段，我国社会主要矛盾发生转变，人民对美好生活的需求越来越多。我国坚持以人民为中心的发展理念，要想更好地满足人民日益增长的美好生活需求，首先是把"蛋糕做大"，其次是"公平分配蛋糕"，这就需要建立健全促进效率、体现公平的收入分配制度。成渝地区位于我国西部内陆，区域发展不平衡现象较为突出。成都、重庆两地作为成渝地区的发展中心，文化、教育、医疗等基础设施建设相对较为完善，而该区域一些中小型城市由于抢占不到有利资源或由于偏远的地理位置，在发展中处于劣势地位。区域协同发展中最重要的一条就是坚持区域共同发展。因此成渝两地在新发展阶段，要坚持贯彻习近平总书记关于成渝地区双城经济圈建设的重要指导思想，在区域发展实践中建立健全收入分配制度，调动成渝地区人民投身成渝地区双城经济圈建设的积极性与创造性。

建设彰显优势、协调联动的城乡区域发展体系。城乡区域的协调发展就是要缩小区域发展差距，提升城乡人民整体发展水平，进而提升人们的幸福感。在成渝地区双城经济圈规划提出来之后，成渝两地多次提到要加强成渝地区双城经济圈的整体建设与区域协调发展。成渝地区发展应以缩小城乡区域发展差距为目标，共同推动城乡融合发展②。工业作为国民经济的支柱产业，成渝两

---

① 杨帆，张珺. 市委理论学习中心组（扩大）举行专题学习会 更好地把思想统一起来把责任担当起来 开创成渝地区双城经济圈建设新局面 [N]. 重庆日报，2020-12-03（1）.

② 杨帆，张珺. 市委理论学习中心组（扩大）举行专题学习会 更好地把思想统一起来把责任担当起来 开创成渝地区双城经济圈建设新局面 [N]. 重庆日报，2020-12-03（1）.

地在推进本地工业化的同时应加强本地城镇化、农业现代化发展，使工农业相互支撑、相互融合、互相发展。现阶段越来越多的人投身第三产业，这就导致了我国产业发展不协调，农业作为第一产业的基础地位正在减弱。而成渝两地广大农村地区要想在区域发展中有所建树，除了政府进行资金、人才、政策等方面的援助，还要与中心城市建立合作机制。只有坚持国家发展大趋势、建立健全城乡发展一体化体系，成渝地区才能在共建中实现共同发展和共享，为成渝地区建立现代化经济体系奠定制度基础。

建设惜才爱才、尊才重才的人力资源管理体系。党的十九届五中全会指出，要加强创新型、应用型、技能型人才培养，壮大高水平工程师和高技能人才队伍①。成渝地区双城经济圈作为新兴的国家区域发展战略，需要更多的高端人才，在发展中建立有效的人才引进计划，吸引更多优秀人才为成渝区域发展献言建策。当前阶段，长三角、京津冀、粤港澳大湾区区域发展已初现成效，成渝地区双城经济圈建设要学习借鉴其发展经验，加强成渝两地产业、技术、创新、人才等合作平台建设，并建立健全相关规章制度以吸引更多的优秀年轻人来此发展。坚持以产育才，打造人才"孵化地"。成渝地区在发展中要不断完善人才培养、评价、流动、激励等相关机制。一方面，破除体制机制障碍，让优秀人才特别是青年人才有更多的创业机会和平台；另一方面，营造大众创业、万众创新的良好社会氛围，鼓励人才创新创业，包容失败，让更多人才创新创业的想法得到尊重。目前成渝地区已有众多大型企业入驻，产业的发展势必会吸引成渝地区乃至全国优秀人才的聚集。成渝两地应强化思想引领，凝聚青年合力，引领川渝广大青年进一步投身成渝地区双城经济圈建设②。重庆市渝东南首家国家级孵化器——黔江科技企业孵化基地的建成为重庆市乃至整个成渝区域发展提供了有力的科技支撑。成渝两地有四川大学、电子科技大学、重庆大学等多所知名高等院校，为社会培养了不同专业、不同领域的优秀人才，这些优秀人才在步入社会后在不同领域里各有建树，助推不同产业的发展与壮大。只有人才与产业相辅相成，人才价值才能得到最大的发挥，有了人才的贡献产业也才能进一步发展与壮大。成渝地区双城经济圈在法治保障建设过程中，应加强法治人才队伍建设，组建一支专业性法律人才队伍；提高法治工作队伍的思想素质与专业素养，提高法治人才队伍的正规化、专业化、职业化水平，建设一支德才兼备的高素质法治人才队伍。

---

① 鞠鹏，殷博古. 中共十九届五中全会在京举行 [N]. 人民日报，2020-10-30（1）.
② 吴浩. 共建"双城圈"青年勇当先：川渝两地青年积极助力成渝地区双城经济圈建设 [N]. 四川日报，2021-01-17（1）.

成渝地区加快现代化经济体系建设符合我国法治建设的要求，也离不开法治的保障。现代产业体系、市场经济体系、收入分配体系、城乡区域一体化、人力资源管理体系等的建立与发展都需要法治的支撑与保障。成渝地区双城经济圈的建立和发展需要完善的法律体系来支撑。成渝地区在今后发展中应不断提升政治、组织、队伍、人才、科技、信息等方面法治保障的实施水平，为区域发展提供重要支撑。在贯彻落实国家区域协同发展的方针政策下，成渝两地将携手履行新时代发展新使命，加强法治在区域发展中的作用，合力推动西部地区整体发展。

二、成渝区域发展理念符合法治的价值功能与目标追求

新中国成立 70 多年来，尽管我国各地发展不平衡、不协调，但在实践中不断探索与总结区域协调发展的规律，总体来看，我国区域经济发展总体格局处于不断优化中。当前，区域经济一体化成为我国经济与社会发展的显著特征与重要趋势①。总体来看，区域经济发展以整体主义、实质公平、可持续发展为基本理念，符合我国法治化发展理念与建设社会主义法治国家的总要求。

1. 成渝地区双城经济圈建设坚持以整体主义和实质公平为发展理念

成渝地区双城经济圈的建设不仅是国家区域发展的重大战略，而且在区域经济协调发展中坚持整体主义和实质公平的基本发展理念。我国传统文化提倡整体主义。我国是一个拥有五千多年悠久历史的文明古国，我国的文化传统也提倡坚持整体主义，我国的社会主义核心价值观与社会主义核心价值体系要求在个人利益与整体利益发生冲突时，个人利益要服从整体利益。在这种历史文化熏陶下，我国成渝区域经济发展也坚持了整体主义。自 2011 年成渝地区双城经济圈区域规划获批，成渝地区双城经济圈规划区域抱团取暖。2016 年在第九届遂宁观音文化旅游节主题峰会上，以成都、遂宁、攀枝花、合川、潼南为代表的 15 地旅游部门共同签署区域合作协议，计划依托成渝地区双城经济圈建设共建成遂渝旅游黄金走廊，在坚持区域整体主义发展理念的前提下共谋区域发展之路。2017 年以"合作共赢、开放共享，构建成渝城市群协调发展新格局"为主题的渝西川东经济社会发展协作会在重庆召开，会议就渝西川

---

① 李煜兴. 区域行政的兴起与行政法的发展变迁 [J]. 武汉大学学报（哲学社会科学版），2018，71（4）：138-144.

东经济创新发展协作机制、共创渝西川东经济增长极等话题进行讨论，并签署了《渝西川东经济社会发展协作会框架协议》《环境保护合作框架协议书》《濑溪河流域水环境保护合作专项协议书》等涵盖交通、通信、网络、生态、文化、经济等方面的 79 项协议①。在成渝地区双城经济圈建设中，应坚持整体主义，各地区紧紧围绕在一起，共同制定相关政策与文件，坚持共建、共治区域经济社会发展的基本理念，共同为成渝区域发展出谋划策，以成渝整体发展带动各个区域的发展与壮大。

实质公平，也就是实体公正，指诉讼中对控诉和争议事实的认定和裁判符合正义，不满足于程序上的公正。区域经济发展中只有让人民真正感受到公平正义和幸福，才能最大限度地提升区域人民发展的积极性、主动性与创造性。《中共中央 国务院关于建立更加有效的区域协调发展新机制的意见》指出，区域发展中要建立公平统一的市场环境，防止出现地方保护主义等问题。坚持实质公平，就是在成渝地区发展中统筹成都、重庆两大中心城市与周边发展较慢地区，统筹建立健康公平的市场环境与人民生活环境，积极回应人民群众对公平正义的新期待。不断促进交通、医疗、教育、文化等区域协调发展，让人民感受到公平。离四川省会城市成都较近的德阳市在近期发展中，积极融入成渝地区双城经济圈建设，构建成德同城化发展新格局。在积极融入成渝地区双城经济圈的建设中，德阳市积极发展基础交通设施与建设，截至 2021 年 2 月初，成德两地间已开通 5 条跨区域公交线路，德阳市区 30 余条线路 500 余辆公交车已全部安装天府通 App②，进一步强化了德阳与成都的交通一体化与有效衔接。此外，医疗方面，德阳市内 20 余家医疗机构与四川大学华西医院、四川省人民医院等开展双向转诊、远程会诊、医联体构建等合作，有效提高德阳医疗水平，切实维护与保障德阳市人民群众的生命健康安全。在国家大政方针政策的引导下，成渝地区坚持公平原则，让区域内人民最大限度地获得幸福感与安全感，共享区域发展成果。

2. 成渝地区双城经济圈建设坚持可持续发展理念

胡锦涛同志最先提出了完整意义上的"科学发展观"。现代社会，可持续发展已不单单是一种新的发展观，而是一种新的道德观和文明观。首先它以发展为主题，而这种发展不单单属于一种经济现象，而是集社会、科技、文化、

---

① 吴陆牧. 川渝 13 城市共建协调发展"朋友圈"［EB/OL］.（2017-11-14）［2021-01-15］. http://www.gov.cn/xinwen/2017-11/14/content_5239491.htm.

② 下好"先手棋"构建成德同城化发展新格局［N］. 四川日报，2021-02-04（4）.

环境等于一体的发展；其次其关注发展的可持续性，即人类的任何活动都要在自然环境的承载范围之内。处理人与人之间、人与自然之间的关系都应该坚持可持续发展理念。

成渝区域发展中将坚定不移地贯彻落实"五位一体"总体布局与"四个全面"战略布局指导思想，认真贯彻落实可持续发展理念。

《中共中央 国务院关于新时代推进西部大开发形成新格局的指导意见》指出，促进西部地区经济发展与人口、资源、环境相协调，实现更高质量、更有效率、更可持续发展[①]。习近平总书记在中央财经委员会第六次会议上强调要严抓黄河流域生态保护和高质量发展，大力推动成渝地区双城经济圈建设。成渝两地依据城市发展特色，彰显生态价值理念，以打造宜居多样的城市生态安全系统为出发点，着重关注人的体验，推进"山水林田湖城"空间深度耦合、"人与自然"功能深度融合，践行生态文明思想和实现城市可持续发展理念。在阿坝藏族羌族自治州，"绿水青山就是金山银山"发展理念正落地见效，为成渝地区创造环境容量。阿坝藏族羌族自治州坚持底线思维，并修复城市周边被破坏的山体、河流、植被，以提升城市环境承载能力。此外为从根本上将可持续发展理念落到实处，该地正不断调整产业结构，发展绿色环保产业。生态安全重在保护，川西北生态示范区、地处长江上游的甘孜藏族自治州同样在行动。甘孜地区在贯彻可持续发展理念中，严格把守生态保护红线，将可持续发展理念与生态保护落到实处，为子孙后代留下可持续发展空间。重视生态环境保护，坚持可持续发展理念，成渝地区在城市规划与建设中打造公园城市，促进历史文化与生态价值转化，打造高品质宜居城市，以支撑高质量发展的现代产业体系和创新体系，建设创新引领的活力城市、协调共融的和谐城市、生态宜居的美丽城市、内外联动的包容城市、共建共享的幸福城市。

3. 成渝地区双城经济圈建设符合法治的价值功能与目标追求

加强区域协调发展法律制度建设，是贯彻新发展理念、构建新发展格局的必由之路[②]。成渝地区双城经济圈作为国家新兴的协同发展区域，区域经济发展中以整体主义、公平主义和可持续发展为基本理念，具有重大意义与价值。成渝地区双城经济圈建设符合法治化发展理念与发展需求，具有极强的价值功能与目标追求。进一步明确好成渝区域法治化发展中的价值功能与目标追求，

---

① 中共中央 国务院关于新时代推进西部大开发形成新格局的指导意见 [N]. 人民日报, 2020-05-18 (1).

② 中共中央印发《法治中国建设规划 (2020—2025年)》[N]. 人民日报, 2021-01-11 (1).

有利于增强区域发展的针对性与有效性。成渝地区区域协同发展主要从基础设施建设、区域生态保护与治理、区域产业结构的调整、区域经济开放发展四个方面抓紧落实。

成渝地区加快基础设施建设以法治形式明确发展规划。从古至今，小至一个村庄大至一个国家，要想发展致富，前提是以交通为主的基础设施的建设与发展。成渝地区作为国家级发展战略区域，在发展中需要加快基础设施建设，重点是区域间公路、高铁、机场等的建设，交通等基础设施的一体化被视为重中之重。成渝两地在发展中应重点思考如何通过改善成渝两地的法治环境来确保区域发展基础设施的建设和运行，这是从根本上增强成渝地区区域经济协同发展的自我造血功能的根本举措。从整体上看，成渝两地的基础交通设施建设起步较早。早在 2011 年，两地根据《成渝经济区城际轨道交通线网规划》中提出的"一主两轴四骨架"和"一小时交通圈"，开始着手成渝间交通设施的建设。四川省为深入贯彻落实习近平总书记关于成渝地区双城经济圈规划与建设的要求，结合省情，在习近平总书记的重要讲话精神指导下，加速成渝地区交通基础设施建设。成渝地区聚焦区域发展"内联"构建便捷交通网，实现成渝两市一小时直达，成渝两市至区域内主要城市 1 小时通达、成都都市圈内 1 小时通勤。成渝地区双城经济圈的长远发展，需要加强成渝地区协同立法，尤其是增强地方立法的自主性与空间性，使地方立法更有针对性与凸显时代性。

法治可以保障成渝地区生态环境保护的实施。新时代评价区域发展水平与发展力量，不再仅仅是从经济发展水平来评价，而是坚持以人为本，在提升区域经济发展水平的同时还要协同发展区域文化、生态环境等，只有物质文化和精神文化协同发展，才能提升居民的幸福感。加大立法力度、强化执法环节，切实改善区域生态环境，是新时代成渝地区未来发展的方向与道路。在人类社会发展过程中，社会生产力和科技的发展进步使得人类的物质文化水平极大提高。人类在片面追求经济发展时，将经济的发展与生态环境保护对立起来，导致后来发生严重的生态污染与环境破坏事件，严重威胁着人类的生命健康安全。我国拥有世界 22% 的人口却只有 7% 的耕地，片面追求经济发展而忽视生态环境保护导致了水土流失、土地荒漠化、土地沙漠化、大气污染、水污染等生态环境问题。新时代成渝地区在区域协同发展中应严格进行生态环境的保护与治理，体现党和国家对我国生态环境问题的重视。只有生态环境好了，生活在该区的人们才会有更高质量的生产生活环境。

成渝地区产业结构的调整应以法治思维指导实践。成渝地区在发展中要利用本区域特有的发展优势与发展特色，在吸收借鉴我国其他区域发展经验的基础上奋力直追。成渝地区可借助西部大开发发展战略，充分认清本区域经济、社会、文化、地理、资源、气候等区域特点，一方面坚持自力更生、艰苦奋斗，并因地制宜、扬长避短；另一方面，抓紧西部大开发与成渝地区双城经济圈建设这两大战略机遇。成渝区域发展中必不可少的一项任务就是引进外资。在引进外资的过程中，一些重点产业尤其是外资项目需要法制的保障与监督。而一些新兴产业的发展也需要在投资、运营、开发、销售等方面得到法律和规章制度的保障。而区域产业结构的调整与改善，更需要成熟专业的法律体系来保障其正常实施。所以，成渝地区产业调整与发展都需要法治保障。重庆南岸区、经开区在成渝地区双城经济圈建设中，依托国家发展政策，发展现代物联网产业体系。2021年1月26日，华为（重庆）物联网创新中心、拓维信息全国物联网总部在渝揭牌①，华为落户重庆，将极大地促进重庆物联网科技的发展与繁荣，提升我国西部地区物联网发展整体水平。同时华为总部还专门派相关法律人员参与物联网建设的各个环节，确保其有序、健康发展。

成渝地区要进一步扩大对外开放、开拓国际市场，就需要以法治化方式与国际接轨。新时期成渝地区对外开放应更加全面，在世界经济全球化深入发展的历史发展新阶段，我国的对外开放已由沿海开放转变为全面开放，成渝地区正好可以抓住此机遇，全面提升对外开放水平。成渝区域发展中可以充分利用一些区域性组织或平台，如上海合作组织、中国-东盟自由贸易区、大湄公河次区域等经济合作平台，拓展成渝地区与周边国家或组织间的合作；也可以加强成渝与周边临近省区市的合作与交流，比如可以利用我国西部大开发的国家政策，在新疆喀什、霍尔果斯设立经济开发区，或者在成渝周边的广西东兴、云南瑞丽、内蒙古满洲里等重点区域开发试验区，从整体上提升成渝地区与周边省区市重点边贸口岸城镇一体化建设，坚持"引进来"与"走出去"相结合的发展战略，开拓沿海和沿边两个市场；同时，打造健康、良好的投资环境，引导和鼓励东中部地区的企业与西部企业联合开展对外投资、承包工程和劳务合作，以加快西部地区经济发展。成渝地区可以参考借鉴我国长三角、珠三角、京津冀、粤港澳大湾区的发展经验，坚持对外开放，在经济做大做强之

---

① 黄光红，刘颖.华为携手拓维在渝建设物联网创新中心［N］.重庆日报，2021-01-27（4）.

后扩大对外开放的范围，打通区域与国际的连接。扩大对外开放离不开法律制度来保障其合理有效实施。尤其是成渝区域发展趋向国际化后，更需要相应的法律体系和法治人才来保障其有效实施。

法治可以保障区域有序发展。加强成渝地区双城经济圈的法治建设，确保区域发展沿法治道路顺利进行，不能只注重硬件设施的建设，而应该在发展中创造良好的法治环境，使该区域的创业者、投资者和普通民众都感受到安全、公平、诚信的社会氛围，从而增强成渝开发区与发展区人们的内聚力与吸引力，进而充分发挥人的积极性、主动性与创造性，使其投身于区域发展与建设。此外，区域法治化保障还应进一步体现各项法治原则，使成渝区域的法制建设与物质文明和精神文明建设协调发展，因地制宜发展符合区域特点的法治化保障体系，使立法、执法、司法、守法、用法都充分发挥其优势与合力。成渝地区双城经济圈建设，作为我国西部大开发战略的重要组成部分，在法治化保障中，一是健全开发机制，将政府的开发工作纳入法治化轨道。构建职责明确、依法行政的政府治理体系①。各级政府部门在区域发展中可以根据本地实际情况制定、颁布相关政策文件，推动区域发展，政府开发工作的法治化水平直接影响整个成渝区域的发展水平。二是建立健全成渝地区市场经济法律机制，将政府宏观调控这只"看得见的手"与市场调节这只"看不见的手"相结合。成渝地区属于我国西部内陆地区，健全成渝投资环境，吸引更多的大型企业入驻该区，就要在法律上明确在一些领域实施相对倾斜的投资政策，将国家增加资金投入的相关政策法律化、规范化，依法逐步加大对成渝区域建设资金的投入力度与法治化管理力度。三是调整好各方利益主体关系，使各方利益最大化的同时形成协同发展的良好局面，尤其是要处理和协调好中央与成渝地方政府之间的关系。而作为地方主体，这时候就需要合理调整成渝两地政府的关系，遵循宪法第三条规定的在中央的统一领导下，充分发挥地方的主动性、积极性的原则，以法治思维调整两者的关系。成渝地区双城经济圈建设中，要把立法工作摆在重要位置，根据本地发展实际不断调整制定符合本区发展的基本法律规范，并不断强化实施，营造良好的法治化环境。

---

① 中共中央印发《法治中国建设规划（2020—2025 年）》[N]. 人民日报，2021-01-11（1）.

三、法治保障在成渝地区双城经济圈建设中的必要性与重大意义

自成渝地区双城经济圈规划提出以来，成渝两地就不断加强各方面合作。新时代为全面贯彻落实党中央决策部署，贯彻区域协同发展理念，着力突出成都、重庆两个中心城市在成渝地区区域发展中的领头带动作用，促使成渝地区成为具有全国影响力的重要经济中心、科技创新中心、改革开放新高地、高品质生活宜居地，成渝两地加快合作与协同发展步伐。进入社会主义历史发展新时期，我国社会主要矛盾发生转变，新时代为更好地满足人民对美好生活的需要，在统揽伟大斗争、伟大工程、伟大事业、伟大梦想的历史进程中，必须把法治建设作为我国奋斗的目标。加强区域协调发展法律制度建设是新时代加快区域法治化建设的重要途径，也是提升成渝地区区域法治化水平的有力支撑。成渝地区双城经济圈的建设与发展离不开法治保障，法治保障在成渝地区双城经济圈建设中有重大意义与价值，两地应在协同打造区域法治、法律服务、监管安全、法治人才共同体方面协同发力。

1. 成渝两地加强法治建设领域合作交流，协同打造"区域法治共同体"

成渝地区双城经济圈作为新时代国家协调区域发展而提出的国家战略，将成为继长三角、京津冀、粤港澳大湾区之后的第四大增长极。重庆市和四川省同属巴蜀文化区，不仅地理位置相邻，而且有相似的历史文化渊源和饮食文化，因而两地人文相通、情感相融。在《成渝地区双城经济圈建设规划纲要》提出后，成渝两地政府高度重视区域协同发展。成渝两地在区域协同发展中，不断加强法治建设领域的合作与交流，协同打造"区域法治共同体"。

加强成渝两地法治建设领域合作交流，一是要加强区域间行政立法建设与协作。所谓行政立法，主要指国家行政机关依照法定的权限和程序，从国家的整体利益出发，根据人民的利益需求和行政管理活动的需要进行的立法活动。加强成渝地区行政立法建设，要坚持国家区域协同发展指导思想，紧扣成渝地区双城经济圈建设与规划。成渝协调发展涉及方方面面，加强区域法治化建设和法治化保障，尤其要加强成渝区域在市场化运作、生态环境保护、城乡区域协调发展等领域的立法协作，在不断发展完善中逐渐建设与成渝区域协调发展相适应的地方性法规与规章制度。从 2019 年始，重庆市司法行政系统累计完成《中国（重庆）自由贸易试验区条例》等 15 部法规规章草案的立法审查，

修改废止政府规章 8 部、市政府规范性文件 177 件；调整、取消和下放部门间行政权力 1 913 项①。二是要加强区域发展法治保障的宣传力度。成渝地区作为我国西部地区崛起和成渝区域协同发展的重要战略基地，是继长三角、京津冀、粤港澳大湾区之后的第四大发展区域。要吸引更多的企业入驻该区，首要的就是加强区域法治保障的宣传力度。要整合川渝两地媒体资源，不断开展成渝地区协同发展法治保障宣传活动，让该区人民知法、懂法、用法，为成渝地区区域发展营造良好的法治环境。三是要加强成渝两地法治监督。成渝地区双城经济圈建设由于是新兴的国家区域协同发展战略，在法律的建立、运用方面还不太成熟，因此有极大的必要对成渝法治进行监督。在两地发展规划中，逐步建立川渝两地法治监督协同机制，在区域间定期开展区域发展营商环境的市场监督，净化区域间营商环境。为成渝地区双城经济圈的进一步发展打造良好法治环境。四是要加强区域政府法治工作协同。在物联网、大数据、人工智能的支撑下，政府都是网上办公。通过开展区域间法治政府的建设与评估，及时了解区域政府法治发展进程，并在此基础上建立信息共享与法治共建机制，提高区域政府间法治化合作水平。五是要增强成渝区域法治化研究。成渝两地有多所著名高校，依托四川大学、西南政法大学等的高校教师队伍以及优秀青年学生，在参考和借鉴长三角、京津冀、粤港澳大湾区区域协同发展的经验与启示后，通过举办关于成渝地区区域协同发展法治化保障的中高端学术论坛，听取来自学界不同专家学者的意见与建议，打造共商、共建、共享的区域法治化发展平台，提升成渝两地法治化建设水平、建设成渝两地"区域法治共同体"。

2. 成渝两地加强法律服务领域合作交流，协同打造"法律服务共同体"

法律服务，通常来讲，是指为人们在社会生活中进行法律活动而提供的专业服务。从法律层面上讲，法律服务是在法律调整之后出现的，随着法律调整的发展而发展，同时受到国家政治制度的影响。成渝地区双城经济圈的法治保障，离不开法律服务的发展，成渝区域协同发展，就要实现区域法律服务一体化。

第一，坚持区域服务供给一体化。成渝两地作为区域协同发展的中心，在区域协同发展中起着领头羊作用，将四川法律网络与重庆法律网络合网，可有效扩大两地法律资源数据库，实现两地共建共享共用法律服务案例数据库。

---

① 黄乔. 我市将建立成渝法治建设协调工作机制 为成渝地区双城经济圈建设提供法治保障 [N]. 重庆日报，2020-03-18（3）.

2020 年 6 月，重庆市委政法委与四川省委政法委联合印发《关于提升区域一体化执法司法水平服务保障成渝地区双城经济圈建设的指导意见》，为成渝两地加强执法司法协作、促进区域法律合作、强化法律资源共建共享等提供法律指导①。在法治合作方面，优化法律服务供给，努力在法律服务、高端法律服务等方面实现区域法律服务一体化，为成渝地区双城经济圈建设提供法律服务。第二，提升成渝区域内重大工程项目法律协同服务水平。2021 年 1 月 1 日上午十点，重庆、成都两地同时发出 2021 年中欧班列（成渝）号第一趟列车②。中欧班列（成渝）号肩负积极探索中欧班列高质量发展的使命，是成渝两地打造的合作共建、高效运营的新发展模式。为推动区域协同发展，成渝两地会引进多项重大工程和吸引大型企业入驻该区，因此，为保障区域经济法治化发展，成渝两地应协同推进重大工程法律协同服务。为顺应区域更高质量发展，两地组建了专业法律服务团队，这些专业性团队运用法律知识可以为出渝出川工程、西部金融中心、西部建设发展高地等成渝地区重大工程提供便捷有效的法律服务。成渝地区重大工程项目法律协同服务在发展壮大中将助推形成西部法律服务产业聚集群。第三，建立成渝边界区域调解协作工作机制。川渝两地同属我国西部内陆地区，从地理位置看，两地相邻，再加上有着相似的历史文化背景以及饮食习惯，因而两地在成渝地区双城经济圈建设中有着多方面的合作与交流。从多个角度看，两地协调发展应较为顺利，但是在面临一些突发问题时，为更好应对，还需要建立川渝边界调解协作机制，探索建立成渝两地商事调解中心，探索构建跨区域矛盾纠纷多元化解机制和风险防控联防联调联动机制，不断探索成渝地区双城经济圈建设法治保障新模式，为成渝地区双城经济圈的进一步发展提供高效法律保障。

　　成渝地区应加强法律服务供给一体化建设，为成渝地区双城经济圈法治保障提供有力支持。2021 年 2 月，天府中央法务区成立，致力于打造成渝地区一流服务法律高地，形成"一心一带多点"的协同发展服务中心。该法律中心的落地将最大限度地优化成渝地区法治化营商环境，将在区域间协同打造"法律服务共同体"，为成渝地区双城经济圈的建设提供法律保障，具有重大的时代价值与时代意义。

---

　　① 川渝两地推进执法司法区域一体化 [N]. 重庆日报，2020-06-15（3）.
　　② 王明峰，白桂斌. 2021 年首列中欧班列（成渝）号列车发车 [N]. 人民日报，2021-01-02（3）.

3. 成渝两地加强监管执行领域合作交流，协同打造"监管安全共同体"

2020年9月，成都市成华区市场监管局与重庆市九龙坡区市场监管局共同签署《深化市场监管一体化合作 推动成渝地区双城经济圈建设合作协议》①，该协议的制定与颁布为成渝地区双城经济圈法治化建设提供有效监督保障。为深入推进成渝两地发展，两地在多方面进行监督管理合作交流，以期实现成渝区域监管安全一体化。

第一，重视成渝两地在生态环境监管执法方面的监管。成渝区域发展应坚持和贯彻创新、协调、绿色、开放、共享的新发展理念，以及"五位一体"总体布局，因此成渝区域发展就是在贯彻绿色发展理念下，将对区域生态环境的监管放在首要位置。对生态环境的监管离不开法治思维和法治理念，成渝两地各省、市、区生态管理中心在区域生态环境质量监管中要承担好责任、担当好角色。成渝地区要在生态系统保护、环境污染防治、环境风险防范、生态环境执法与应急处置、环境监测等方面加强日常交流学习和培训，在生态环境执法、监测、应急处置与物资保障等方面互相支持，实现成渝两地在生态环境监管方面的优势互补、资源共享，提高跨区域生态环境监管能力。第二，提升成渝两地市场化运行执法监管水平。我国经济的发展坚持以市场为主、政府为辅，市场自身的盲目性、滞后性等弊端，会导致市场经济发生混乱。因此，在成渝地区双城经济圈法治化建设中，加强区域经济发展中的市场化监管，可以净化成渝区域市场环境，为成渝区域发展提供健康、安全、绿色的市场环境，有效促进成渝区域协同发展。第三，加强成渝两地在科技创新方面的监管。当代社会是知识型社会，社会成员的创新成果只有得到尊重和保护，才能激发人们的创新热情与动力。因此，成渝地区应激发区域人民创新热情，在全区形成尊重知识、尊重科学的良好创新创业氛围，在全区加强科技创新方面的监督与管理，加强对科技成果的保护，使知识得到尊重，使创新得到尊重，营造浓厚的创新创业氛围。

成渝地区双城经济圈建设的法治化保障，事关成渝地区协同发展，在发展实践中两地加强监管执行领域的合作交流，打造一片安全的区域发展环境，共同为打造成渝地区监管安全一体化贡献力量。成渝地区双城经济圈在法治保障建设过程中，通过建立有效的监督体系，加强对立法、司法、执法各个环节的

---

① 严薇. 九龙坡区市场监管局与成都市成华区市场监管 局正式签署深化市场监管一体化合作推动成渝地区双城经济圈建设合作协议 ［EB/OL］.（2020-09-10）［2021-01-17］. http://zscqj.cq.gov.cn/zwxx_232/jcdt/202009/t20200910_7870286.html.

监管力度，提升区域整体法治化发展水平，为成渝区域发展营造良好的法治环境。

4. 成渝两地加强队伍建设领域合作交流，协同打造"法治人才共同体"

法治化的主体是人，从根本上来讲，一个国家或区域法治化发展的质量与效力取决于行为主体的专业素养。成渝地区双城经济圈法治化保障，离不开成渝地区法治化专业人才的支撑。新时代贯彻国家区域协同发展的重大发展理念，在成渝地区加强法治化保障，就是要加强人才队伍建设与人才合作交流，共同打造成渝"法治人才共同体"，为区域发展提供人才资源坚强后盾。成渝两地在加强区域发展法治化人才队伍建设中，高度重视法治人才的引进和人才队伍的建立。2020年4月，成渝地区双城经济圈人才协同发展联席会议第一次会议在重庆召开。与会期间，四川与重庆就区域人才建设与发展签署《成渝地区双城经济圈人才协同发展战略合作框架协议》①，以期共同打造成渝区域人才集聚中心与人才发展高地，开创两地人才发展的新局面。

为满足区域发展需求，成渝两地制定了一系列方针政策。一是制订新型人才引进计划。为适应区域法治化建设需要，成渝两地根据本地区实际情况，采用了新型的人才联育原则。即是说，在成渝现有产业发展基础上，可以引进与产业发展相匹配的专业化人才，通过产业发展吸引相应人才，而人才的集聚又带动区域产业新一轮发展，形成产业发展与人才集聚的良性互动；也可通过现代互联网平台，以线上或线下形式公开招聘相关专业人才。2020年9月26日，"美丽四川·创业天府"2020年知名高校四川人才活动周首站走进哈尔滨工业大学，通过"线上+线下"的方式举行专场推介招聘会。成都作为成渝地区双城经济圈建设的重要经济发展区，在迎接成渝地区双城经济圈建设这一重大战略机遇中，为满足产业发展需要将从全国各地引进大批急需紧缺人才，为双经济圈法治保障建设注入新鲜的血液，增添活力。二是实现区域人才资源尤其是法治方面人才资源共享。建设社会主义法治国家，就需要有大批专业化人才来支撑区域法治化建设与发展。而成渝地区作为我国继长三角、京津冀、粤港澳大湾区之后的第四大经济发展区，在区域内部实现人才资源共享是区域发展必不可少的前提与要求。在实际发展中，成渝两地力求共建共享人才招引联络、信息网络、人才数据库等资源，共同进行区域法治化人才重点扶持与培养。此

---

① 成渝地区双城经济圈人才协同发展联席会议第一次会议召开［N］.重庆日报，2020-04-22（2）.

外，成渝两地在人才资源共享中，还协同推动人才培育，促进人才高效集聚。三是建立区域人才共享机制。区域人才协同发展将为成渝地区双城经济圈的建设提供有力的智力支持。成渝区域人才协同发展，需要加强成渝两地法治人才跨省市学习交流，推进高层次法治人才共享共用，实现专业优势互补。现阶段，成渝两地大部分高校都开设了法学方向专业，许多学生在大学里选择法学作为自己研究的主方向，这为区域经济发展法治化保障提供了源源不断的人才资源。

2020 年 11 月，成渝地区双城经济圈科技创新联盟成立大会在重庆市璧山区召开。该科技创新联盟由国内多家高端科技公司共同组建而成，并由智能制造、大数据分析、生物工程等领域多名专家学者把关①，带动成渝区域产业技术升级和成果转化。新时代成渝地区双城经济圈法治保障建设中，成渝地区共同打造法治人才共同体，可为成渝区域发展提供有力的人才支撑。

---

① 刘新吾. 成渝地区双城经济圈科技创新联盟在重庆璧山成立 [N]. 人民日报，2020-11-02 (10).

第三章　成渝地区双城经济圈建设法治保障的法理研究

我国当前区域经济一体化的法律治理机制，有区域行政协议、区域性组织、区域协作立法、区域行政规划和区域行政指导五种①。我国的区域经济一体化不是市场自发行为，而是借助国家公权力向前推进的。与此同时，我国的区域经济一体化的法律治理是一个行为法问题，是国家对市场经济的宏观调控。

一、法治概念的三个属性

进行成渝地区双城经济圈法治保障的法理研究，先要弄清楚法治概念的三个基本属性：空间性、平等性和保障性。

1. 空间性

空间性，通常意义来讲，指的是空间容量以及时间控制空间的能力。这里的空间性主要是指我国宪法规定在中央统一领导下地方有一定发展空间，区域间相互合作与发展。

《中华人民共和国宪法》（以下简称《宪法》）第三条规定，中央和地方的国家机构职权的划分，遵循在中央的统一领导下，充分发挥地方的主动性、积极性。我国是人民当家做主的社会主义国家，我国的国体是人民民主专政的社会主义国家，我国的国家机构实行民主集中制原则，为保障社会稳定和发展，国家对大多数人实行民主，只对少数人实行专政。人民代表大会制度是我国的根本政治制度，全国人民代表大会和各省市的地方各级人民代表大会都由人民民主选举产生，代表最广大人民的利益，并受人民群众的监督。我国的国体和

---

① 叶必丰. 区域经济一体化的法律治理 [J]. 中国社会科学, 2012 (8): 107.

政体决定了我国的一切事物都遵循中央统一领导。在坚持中央统一领导下，地方有一定的空间性，各地区区域可根据本地发展实际推动本地区经济、政治、文化、社会、法治等方面发展，各地区也可在坚持中央的统一领导下实行跨区域协作与交流。

党的十八届五中全会通过的《中共中央关于制定国民经济和社会发展第十三个五年规划的建议》明确指出，拓展区域发展空间是我国实施区域协同发展的一项重大战略，也是"十三五"时期优化区域空间开发格局、推进新型城镇化、保障全面建成小康社会战略目标顺利实现的必然要求①。为深入实施区域协同发展战略，各地区在党中央的统一领导下，在区域内实现各部门的分工与跨区域协作。分工与协作可以激发区域发展活力、优化区域空间结构、推进区域转型发展。改革开放以来，党中央为顺应国际发展大势，先后在长三角、珠三角、京津冀、粤港澳大湾区实行区域发展战略，这些地区在中央的统一领导下经济社会得到极大发展。新时代为进一步促进我国西部地区发展，缩小区域发展差距，我国提出成渝地区双城经济圈建设。成渝地区双城经济圈的建设与发展将极大地带动成渝两地与西部地区社会进步与发展。

随着城市化进程加深和区域一体化的深入发展，区域间的联系日益密切，在发展的过程中，大量的问题日益凸显，如区域间恶性竞争、资源的过度开发与使用、区域间发展差距扩大等问题成为新时代阻碍区域发展的绊脚石。因此，坚持中央统一领导下，实现区域分工与跨区域协作成为新时代区域发展的新模式。近年来我国区域协调发展不断深入和推进，在发展和实践的过程中，逐渐形成以下几个特点：一是区域协同发展中区域主体向多样化方向发展趋势增强。就如同我国各民族在党中央的统一领导下团结和谐相处一样，我国区域发展坚持在中央的总指挥下，各地区不同主体共同参与，打破了以往地方政府主导的发展模式，新时代的区域协同发展由包括地方政府、市场、非政府组织、人民群众在内的多元主体共同参与。不同于以往的地方政府主缆地方一切事务，新时期地方政府不再是区域发展的中心，而是在坚持绿色发展的理念下与其他主体共同参与区域协同发展。二是区域协同发展大多借助现代网络科技。身处互通互联的信息化时代，任何事物的发展都需要借助网络。这种网络化区域协同发展模式，既包括中央与地方政府间的纵向协作发展、各地方政府间的横向协作发展，又包括区域政府、企业、区域内非政府组织以及区域内公

---

① 陈政高. 学习贯彻党的十八届五中全会精神 拓展区域发展空间 [N]. 人民日报, 2015-11-19 (7).

民在内的各主体之间的协作发展。这种跨区域协作尊重区域政府、企业、非政府组织等主体的利益，使各主体利益相关，且彼此之间协调沟通较为便捷，实现区域内资源共享、成果共享。成渝地区双城经济圈在发展中可参考借鉴此种发展模式，使成渝地区加快区域协同发展。

在坚持开放发展这一新发展理念下，中央放宽了权限，地方政府有了更大的发展空间。然而，面对竞争日益激烈的国内外发展环境，我国区域发展面临一些问题，为提升发展质量、提高发展水平，区域间应进一步加强协作，共谋发展之路。一是全球化竞争不断加剧。进入21世纪，科技发展日新月异，且全球化进程不断推进，在经济发展中新的挑战与风险不断出现。我国作为一个发展中国家，与发达国家相比还有一定差距，并且现如今全球一体化趋势日益明显，整个世界处于"牵一发而动全身"的状态，世界经济紧密地联系在一起，在全球化竞争日趋激烈的时代，不断提高本国经济发展水平、提升国家整体实力才是正确的发展之路。因此我国还需要进一步增强经济实力和综合国力。而要发展，就不能单单靠中央政府，而是在坚持中央关于发展的指导思想、方针政策下，各地区各区域协同发展，共同出力。只有各个区域共同发展，各个地方政府共同出力，才能带动大范围内区域经济的发展与壮大，进而促使整个国家的发展。二是我国区域发展中面临的一些问题亟须得到解决。改革开放以来，我国为快速发展，坚持以经济建设为中心的发展理念，在改革开放的浪潮下，我国首先在东部沿海地区建立开放特区，吸引外资，大力发展区域经济，这也引发了区域发展差距扩大问题，因此要坚定不移地走区域协同发展之路。区域城市化可有效形成人口集聚，进而带动区域交通、医疗、教育等相关产业的发展；区域人才协同发展可实现成渝两地人才资源的优势互补，使人才资源发挥其最大价值，为区域高质量发展提供坚实智力基础。三是为适应城市化进程的需要，我国正在不断完善与经济发展相适应的城市化进程与城市群建设。现代社会，城市化与城市群是人类发展的高级空间组织，会带来人口聚集、产业聚集、第三产业的繁荣、基础设施的发展与完善。四川在成渝地区双城经济圈的建设中抓住发展机遇，推动成都平原城市群建设，成都至成都平原城市群日发动车由公交化开行前的128对提升至目前的329对，日均客流总量由原8.3万人次增至25万人次，平均发车间隔由原57分钟缩短至25分钟①，不仅极大地方便了群众出行，也让城市间人流、物流、信息流等经济要

---

① 王明峰.四川推动成都平原城市群建设 铁路公交化 助力同城化 [N].人民日报，2020-11-19 (8).

素加速汇聚、快速流通，有力促进了区域经济社会发展，推动成都平原经济区同城化、一体化。因此，加强城市化进程和城市群建设是提升我国整体发展水平尤其是促进区域经济社会发展繁荣的必要选择。新时代实现区域协作模式的创新，就要树立城市集群发展的宽广格局，通过城市化进程带动区域一系列相关产业的发展。

一些区域问题需要区域间共同协商、共同解决。随着市场经济的发展与对外开放合作程度的日益加深，社会中的很多事情具备了跨区域性特征，其解决难以控制在某一区域内，或靠某一组织解决，而是需要跨区域合作。随着我国的市场经济范围的扩大，国内生产要素流动更加频繁，要整治市场经济的各个环节与市场环境，就需要国内各区域协作，共同打造健康、良好的市场发展环境。就我国的生态环境问题而言，党的十八大以来，我国将生态文明建设与经济、政治、文化、社会建设放在一起，提出要坚持"五位一体"总体布局，因此生态环境问题不容忽视。而一些环境问题并不是某一个区域可以治理的，比如说流域问题，本身就是一个跨区域问题。因此解决此类问题，也不能单靠某一个政府来完成，而是由与问题相关的各个区域政府共同协商，共谋治理之策。再比如雾霾、河流污染、土壤污染、土地沙漠化等问题都不只是局部性、区域性的问题，而是大范围的全国性问题。单一区域难以很好地解决某一项生态环境问题，因此在解决相关生态环境问题时，需要相邻的各区域加强协作。这些问题的解决都需要不同区域政府、相关负责部门、各区域内该领域的知名专家学者共同出力、通力合作，通过这些部门以及相关人员的沟通与协作，实现政府间的良性互动，使各区域共建共享区域发展与治理成果，提升区域人民的幸福感与参与感。

根据《宪法》第三条，在我国机构划分中，中央发挥总指挥作用，中央在坚持总的发展方向、发展战略、发展规划下，为各区域留下充足的发展空间。就是说，在坚持中央统一领导下，中央也给各个地区、各个区域一定的发展空间。各区域根据本区域发展实际制订实施适合本区域发展的战略计划，最大限度地提升区域发展空间，并不断加强区域间的合作交流，提升区域整体发展实力与水平。针对上文中提到的一些问题，为更好地解决这些问题，就需要中央赋予成渝地方政府一些发展权限，使其在权限之内制定或颁布相关法律文件，为区域发展与建设提供支撑。

2. 平等性

在分析平等权之前首先弄清楚何为平等。《现代汉语词典》将平等定义为：一是指人们在社会、政治、经济、法律等方面享有相等待遇；二是泛指地位相等。也就是说我国公民无论在地位还是在政治、经济、法律方面都平等地享有权利。在人类社会最原始的初期，社会生产力极其低下，人们"日出而作，日落而息"，人类抱团取暖、依靠大自然获取生活来源，那个阶段人类与大自然之间、人与人之间都是平等的，在社会地位、经济、文化等方面没有高低之分。与社会生产力的发展和人类自我意识的觉醒相伴而来的是国家的建立、阶级的诞生，随之而来的是平等的消失。作为上层统治者，为巩固自身权力和地位，剥夺和侵犯被统治者的权利和自由，而被统治者也从来没有停止过对平等的追求。公元前一世纪小亚细亚的奴隶起义、我国古代历史上陈胜吴广起义，都是人们为争取平等而斗争的典型案例。伴随资产阶级的发展壮大，西方资本主义国家再次将平等权提上议程。随着资产阶级的发展壮大以及人们自由平等意识的觉醒，资产阶级国家相继颁布了相关文件来保障公民的平等权。其中最著名的是1776年美国颁布的《独立宣言》，它明确指出"人人生而平等"。1789年法国颁布的《人权宣言》指出："在权利方面，人们生来是而且始终是平等的。"这两项著名的宣言都将平等作为一项重要的公民权利。以马克思主义为指引的无产阶级者以解放全人类，实现全人类平等、自由和全面发展为奋斗目标，自然而然也重视保护人们的平等权。

中国共产党自1921年成立以来，就把马克思主义与我国社会现实相结合，将实现共产主义作为最终奋斗目标。我国历史上，中国清政府被迫与外国殖民者签署了若干不平等条约，人权无从谈起，更无从追求平等。新中国成立后，建立了社会主义制度，我国作为独立的国家，屹立于世界民族之林，实现了与世界其他国家一样的主权平等与人民独立。我国宪法规定，中华人民共和国公民在法律面前一律平等。在我国，公民平等权是一项非常重要的政治权利。平等权作为宪法规定的一项基本权力，就国家层面而言，它要求国家保障公民平等地享有宪法规定的权利以及要履行的义务；国家有权要求公民在法律许可的范围内从事活动，而不得做违背法律法规的事情；国家法律部门制定的法律法规对全体公民都适用，而不仅仅局限于个别群体或个别公民。比如，宪法第四条对民族平等和男女平等做出规定，"中华人民共和国各民族一律平等"；宪法第四十八条对男女平等做出规定，"中华人民共和国妇女在政治的、经济的、文化的、社会的和家庭的生活等各方面享有同男子平等的权利"。在我国，类似的相关法律文件与条款还有很多，我国宪法虽然以法律条文的形式明确规定公民的平等权，但是平等权是一种抽象的权利，看不见摸不着，它只能通过公民在政治、经济、文化、社会等方面的一些行为来实现其价值。

一般来讲，我国的平等权通常包含形式平等、实质平等与结果平等三种表现形式。形式平等，也叫机会平等，即社会生活中每个公民最初的机会都是平等的。比如，我国大力建设社会主义法治国家，建立健全完善的法律体系保障社会公平公正，为社会成员提供平等、良好的发展机会，与早些年韩国轰动一时的由"特招门"事件引发的民众对李明博提出的建设"公平社会"的质疑形成强烈对比①。至于每个人是否可以成功、是否可以实现自己追求的目标，这些就不属于形式平等的范畴了。实质平等，就是撇开形式看实质，专注于社会中个人的发展。比如，由于妇女、儿童天生处于弱势地位，我国为保护这些弱势群体，颁布了《中华人民共和国妇女权益保障法》《中华人民共和国未成年人保护法》，通过法律形式切实保障和维护广大妇女儿童的权利。结果平等，就是不在乎过程，只重视结果。这是一种较为极端的平等，也只有在两极社会，即物质财富极为匮乏或物质财富极为丰富的时候才会出现。对平等权三种实现形式的划分与分析有助于深入理解平等权，有助于我们从更深层次意义上来分析和探讨生活中的平等与平等权。

在区域一体化发展的法治化研究中，首要的就是要弄清楚其是否坚持了区域平等。伴随国家提出的新兴区域发展战略而来的是国家对该区域资金、政策、财力、物力等的投入与倾斜，会涉及区域内部不同行政区和行政主体的利益。对于这些行政主体而言，是否也是"法律面前一律平等"呢？答案显然是否定的。产业与人有着本质区别，公民属于个体，宪法明文规定我国公民在法律面前人人平等；而在区域发展中，国家对哪些产业进行扶持、对哪些产业进行淘汰，是根据国内外经济发展形势以及我国实际情况决定的，因此，区域产业发展并不适用平等原则。但是，我们也要考虑区域产业发展是否坚持了宪法规定的平等权利。区域利益的受益人是公民个人，区域利益的不均也会导致公民个人权利的不平等。我国宪法规定的公民平等权不仅适用于国家对公民个人的行为，而且适用于国家对某一区域公民的行为。因此，成渝地区双城经济圈建设中要确立和坚持区域内部平等原则，加强中央对地方、上级对下级的区域行政指导，保障区域内部发展中的合宪性与区域内部的平等权。在区域实际发展中，平等权是否会约束区域政府的行为呢？一般的区域行政协议会涉及产业发展、资源整合利用以及区域生态环境等问题，这些方面关系到公民的投资、贸易等。而区域内部行政协议和行政立法又直接关系到区域内部各方主体的权利和义务。区域政府间的合作不仅要维护合作方政府辖区内公民的权益，还要维护好辖区外公民的权益。因此，从《宪法》第三十三条规定的公民平

① 蒋九晨. "特招门"与机会平等 [N]. 人民日报，2010-09-14（21）.

等权可以推导出区域的内部平等权，即成渝地区内部公民依法平等地享有区域发展的权利以及公民所必须履行的义务。

成渝地区双城经济圈作为国家提出的一项国家级区域发展战略，在发展中坚持宪法规定的一切原则，在中央的统一领导下进行区域内部发展。在成渝地区双城经济圈内部公民权利也是平等的，区域内公民平等地享有一切权利和平等地履行一切义务，在遵循宪法和其他法律法规的前提下秉承"共商共建共享"的原则，推动成渝区域发展。区域平等源自公民个人的平等权，既约束国家对不同区域公民的公权力行为，又约束不同区域政府机关间的行为①。成渝区域内部是平等的，区域内一切行为主体都平等地享有权利也平等地履行相应的义务，在区域内平等发展、平等共建地区成渝地区双城经济圈。

3. 保障性

区域经济发展的法治化保障，主要是指国家加强经济立法，建立健全相关的制度和法律法规，并不断完善宏观调控，保障市场秩序的有序运行。

《宪法》第十五条指出，我国实行社会主义市场经济。我国的市场经济是指市场在资源配置中起决定性作用，但由于市场并不是万能的，其自身具有一定的局限性，因此还不能完全依靠市场，还需要国家发挥其宏观调控作用。同时还规定，国家在经济发展中，要加强经济立法。经济立法作为宪法的一项重要准则，通常是指国家为调整和处理各种经济关系，制定和颁发的法律、法令、法规、条例、规程和规定。它是国家领导和管理经济的重要工具，也是处理各种经济关系的准则。大体来看，经济立法包括的范围较为广泛，既包括国民经济计划法、经济合同法，又包括农业法、森林法、森林保护法。我国之所以将经济立法作为国家的一项重要规定，是因为经济立法在我国的市场经济里有着重要的作用与价值。其一，建立和完善社会主义市场经济体制需要经济立法提供保障。国家通过立法可以引导我国经济发展走向，保障健康发展，也有助于推进社会主义市场经济体制的建立与完善。国家层面加强对经济立法体制改革，为国家机关及企业遵守法律提供立法支持。同时依据法律的强制性特点排除经济发展中的障碍与阻力，保障经济顺利高效进行。经济立法通过法律的手段保护经济发展成果，提高人们社会主义建设的积极性与创造性，并通过改革与市场经济发展不相适应的法律法规，在实践中逐步健全社会主义市场经济体制。其二，毫不动摇地坚持以经济发展为中心、大力发展经济离不开经济立法的重要保障。马克思和恩格斯在总结社会历史发展规律时，深刻地总结出生

---

① 叶必丰. 区域经济一体化的法律治理 [J]. 中国社会科学, 2012 (8)：107.

产力决定生产关系、经济基础决定上层建筑的深刻论断。随着国内外市场的变化，我国在经济发展中会面临各种各样的问题，这时候就需要经济立法来对其进行协调和管理，通过立法规范和保障经济建设中的各种行为。总的来说，在"引进来"与"走出去"的实践中，在国家加强以经济建设为中心的发展中，在大力建设社会主义法治国家的发展趋势下，国家加强经济立法是一项重要的发展战略，通过加强经济立法不断建立健全与我国社会主义市场经济相配套的法律体系。

国家加强经济立法其中一个目的就是弥补市场经济的不足，保证市场各方有序进行交易与健康发展。宏观调控是由政府主导实施的稳定国民经济发展、弥补市场不足的调控行为。宏观调控又称"看得见的手"，是政府合理调配区域内不同资源、实现资源的优化配置的主要途径。李克强指出，"要保证宏观政策的连续性、稳定性、可持续性，促进经济平稳运行和持续健康发展。"①因此在社会主义市场经济下，为了弥补市场经济固有的自发性、盲目性、滞后性等不足，在进行一些国家重大战略规划时，如国家发展远景目标的确立、国家重点区域发展战略的选择、收入分配体系的改革等，还是需要充分发挥国家的宏观调控职能。社会主义市场经济的发展，也离不开与之配套的市场经济体系，这也说明了建立社会主义市场经济体制有其必要性。从我国经济发展实际来看，国家的宏观调控离不开健康完善的经济立法的支撑，而经济立法的一项重要任务就是完善宏观调控。我国宪法以法律条文的形式明确规定国家加强经济立法和不断完善宏观调控具有重要的意义与价值。

《宪法》第十五条规定："国家加强经济立法，完善宏观调控"，"国家依法禁止任何组织或个人扰乱社会经济秩序"，从这些宪法条文中可以看出，在经济发展中国家正是通过区域行政规划、区域行政协议与区域行政指导的方式来调控市场经济，促进经济健康发展。社会主义发展新阶段，区域行政指导、行政协议与行政规划是有效促进我国区域经济一体化发展的主要方式。根据我国经济发展实际情况，为适应经济发展要求，我国制定了《中华人民共和国反不正当竞争法》《中华人民共和国反垄断法》和《中华人民共和国消费者权益保护法》等相关法律规章，并将区域行政规划、行政协议与行政指导相结合，优化区域产业结构，扩大区域市场发展空间。

---

① 围绕市场主体发展需求精准有序实施宏观调控 进一步激发市场主体活力和社会创造力 [N]. 人民日报，2021-01-23（1）.

区域行政指导是区域经济一体化中行政公共治理的必然要求，在区域经济发展中为促进区域经济一体化和实现区域经济资源的有效整合起到了重要作用①。从 20 世纪末开始，我国相继在长三角、珠三角、京津冀等区域一体化发展中实施区域行政指导，对区域发展起到了一定的保障作用。但是，由于区域行政指导属于软法范畴，并不像我国制定和颁布的其他法律一样具有强制性，区域行政指导存在一定的局限性。尽管如此，区域行政指导对于区域经济发展与公共治理有着重要的作用。区域一体化发展中行政指导的产生，一是依靠中央政府。在实际发展中当中央政府意识到区域内治理协调性较弱，具有经济整合必要性，就会制定和颁布相应的规划来指导区域发展。国家的区域行政指导主要是战略层面的指导，国家根据各个区域发展实际制订适合的行政指导规划。二是依靠各地方政府。当地方政府意识到地方的发展需要进行公共治理时，就会根据区域发展实际制订相应的区域行政指导规划。而地方区域行政规划指导需要在国家区域行政指导规划下进行，更侧重于微观层面上的指导，如一个地区的交通基础设施建设、区域人才的引进、区域生态环境的治理与维护、地方政府间的合作等。因此，区域行政指导在促进区域内经济、政治、文化、生态等整体发展，区域交通、医疗、教育等基础设施建设方面起到了举足轻重的作用。

区域经济一体化背景下出现的行政协议是区域政府为克服行政区划障碍而进行合作的法律机制②。在发展初期，区域行政协议多由地方政府自主签订，随着中央机关或上级政府机关的参与，出现了有上级政府机关或中央机关参与的行政协议。区域经济一体化的合作机制既包括合作组织又包括合作行为，而合作行为主要包括区域行政协议和共同行政行为③。区域行政协议不是一般意义上的行为，而是属于一种公权力行为，具有国家性的权威与效力。我国是社会主义法治国家，且是一个多民族国家，为将平等原则落到实处，我国颁布了《中华人民共和国民族区域自治法》，以法律的形式规定和保障民族平等与人人平等。区域行政协议内容庞杂，包含多种法律程序与规定，其中重要的一项是公众参与。我国已颁布的《中华人民共和国立法法》《行政法规制定程序条例》和《规章制定程序条例》都指出应将民主原则作为我国法律规章制定过程中的基本准则。以长三角区域行政协议为例，其实施主要有两种模式，一是

---

① 董国权. 区域经济一体化中区域行政指导规范的制定程序 [J]. 河北法学，2020，38 (3)：175-186.

② 叶必丰. 我国区域经济一体化背景下的行政协议 [J]. 法学研究，2006 (2)：57-69.

③ 叶必丰. 区域经济一体化的法律治理 [J]. 中国社会科学，2012 (8)：114.

由区域间各地方政府自行订立行政协议；二是设置专门的机构①，在长三角区域一体化发展中遇到行政碍阻时，可由专门的机构来进行指导。区域行政协议不仅仅是区域政府间的法律合作机制，也是各级各类行政机关之间的合作性法律机制。总之，区域行政指导和区域行政规划，实践了宪法和组织法上规定的领导，蕴含着领导事项、领导方式和领导区域等要素②。遵循《宪法》第十五条的要求，坚持政府调控与市场作用的结合，用行为机制发挥组织结构的领导功能。

建设社会主义法治国家，必须把全面依法治国摆在全局性、战略性、基础性、保障性位置③。随着我国法治建设的日渐深入，区域内政府间、行政部门之间的合作将日益增多，区域行政协议将有更大的发展空间。而随着我国民主化进程的推进，区域间行政协议的缔结也日渐在平等、协商的基础上进行，并涉及中央与地方、政府与公众之间的关系。目前我国长三角、珠三角、粤港澳大湾区域行政协议中，还存在着忽视农民群体的利益的行为，因此在成渝区域发展中，有必要建立相关的行政协议法，即以行政协议法为制度平台，通过制定行政协议进行监督和管理，逐步加强对各级行政协议的监督，保障每一位公民的正常参与，并维护公民大众的利益。国家通过经济立法，可以为我国国民经济发展提供有效法律保障。成渝区域在今后发展中，应从长三角、珠三角等区域经济发展中吸取经验，并在党中央的支持与保障下，制定符合成渝区域发展的方针政策，有序健康发展。

二、法治实践的三组关系

2020年10月16日，习近平总书记主持召开中共中央政治局会议，审议通过了《成渝地区双城经济圈建设规划纲要》，该纲要为成渝地区双城经济圈的建设与发展提供了政策引导与方向指引。为深入贯彻落实纲要精神，要以重庆和成都两大中心城市为主推力，发挥区域优势和地方特色，将成渝地区打造成具有全国影响力的重要经济中心、科技创新中心、改革开放新高地、高品质生活宜居地，打造带动全国高质量发展的重要增长极和新的动力源。成渝地区双城经济圈法治保障需要处理好法治实践的三组关系：一是中央与成渝地方政府的位阶关系，二是成渝地区政府间的权力关系，三是成渝地区双城经济圈建设

---

① 叶必丰. 我国区域经济一体化背景下的行政协议 [J]. 法学研究, 2006 (2): 57-69.
② 叶必丰. 区域经济一体化的法律治理 [J]. 中国社会科学, 2012 (8): 116.
③ 中共中央印发《法治中国建设规划 (2020—2025 年)》[N]. 人民日报, 2021-01-11 (1).

中经济与法治的保障关系。只有在成渝区域发展实践中正确处理好这三组关系，才能更好地发挥法治在成渝地区双城经济圈建设中的保障作用。

1. 中央与成渝地方政府的位阶关系

在分析中央与成渝地方政府间的位阶关系之前，首先要弄清楚关于位阶的基本内涵。现在"位阶"一词通常与法律相联系，通常指的是中央与地方政府间在法律法规、规章制度、权力划分等方面的位阶关系。法律位阶是指在一个国家的同一法域内，法律体系呈现的纵横交错的特征。每一部规范性法律文本在法律体系里都存在一定的等级。下位阶法律必须服从上位阶的法律，所有的法律都要服从最高位阶的法。通常单一制的国家体系都严格维持法律体系的内在统一。2021年1月中共中央颁布的《法治中国建设规划（2020—2025年）》指出地方立法中要提高立法质量，确保不与上位法相抵触，这也充分体现了中央与地方的位阶关系。

根据《宪法》第三条，我国的"法"并不是杂乱无章的，而是存在于一个统一有序的法律体系之中，而这个体系按照位阶的高低排序而成，在这个体系之中，中央与地方之间互相遵守、紧密配合。只有弄清楚了法律位阶关系，才有助于处理好我国不同等级、不同区域间的位阶关系。因此，成渝地区双城经济圈发展的法治化保障中应处理好中央与成渝地方政府的位阶关系。《中华人民共和国立法法》第八十七条和第八十八条就是关于法律位阶关系的两条规定。其中第八十七条指出，"宪法具有最高的法律效力，一切法律、行政法规、地方性法规、自治条例和单行条例、规章都不得与宪法相抵触。"第八十八条规定："法律的效力高于行政法规、地方性法规、规章。行政法规的效力高于地方性法规、规章。"这是不是就说明法律位阶就等同于法律效力呢？显然不是，法律位阶与法律效力并不等同。一般来讲，法律效力只是规定了人、地域、时间效力的法的生效范围，它只是法律规范的作用力，其本身并没有高低强弱之分，只是要求人们给予相同的尊重和对待。而法律位阶强调法律体系中不同法律之间的等级关系。因此，我国的法律体系中，宪法是第一位的，中央的一切事物也要遵循宪法规定的各项原则，而各地方在行使权力或制定颁布相关文件时，也要遵循宪法和党中央的统一领导与安排。从法理层面来讲，我国法律位阶的划分标准是宪法和法律规定的立法主体的权力位阶，一般来讲，遵循宪法—基本法律—法律 行政法规—地方性法规—行政法规，在这个顺序中，法律位阶呈逐渐递减的状态。

1921年中国共产党成立后，带领人民推翻帝国主义、封建主义和官僚资本主义，并于1949年成立中华人民共和国。改革开放以来，随着我国民主化进程的日益推进，我国在坚持民主集中制的基础上继续推进民主。其中，中央与地方政府间也不再是行政一条鞭式的领导方式①，各地方政府不再一味地事事听从中央的领导，而是有了更多的选择权与自主性，更有弹性与活力地执行中央的安排。而这些有活力与弹性的地方制度如果投射到国家层面的国家法治结构，则会牵涉国家法律制度及其作用，也会涉及中央与地方的关系。1999年修订版《中华人民共和国宪法》第五条新增："一切法律、行政法规和地方性法规都不得与宪法相抵触。"在大力建设社会主义国家、建设社会主义现代化的进程中，重要的一条就是确保宪法的权威和最高效力，其他所有的法律都不得与宪法相冲突。

党的十九届四中全会指出："健全充分发挥中央和地方两个积极性体制机制，加强中央宏观事务管理，赋予地方更多自主权。"② 加强法治建设就要处理好中央与地方的关系，加强区域协调发展法律制度建设③。贯彻落实《法治中国建设规划（2020—2025年）》文件精神，在成渝地区双城经济圈的建设与发展中，就要协调好区域法律制度建设，加强成渝地区法治建设和法律制度建设。为此，其一，坚持党的领导。党的领导是中国特色社会主义最大的优势，我国建设社会主义法治国家遵循的首要原则就是党的领导，坚持党对法治国家建设的领导才能保证我国法治建设沿正确方向前进。其二，用中国特色社会主义法治理论指导实践，在中央全面依法治国工作会议上，党中央提出习近平法治思想，并将其作为我国法治化建设重要的指导思想。其三，坚持以人民为中心。建设社会主义法治国家就是以良法善治保障人民的生命健康权，为国民提供安定的社会秩序。在具体实施过程中，中央要全面坚持宪法原则，把宪法作为一切活动的根本行为准则，其他一切法律法规都不得与宪法相抵触。在立法实践中，要加强党对立法工作的领导，不断完善人大主导立法工作的体制机制，并逐渐建立健全党委领导、人大主导、政府依托、各方参与的立法工作格局，提升我国立法的科学性与民主性。

在坚持中央统一领导下，加强地方立法工作是规划提出的一项新的指示。成渝地区双城经济圈作为新时代国家提出的一项区域协调发展的重大战略，党中央为扶持成渝区域发展在财政、政策、人才等方面给予政策倾斜与优惠，为此，成渝地方政府应抓住此有利时机。在成渝区域法治建设方面，尤其是在区

① 陈新民. 论中央与地方法律关系的变革 [J]. 法学, 2007 (5): 58-69.
② 中共十九届四中全会在京举行 [EB/OL]. (2019-11-01) [2021-02-18]. http://cpc.people.com.cn/n1/2019/1101/c64094-31431860.html.
③ 中共中央印发《法治中国建设 (2020—2025 年)》[N]. 人民日报, 2021-01-11 (1).

域立法方面，成渝两地政府应当结合区域协调发展中实际需要和区域发展现实，突出成渝地区双城经济圈建设这一特色，创造性地做好地方立法工作。健全成渝区域地方立法机制，提高成渝区域立法的针对性与科学性，确保成渝区域相关法律规章不与上位法相抵触，确保不会越权立法、重复立法、盲目立法。另外，四川和重庆政府要不断建立健全区域协同立法工作机制，由于成都与重庆是成渝地区双城经济圈的中心城市，也是有力带动成渝地区双城经济圈建设与发展的主要推动者，两地坐拥多项国家政策与区域发展资源，两地政府要加强合作，坚持协同发展理念，为成渝地区双城经济圈建设科学立法，协同立法。在坚持和遵循《成渝地区双城经济圈规划纲要》的前提下和进一步贯彻落实《法治中国建设规划（2020—2025 年）》精神，成渝两地政府制定适合本地区发展的法律规章与制度，为成渝区域经济发展和法治化保障提供良法善治。国家有意将成渝地区双城经济圈打造成我国区域发展的第四极，成渝两地在发展中应根据国家最新发展规划，为配合区域法治化建设与区域法治化发展，引进大批法治化人才，大力提高法治工作队伍思想政治素质、业务工作能力、职业道德水准，努力建设一支德才兼备的高素质法治工作队伍，确保成渝两地区域政府立法的科学性与针对性，为区域经济发展与法治化发展提供专业性法治人才保障，确保成渝地区双城经济圈建设的顺利进行。

在成渝地区双城经济圈建设与法治化保障中，坚持中央的统一领导，确保中央与成渝地方政府合理分工，确保中央与成渝地方政府的位阶关系，只有这样才更有利于维护中央权威，更有利于充分发挥成渝地方政府的创造性与投身区域经济社会发展的积极性，也有助于保证地方立法工作在正确的政治方向上前行，强化成渝地方立法的法理基础，提升成渝地方政府立法水平，从而调动区域内一切主体积极投身成渝地区双城经济圈的建设与区域开发，才能在健康、有序、合理的法治环境中共同促进成渝地区经济社会发展。

2. 成渝地区政府间的权力关系

合理划分与配置好中央政府与地方政府间的权力关系，是事关政府间正确行使职权的关键性问题。政府存在的前提就是要求其所属权力的权威性得以保障，并要根据国家发展实际制定相关的政策文件。因此，权力在中央政府与地方政府之间的合理化划分就成为政府职能有效落实的重要保证[①]。

处理好中央与地方政府间的关系是一项长期的工作，党中央和政府一直在不断探索。虽然中央政府与地方政府在权力划分方面已取得良好成效，但是在

---

① 冯娟. 我国中央政府与地方政府权力划分困境及出路研究 [D]. 西安：西北大学，2015.

发展中还存在一些困境，这些困境产生的原因，大体可以分为三个方面：一是集权与分权的轮转导致的中央与地方权力失衡问题。党的十一届三中全会之前，我国一直实行的是计划经济体制，中央有绝对的权威，地方只能在中央的领导下开展工作，权力较小，此时的中央政府与地方政府的权力划分处于一种不合理状态。党的十四大做出我国实行社会主义市场经济体制的重大决定。随着社会主义市场经济体制的改革与市场经济的发展，中央政府与地方政府之间的关系由计划经济体制下的中央高度集权模式向后来的分权模式转化。而中央政府权力的过于集中就会相应地削弱地方政府的权力。因此，要使中央政府与地方政府的权力趋于合理化，就要不断调整与改革中央政府与地方政府的权力划分，不断扩大地方政府的权力，更好地促进地方发展。二是各地方政府的自利性导致的非正当利益至上。地方政府往往以追求短时期内快速发展经济、增加当地利益为出发点与落脚点，通过行使中央对地方下放的权力进而对区域经济发展进行指导与规划，并在利益的驱动下，对中央政府的政策进行选择性执行，以达到维护自身利益的目的。三是权力行使中缺少应有的监督。监督机制不仅适用于中央政府与地方政府间的权力划分，而且适用于各级政府间权力的有效落实。中央政府与地方政府权力的划分并不意味着地方政府的权力会受到限制，而是说地方政府权力的行使要在尊重中央政府利益的前提下进行。

加强中央与地方政府之间的监督制约，并不断完善监督机制是中央政府与地方政府权力划分合理化的题中应有之义。随着我国社会主义民主化建设进程的日益深入，中央不断扩大地方的权力，但是随之而来的是地方保护主义下非正当利益关系的出现，其出现的根本原因就是对地方政府缺乏应有的权力监督。其一是中央对地方监管力度不足。随着我国日益融入经济全球化的发展进程以及我国市场经济的深入发展，中央政府对地方政府的监管越来越多样化，但是也并不意味着权力主体可以随心所欲地行使权力。权力下放是为了更好地扩大地方政府的自主权和更好地促进地方发展。但是就我国现有的法律来看，并没有专门的法律对中央与地方权力的关系做出明确的规定，因此监督程序中缺乏相应的条文规定。其二是地方对中央的监督信度与效度不足。关于中央与地方之间的监督机制，通常我们想到的是中央上级对地方下级的监督，而往往忽视了地方下级对中央上级的监督。在中央与地方政府权力的划分与调整中，地方政府通常被认为是执行中央政府委派的职能的一方，再加上我国现有法律也并没有说明下级对上级的监督，导致地方政府监督的不足。

成渝地区双城经济圈作为我国政府新提出来的一项区域协同发展的国家战略，要合理处理好中央与成渝地方政府的关系问题。

第一，坚定地维护好中央政府与成渝地方政府权力划分的原则。要想协调好中央与地方政府间的关系，就要坚持一定的权力划分原则，并形成相应的制度体系。其一，坚持中央统一领导，维护中央权威。《宪法》第三条规定，中央和地方的国家机构职权的划分，遵循中央的统一领导。坚定地维护党中央的领导是其他一切的前提和首要要求。各地方政府的权力来自中央，在中央的授权下地方政府才享有权力和行使权力。因此，坚持党中央的领导是中央与成渝地方政府权力划分的首要原则。其二，地方适度分权原则。《宪法》第三条还规定："遵循在中央的统一领导下，充分发挥地方的主动性、积极性的原则。"也就是说，在坚持与维护中央权威的前提下，各地方政府有一定的权力空间。中央根据各地区经济社会发展实际，下放相关权力，由地方政府根据其区域发展实际制定相关发展政策和文件，指导地方区域发展。成渝地区可在国家授权范围内，依托国家对成渝发展各方面的大力支持，在本区域内制定基础设施建设、教育、医疗、科技创新等方面的政策文件，助力成渝地区向我国区域发展的第四个增长极目标发展。其三，坚持法治原则。奋力建设良法善治的法治中国是我国法治社会的目标与要求①。法治是治国安邦的总章程，中央与成渝权力的划分也要遵循一定的法律规章。

第二，制定中央与成渝区域政府权力划分的策略机制。在实践中坚持权责相统一、利益相协调。其一，坚持中央与成渝地方间权责统一。我国公民的权利与义务是对等的，这种权责关系也适用于中央与地方政府。长期以来，中央与地方政府的权力关系表现为一种不对等的关系，导致地方政府由于没有权力而影响区域经济社会的发展。而把握好中央与地方政府权责的合理界限是中央与地方政府和谐关系的核心。坚持中央的统一领导，也应激发市场活力。为大力支持成渝区域建设，中央放宽成渝政府的权限，让成渝政府有更多的自主决策权，激发成渝区域市场活力，加快推进区域经济社会发展。其二，追求中央与地方政府间利益协调。中央与地方作为两个权力主体，既有相同的利益追求，也有相异的一面，追求两主体之间的利益平衡是发展之路。现实情况是，中央政府与地方政府之间常常出现利益博弈，而在这种情况下，地方政府由于处于劣势，在谋取不到利益或者得到较少利益时就会削弱发展的积极性，进而影响区域经济社会发展。只有通过建立良好的利益协调机制，才既不会造成中央政府的利益过大，也不至于削弱地方政府的积极性。其三，发挥立法在权力划分中的指导作用。中央与地方权力的划分还需要一定的依据，按照规定程序

① 中共中央印发《法治中国建设规则（2020—2025年）》［N］.人民日报，2021-01-11（1）.

进行，这时候就需要发挥立法的作用。在西方资本主义国家中，英国于1972年颁布《地方政府法》，法国在1982年颁布《关于市镇、省和大区的权利和自由法》，这两个文件都对中央政府与地方政府权力划分做出了规定。参考和借鉴西方国家处理此类问题的方法，成渝地区政府在今后发展中可以由相关立法机关制定颁布相关文件，用于指导成渝地区中央与地方政府间权力的划分，以法律形式保障成渝地区政府的权力行使。

为顺应国家提出的大力建设成渝地区双城经济圈建设战略，更好地保障区域经济社会的发展与繁荣，成渝两地政府制定并颁布了若干重大决策。2021年1月，四川省出台了《四川省市县重大经济事项决策规定（试行）》以提升市县党委、政府重大经济事项决策管理水平①。同月，四川省政府印发《四川省权责清单管理办法》，该办法明确指出要进一步明确行权部门权责清单的编制、调整、公布、实施以及监督检查，促进行政权力依法规范公开运行②。同月，重庆市人民政府办公厅、四川省人民政府办公厅联合印发《关于协同推进成渝地区双城经济圈"放管服"改革的指导意见》，在大力推进无差别政务服务方面，两省市将推动政务服务"川渝通办"，实现成渝两地政务服务标准规范统一③。成渝两地在协同发展中处理好中央与地方政府间的权力关系，共谋新时代成渝发展新模式。

3. 成渝地区双城经济圈建设中经济与法治的保障关系

成渝地区双城经济圈的建设与发展的法治保障中，需要处理好的另一组关系就是经济与法治的保障关系。成渝地区双城经济圈作为国家区域协同发展的国家战略，在建设中应坚持扩大开放，坚持发挥市场在区域经济中的决定性因素。2018年国务院《政府工作报告》指出，我国经济的高质量发展要坚持"五位一体"与"四个全面"相协调，其中"四个全面"中就包括全面依法治国。由此可以看出，我国的法治保障与经济社会发展相辅相成。成渝地区双城经济圈建设中经济与法治的保障关系，可从以下三方面着手：

第一，经济的发展需要依靠法治的支撑与法治化保障。成渝地区双城经济圈的法治保障中要坚持发挥法治的作用。其一，经济的健康发展需要好的营商环境。一个地区营商环境的好坏直接影响着一个区域是否可以最大限度地吸引投资者和公司企业的入驻，进而影响区域经济的发展、财政收入、就业状况等。营商环境法治化是指一套行之有效、公平公正透明的具体法律、法规和监

---

① 我省出台《四川省市县重大经济事项决策规定（试行）》[N].四川日报，2021-01-27（2）.

② 兰楠，袁婧.促进行政权力 依法规范公开运行 [N].四川日报，2021-01-11（2）.

③ 川渝协同推进成渝地区双城经济圈"放管服"改革 [N].四川日报，2021-01-24（1）.

管程序①。我国经济要实现高质量发展就需要有公平、公正、开放、自由的营商环境。具体来看，建立和营造良好的营商环境首要的就是处理好政府与市场的关系，新时代我国经济的发展中要坚持市场在资源配置中的决定性作用；公平公正的市场体系可以形成市场经济发展所需要的营商环境；开放自由的投资环境可以吸引更多的投资人来此投资。只有建立安全、公平、自由的市场体系，才能保证最大限度地激活形成良好的市场投资环境。其二，经济的高质量发展可以提升法治化水平。我国努力追求的高质量发展经济是市场经济，本质上也是法治经济，市场经济良好运行以良法善治为基础②。成渝地区双城经济圈在新时代区域发展中，要建立协调统一的立法体系，法律实施的前提是有法可依，坚持《宪法》这一国家根本大法，在坚持和遵循《宪法》的大政方针下，立法部门加强立法，保障经济的有序运行和健康发展。尤其要加强区域经济立法，发挥软法在区域经济发展中的指导作用。区域政府在区域经济社会发展中起着举足轻重的作用，发挥政府的宏观调控以及政府对权力的制约和监督作用，高效的法治政府对成渝区域经济社会发展起到重要的保障作用。要建立多方协调的经济治理体系，成渝区域发展中可以参考借鉴我国长三角、京津冀、粤港澳大湾区发展经验，建立一套多方协调发展的经济治理体系，即政府与市场相协调、区域各主体共同参与、各方相互协调与监督的良好经济治理体系，为区域经济发展提供最有力的法治保障。其三，在经济高质量发展中努力追求公平、公正、安全的法治目标。当前我国经济已进入高质量发展阶段，经济发展前景向好，在大力建设社会主义法治国家的时代背景下，结合我国经济发展状况，建立公平、公正的社会经济秩序尤为重要。公平、公正的经济发展秩序可以激发市场自由竞争，充分发挥市场在资源配置中的决定性作用，实现资源的优化配置。社会只有坚持公平原则，才能最大限度地调动人们的生产积极性与创造性，提高社会创造力与效益，创造更多的社会财富，实现经济发展与促进社会公平公正的双重目标；经济发展的法治保障中还应坚持效率与公平原则，在发展中应摒弃"效率优先、兼顾公平"的旧的发展理念，坚持新时代下实现效率与公平双赢的新的发展观，共建健康、公平、公正的经济法治化发展环境。

第二，法治为经济发展保驾护航。中国特色社会主义实践向前推进一步，法治建设就要跟进一步③。总结我国经济发展的经验与教训，自党的十八大以

---

① 董成惠. 新经济高质量发展的法治保障 [J]. 兰州学刊，2021（1）：123-136.

② 赵旭东. 为经济高质量发展提供有效法治保障 [N]. 人民日报，2020-10-30（9）.

③ 人民日报评论员. 坚定不移走中国特色社会主义法治道路 [N]. 人民日报，2020-11-19（1）.

来，我国经济的发展不再片面追求发展速度，而转向追求高质量发展。再加上现阶段社会主要矛盾发生变化，在不断满足人民日益增长的美好生活需要的过程中，经济发展出现了一些问题。这时候就需要通过法治保障经济的建设与发展。因此，加强经济生活的法律建设、推动经济法治化是实现经济高质量发展的重要举措。2020年11月中央全面依法治国工作会议上，党中央提出将习近平法治思想明确为全面依法治国的指导思想。整体上看，习近平法治思想深刻回答了新时代为什么实行全面依法治国、怎样实行全面依法治国等一系列重大问题，是一个内涵丰富、论述深刻、逻辑严密、体系完备、博大精深的法治思想理论体系，对我国区域经济向高质量发展提供了法治指导。

2020年5月全国人大表决通过了《中华人民共和国民法典》（以下简称《民法典》），这部被称为"百科全书"式的民法典明确了民事主体在民事活动中法律地位一律平等，各种所有制经济平等获取生产要素、平等参与市场竞争、受法律平等保护，这为充分发挥市场在资源配置中的决定性作用提供了重要制度前提，也为我国经济发展中法治对经济的保障提供了重要示范。其一，通过法治保障经济激活市场主体活力。市场主体平等是价格机制充分发挥作用的必要条件①。我国宪法第四条规定，"中华人民共和国各民族一律平等"，因此，成渝地区双城经济圈内的各主体也是平等的，平等地享有国家为支持成渝区域建设而制定或颁布的一系列倾斜政策。按照《宪法》第三条，成渝区域内各主体在区域内各民事活动中地位一律平等，即平等获取生产要素、平等参与市场竞争、受法律平等保护，共同促进成渝地区双城经济圈的经济社会发展，也共享区域内一切发展成果与发展成效。成渝区域内发展市场经济，还需要坚持现代产权制度，以法治平等地保障市场主体的产权。这不仅可以调动市场主体的积极性，而且可以繁荣区域市场经济。成渝地区是国家新提出来的国家发展战略区域，区域内各市场主体可以抓住此次机遇，申请专利或注册商标，让知识得到尊重、得到法律的保护，营造尊重知识、保护知识的区域发展环境。其二，法治保障可以促进市场中各生产要素有效配置。市场经济的发展离不开各生产要素，如果这些生产要素得到法治的保护则可以最大限度地发挥其价值，这就需要政府颁布各类市场经济法来保障各类生产要素得到合理有效配置。2020年4月国务院颁布的《中共中央国务院关于构建更加完善的要素市场化配置体制机制的意见》明确提出，完善要素市场化配置是建设统一开放、

---

① 赵旭东. 为经济高质量发展提供有效法治保障 [N]. 人民日报，2020-10-30 (9).

竞争有序市场体系的内在要求①。党的十八大以来，我国科技创新得到快速发展，目前我国在大数据、人工智能、云计算等方面成果显著，以大数据为代表的数字资源生产要素与以往的土地、资金等生产要素一起成为社会主义市场经济发展的重要的生产要素。该意见明确提出加快培育数据要素市场，这无疑将带动我国新一轮对数据生产要素的重视与保护。该类意见的出台也为促进数据要素交易、加快培育数据要素市场奠定了规则基础。其三，法治可以有效维护市场经济秩序的稳定。区域市场经济的发展离不开稳定的市场秩序，良好的市场秩序可以为经济社会发展创造好的环境，而法治在维护良好的市场秩序中发挥着重要的作用。首先法治可以保护区域内各主体的正当权益。例如《民法典》就全面保护区域内公民的人身权利、财产权利等一般民事权利和对知识产权侵权的行为专门制定了惩罚性赔偿制度。《民法典》对民事权益的保护，有利于增强区域内各主体对自身权益保障的信心，让各主体安心地投入区域社会经济建设之中。诚信也是现代市场运营所必需的品质，并影响着社会主义市场经济的方方面面。诚信不仅是我国自古代流传下来的优秀品质，而且在我国社会主义核心价值观中也占据着重要的位置，现代市场经济的健康发展更离不开诚信。因此，我国在净化市场环境时可以颁布若干与诚信相关的法律文件，严厉打击各种欺诈行为，让不诚信的市场主体受到法律惩罚，维护健康良好的市场环境。

第三，成渝地区双城经济圈的建设有利于实现区域经济与区域法治的良性互动。自改革开放以来，我国就坚持以经济建设为中心，经济发展是国家长治久安的根本保证。法治是治国安邦的总章程，是维护一方稳定的有力抓手。因此，成渝地区双城经济圈的建设要处理好区域经济发展与法治保障的关系，使经济与法治两者相辅相成。在发展过程中，严格遵守《成渝地区双城经济圈建设规划纲要》《中共中央关于制定国民经济和社会发展第十四个五年规划和二〇三五年远景目标的建议》《法治中国建设规划（2020—2025年）》等相关文件，认真学习习近平法治思想，学习和领会中国特色社会主义法治理论，总结我国其他区域如长三角、珠三角、东北三省、粤港澳大湾区、京津冀等区域发展中如何处理经济发展与坚持法治保障之间的关系的经验，吸收借鉴后为我所用，调动区域内一切因素，促进成渝地区双城经济圈稳步发展与壮大。

───────────────

① 中共中央国务院关于构建更加完善的要素市场化配置体制机制的意见 [EB/OL].（2020-04-09）[2021-01-28]. http://www.gov.cn/zhengce/2020-04/09/content_5500622.htm.

三、法治保障的三个特征

成渝地区双城经济圈的法治保障，是带有成渝特色的法治保障，在实践中应严格遵循巴蜀法治文化一体、成渝区域立法协同和成渝市域社会治理机制联动三个基本特征。

1. 巴蜀法治文化一体

研究巴蜀法治文化一体的首要前提就是弄清楚巴蜀文化与法治文化两个概念。有人认为巴蜀文化是指中国西南地区古代巴族和蜀族历史文化遗存的总称；也有说法将巴蜀文化理解为春秋战国时期的巴蜀地区，也就是如今的四川全部和陕南、鄂西及云贵部分地区的文化。从唐代伟大诗人李白的《蜀道难》中"蜀道难，难于上青天"就可以想象古代巴蜀地区地形复杂。而川西成都一带主要以平原为主，适合人类居住，是古代蜀人活动中心，重庆一带，是古代巴人活动中心。巴蜀两地相距较近，且地形条件极为复杂，再加上两地地处盆地，气候较为潮湿，因此两地的居民都喜欢吃辣，有着相似的饮食文化。在发展中，两地逐渐形成了带有特定文化气息的巴蜀文化。巴蜀文化辐射性较强，历史上，巴蜀文化除了与周边临近的中原文化、楚汉文化、秦文化相互渗透、相互影响，还对东南亚地区的金属器打造、墓葬形式等产生了深远影响。

不同于其他类型的文化所追求的价值与理念，法治文化所要追求的目标是建立民主、自由和权利保障的社会文化氛围；追求的生活方式是社会意识与社会生活相互匹配、相互照应；追求的文化是集民主、自由、平等、公正于一体的文化价值体系。从表面上看，法治文化似乎与法律文化有诸多相通之处，但是实质上法治文化与法律文化之间还存在较大差距。从文化情感角度来看，法律文化体现的是中性色彩，着重强调法律的历史、传统和价值；而法治文化主观性较强，着重体现行为主体的价值与判断。就范围大小来看，法治文化范围较大。而区域法治文化，主要是指在一定的区域范围内，由该区域内的行为主体共建、共创、共享的一种法治文化。区域法治文化突出强调区域，此种类型的文化是某一特定的自然环境、地理环境、生产生活方式、历史文化相互交融、相互作用而积淀成的特有文化。就比如说巴蜀地区，由于其独特的历史文化传统，逐渐演变成了如今的巴蜀文化，提起巴蜀文化，人们自然而然地就会联想起四川、重庆地区，而不会联想到其他地区，这就是区域文化的独特性特征。

从巴蜀文化我们可以看出，一个地区的文化带有明显的区域性特征。不同地区由于各自的历史文化积淀而成的文化就称之为区域文化。区域法治文化并不是一个没有根据的提法，而是实实在在、有一定的现实理论依据。其一，文化的区域性特征推导出法治文化的区域性特征。文化在实践中往往被烙上深深的区域特色。生活在该区域中的人们体现出的生活方式、思维方式、价值观念都与区域文化紧密相连。区域文化的发展无形中也会带动区域法治文化的生长。文化作为一种意识形态，不仅可以指导人们的思维方式与价值判断与选择，而且可以指导人们的社会实践。在区域法治化建设进程中，区域法治与区域文化会有一定的良性互动。其二，如今全球化的发展、国家法治的发展都与法治文化的区域性特征密切相关。以内地与香港、澳门相比，香港和澳门在坚持党中央的统一领导下，实行"一国两制"。在不同的社会制度背景下，内地与香港、澳门形成了不同的法治文化。这就说明了即使有相同的文化背景，由于不同的法治环境，随着实践的发展也会逐渐形成不同的区域法治文化。进入新时代，判断一个国家的综合实力不再单单依靠经济这个指标，而是越来越看重文化软实力。文化作为一种软实力，作为一种无形的资产与无形的力量，对促进经济向更高层面发展和促进区域协调发展有着重要的作用与价值。

在成渝地区，巴蜀法治文化在实践中逐渐形成了一个由表及里的严密系统。这里主要从整体、区域、内部三个层面来分析和论证巴蜀法治文化。第一，从巴蜀法治文化与国家法治文化外部层面分析。巴蜀法治文化属于多元的区域性文化，国家法治文化属于多元、复合的整体性文化，两者是部分与整体、单一与多元的关系。所以，我们也可以说巴蜀法治文化与国家法治文化是部分与整体的关系。国家法治文化作为一个"整体"，由多个不同区域的文化共同组成，因此国家法治文化有较强的融合性。巴蜀法治文化作为"部分"，在一些场合又具有整体的意义与功能。因此我们可以说，任何一种形式的文化都是整体性与区域性的统一。以我国的文化为例，由于不同的地形和地理特征，不同区域的人们在不同的社会条件和社会背景下，形成了不同的文化，如我国的吴越、岭南、荆楚、湖湘、齐鲁、燕赵、巴蜀文化等①，这些带有较强的区域性特色的文化，既属于源远流长的中华文化，也属于极具地方特色的区域文化。因此，一个国家的法治文化也是整体性与区域性的统一。第二，从巴蜀法治文化与其他区域法治文化层面分析。该层面侧重于不同区域间文化的互动。我国是典型的多民族国家，我国的法治文化也是由多个不同的区域法治文

---

① 夏锦文，陈小洁. 区域法治文化：意义阐释、运行机理与发展路径 [J]. 法律科学（西北政法大学学报），2015，33（1）：3-12.

化构成的法治文化共同体。关于不同区域法治文化的融合，我国也有着深厚的历史渊源和文化内涵。其中最著名的就是秦汉时期，公元前221年秦并六国，结束了战国时期区域文化差异的混乱局面，并推行统一法度，同时秦朝规定，在秦统治范围内使用统一的货币、度量衡、文字等，这些规则的制定和颁布极大地增强了区域内部的法治文化的统一与发展。第三，从巴蜀法治文化与成渝区域内部层面分析。该层面是区域内部之间的作用与反作用。巴蜀区域内部文化不是一个个零散的部分，该区域的法治文化也并不是孤立存在的，而是由整个区域内的历史文化和风俗习惯等各个要素的相互作用而成。在分析联系的普遍性时有一句名言"牵一发而动全身"，一个区域内部的各个方面之间也是相互联系的，即巴蜀区域文化、区域经济、区域政治、区域法治之间相互联系、相互影响、相互促进，共同构成了区域法治文化一体化。

2020年习近平总书记主持召开了中央政治局会议，审议通过了《成渝地区双城经济圈建设规划纲要》，提出新时代将成渝地区双城经济圈打造成我国区域经济增长的又一极。在成渝地区双城经济圈法治保障的实践中，应毫不动摇地坚持巴蜀法治文化一体化发展，在具体的实践中，该如何操作呢？在我国大力建设社会主义文化强国的时代背景下，我国其他区域的文化建设已取得显著成效，巴蜀法治文化要对其参考借鉴，不断发展创新。其一，坚持文化共存。历史长河中有四大文明古国，但是随着社会的发展，古埃及、古印度、古巴比伦都湮灭在历史的浪潮中，只有古代中国毫无中断地延续了下来，并孕育了中华民族五千多年的悠久历史与源远流长的中华文明。现阶段，巴蜀法治文化的健康发展就要坚持与其他文化共生共存。而巴蜀法治文化要能够与其他区域文化共存，就要在相互借鉴中共同发展、共同注入新的文化力量。其二，应该深刻意识到巴蜀法治文化发展的动力是文化冲突。任何时代、任何社会、任何区域的发展都不是一帆风顺的，都是在相互冲突中得到发展进步的。因此，在巴蜀法治文化发展的过程中，应正确看待文化之间的冲突与对抗，并将不利因素转化为利于区域法治文化发展的因素。其三，新时代巴蜀法治文化的丰富和发展要坚持文化整合。文化整合就是将一个区域内的不同种文化融为一体，向一体化方向发展。巴蜀法治文化在发展中，坚持区域法治文化与国家层面的制度文化相互融合，并吸收借鉴有利于巴蜀区域发展的文化；将巴蜀制度性法治文化与观念性法治文化融为一体，开展对区域内公民的法律文化心理、法律价值观、法治观念的培养与教育，协调好传统观念性法治文化与制度性法治文化两者之间的关系，打造区域内公民文化的统一，并在新时代法治文化建设中使区域法治文化建设向创新性与时代性方向发展。

我们可以看到，区域经济的发展离不开区域文化的支撑，而区域经济的健康发展更离不开法治文化环境的支撑。新时代成渝地区双城经济圈的建设中，应牢牢坚持巴蜀法治文化的指导与引导，在坚持区域经济发展的同时坚持区域文化软实力的提升，共谋成渝区域发展。

2. 成渝地区双城经济圈立法协同

成渝地区双城经济圈的建设离不开法治的保障，随着成渝地区双城经济圈区域协同发展的深入与推进，加强成渝地区双城经济圈的立法协同发展，通过区域协同立法保障、推动、引领成渝地区双城经济圈的建设与发展提升，因此新时代成渝区域发展中加强成渝区域立法协同，有助于增强成渝区域地方立法的民主性与科学性，促进成渝地区经济和社会的协同发展，以法治助力成渝区域发展与建设。

自 2011 年《成渝经济区区域规划》提出以来，成渝两地政府加快建立完善与区域经济建设相关的法律法规，目前法治在成渝地区双城经济圈的发展中有着重要的价值并发挥了重要的作用。但是还存在一些问题：

一是区域协同立法较为单一。根据《宪法》第三条要求，坚持中央统一领导的前提下，成渝地方政府也有一定的空间和权限，各地方立法主体可"因区制宜"，颁布相关文件，丰富区域立法。但是实际情况是，成渝两地的地方立法主体属于不同的行政区域，各地方立法主体具有较强的独立性，这无形中导致成渝两地缺乏统一的区域立法规划，整体来看，成渝两地区域立法缺乏整体性，这也影响了区域立法的和谐统一。其一，成渝区域立法只局限于小范围的本市区、本区域发展规划，而忽视了整个大范围区域的发展，因此地方立法只针对局部区域发展而不利于整个成渝区域的长远发展。其二，从地方立法的内容来看，各区域间地方立法冲突较为严重。由于区域间各地区有不同的社会文化背景与经济社会发展模式，地方在立法时仅考虑本地区发展，从而导致不同区域间发展模式相差甚远且都不相同。在成渝区域内部一些地方，不同的区域间存在着重复立法、区域间恶性竞争等现象，在区域发展中造成了较为恶劣的后果。此外，在一些标准和法律责任问题上，成渝区域间也出现了较大的差异。在处理大气污染排放方面，重庆市制定颁布的《重庆市大气污染防治条例》第六十九条规定对违规排放气体的行为，处以 2 万元以上 20 万元以下罚款；而四川省制定颁布的《四川省〈中华人民共和国大气污染防治法〉实施办法》第三十一条规定，对违规排放大气的，处 1 万元以上 5 万元以下罚款。通过该例子就可以看出，成渝两地的立法主体对同一情况的违法处理有不同的处理情况，在处理中存在差异。国家提出成渝地区双城经济圈的建设，就是要在成渝区域内实现协同发展，法治保障方面实现区域立法协同。而上述因素则会对成渝区域协同发展带来一定影响。

二是区域立法不协调，立法内容与实际存在一定脱节。在一些领域，成渝区域的立法与区域的发展存在一定脱节和滞后性，而法律的制定就是要人们防患于未然，这样才能体现出法律规章对社会实践与社会发展的指导性与约束力。自《成渝经济区区域规划》提出后至 2018 年 6 月，两地在区域产业协同发展、交通一体化发展以及生态环境治理方面未制定和颁布相关的法律文件，使两地协同发展中法治保障受到影响，且两地协同立法成果较少。在我国生态文明建设的背景下，成渝两地印发了《深化四川重庆合作推动成渝地区双城经济圈生态共建环境共保 2020 年重点任务》，指出在争取国家支持、开展区域调查、推进区域生态建设、治理跨界污染、实施环境治理五方面进行区域合作①。中共中央国务院于 2019 年 9 月印发了《交通强国建设纲要》，党的十九届五中全会对加快建设交通强国做出专门部署，明确提出要加快建设人民满意、保障有力、世界前列的交通强国②，在国家大力建设交通强国的大政方针政策下，成渝两地逐渐加强区域间交通立法协作，相继颁布了《推进成渝地区双城经济圈交通一体化发展 2021 年重点任务》《成渝地区双城经济圈"四好农村路"示范区建设战略合作框架协议》等，进行交通方面的立法协作。

三是区域立法不协调，中央与地方之间存在一定时间差。2011 年 4 月国务院就通过了《成渝经济区区域规划》，但是在国务院审议通过该规划后，成渝两地的政府并没有及时就该规划召开相关会议。直到 2013 年成渝两市签署《关于服务成渝经济区战略合作框架协议》，2015 年成渝两地签署《关于加强两省市合作共筑成渝城市群工作备忘录》，2016 年两地签署《重庆市人民政府四川省人民政府深化川渝务实合作 2016 年重点工作方案》等，2020 年习近平主持中共中央政治局会议审议通过了《成渝地区双城经济圈建设规划纲要》后，成渝两地在交通、生态环境、产业协同发展方面的联系才越来越密切，两地签署的文件也越来越多。但是总体来看，这些文件大多数是区域间的合作对话，而关于区域立法协同方面的文件还较少，且立法主要着眼于地方立法中的某些突出问题，因此在某种程度上这些立法协同缺乏机制性。而成渝区域内负责地方立法的人大与政府之间缺乏有效的沟通交流，由于机制缺乏两地没有形成系统的体系，再加上成都和重庆两省在经济发展、社会服务等方面存在较大

---

① 缪梦羽. 成渝两地将共同推动生态共建环境共保 [N]. 成都日报，2020-08-23 (3).
② 加快建设交通强国 [N]. 人民日报，2020-12-17 (9).

差距，因此在探索两地协同发展中缺乏有效动力，使得两地实际立法与协同立法要求相距甚远。

新时代成渝经济一体化发展以及区域内法治的信度与效度与区域立法协同密切相关，成渝地区双城经济圈的建设与法治保障都需要立法的支撑。因此，成渝区域内协同立法是合理性与必要性的统一。立法的前提是要合理，根据宪法第三条原则，只要是在宪法的许可范围内，成渝区域地方主体可以根据本地区发展实际制定符合本区域发展的相关政策文件与法律规章。1987 年四川省率先颁布了《四川省人口与计划生育条例》，但当时国家尚未制定其上位法。从这个案例中可以推出，四川省出台的该项条例虽然没有上位法的直接原则性规定，但是却符合国家治理的规范原则及四川省关于人口方面的发展需要①。这也体现了地方协同立法的合理性。法治经济既离不开规则的统一和透明，也离不开地方立法的创新、发展和协调②。自改革开放以来，我国在区域协调发展方面已取得一些经验，如我国的长三角、京津冀、粤港澳大湾区在区域立法协同中已取得成效，成渝地区在成渝地区双城经济圈规划提出后也在一些领域取得了成效，但总体来看成渝地区的立法协同还相对较弱，因此新时代成渝地区双城经济圈建设中加强立法协同是今后发展的一个主要方向。法治可以保障区域经济健康有序地发展，加强区域协同立法也是培育区域良好法治环境的必然要求。区域良好的法治环境离不开科学立法、严格执法、公正司法，而区域协同立法则是区域法治保障和建立健康、良好法治环境的基础和前提。总的来看成渝区域间协同立法对成渝地区双城经济圈建设以及区域内法治环境建设都有着重大的意义与价值。

根据德国斯图加特大学教授郝尔曼·哈肯提出的协同理论，成渝地区双城经济圈立法协同应从以下几个方面进行分析与建构：一是确立新的体现区域立法协同这一价值理念的指导原则。在成渝协同立法中，其一是坚持法制统一原则，即成渝区域立法必须坚持中央的统一领导，不得出现与我国宪法相冲突的法律条义，成渝两地各市区的立法不得与成渝两地的立法相冲突。其二是立法中体现地方特色。比如，成渝两地在水污染防治方面进行协同立法，应当依据各省市的经济发展情况与产业结构等地方特色进行立法，凸显地方立法特色。二是根据区域法治发展实际确立恰当的区域协同立法的方式。法治化保障作为成渝区域经济发展的一项重要保障，只有采取恰当的形式才能保障成渝两地区

---

① 宋玉波. 地方立法的范围研究 [J]. 探索，2000（2）：99.
② 胡健. 重视区域立法协调的法治价值 [N]. 法制日报，2006-07-20（3）.

域经济的健康发展。我国不同的区域有不同的发展模式，就我国东北三省的区域发展而言，其采取了紧密型、半紧密型、松散型立法协同发展模式。这种立法协同模式旨在根据本地区的不同发展模式而采取不同的立法协同模式，从而提高本地区立法的针对性与有效性。三是深入实际落实协同立法项目。例如在京津冀协同发展中，第四次京津冀协同立法工作座谈会专门制定了《京津冀协同发展立法引领和保障研究报告》，为京津冀区域在生态、教育、医疗等方面的协同立法指明了方向①。

参考借鉴京津冀的发展经验，成渝两地政府应根据本区域发展实际，及时确定符合本区域的立法协同内容。成渝两地的立法协同部门在遵循《成渝地区双城经济圈建设规划纲要》的前提下，聚焦成渝区域建设与发展中涉及的区域共同发展利益问题，完善立法规则与计划。在完善公共服务一体化方面、推动产业升级转型方面、生态环境立法与保护方面加强协同立法研究，为区域发展提供良好法治保障与法治化环境。

3. 成渝市域社会治理机制联动

习近平总书记指出，推动成渝地区双城经济圈建设，将成渝打造成内陆开放新高地②。成渝地区双城经济圈作为新时代国家发展的一项重大战略，对成渝地区乃至整个国家的发展都有着非常重要的作用。而社会治理联动作为社会发展的一个重要方面，不仅是提升区域发展水平的一项重要引擎，而且是提升成渝地区社会治理能力的强大动力。

成渝地区双城经济圈建设下市域社会治理联动机制的发展有其演变过程与社会现实发展需要。2011年《成渝经济区区域规划》中首次提出"成渝经济区"一词，该规划提出要将成渝地区打造成我国西部地区重要的经济中心和内陆开放试验区③；2016年由国家发改委、住房和城乡建设部联合印发了《成渝城市群发展规划》，并首次提出"成渝城市群"一词，提出发挥成都和重庆作为区域中心城市的双核带动功能，构建"一轴两带、双核三区"空间发展

---

① 天津市人大法制委员会. 京津冀协同发展立法引领与保障的研究与实践［EB/OL］.（2017-09-13）［2021-01-23］. http://www.npc.gov.cn/zgrdw/npc/lfzt/rlyw/2017-09/13/content_2028885.htm.

② 习近平主持召开中央财经委员会第六次会议强调 抓好黄河流域生态保护和高质量发展 大力推动成渝地区双城经济圈建设［N］. 人民日报，2020-01-04（1）.

③ 国家发改委. 关于印发成渝经济区区域规划的通知［EB/OL］.（2011-06-02）［2021-01-24］. https://www.ndrc.gov.cn/xxgk/zcfb/ghwb/201106/t20110602_962116.html.

格局，努力建设国家级城市群①。从"成渝经济区"到"成渝城市群"提法的转变，侧面说明了国家对成渝经济区的重视。在城市群发展过程中，成渝两地也在不断进行市域下社会治理的探索。新时代我国社会的主要矛盾转变为人民日益增长的美好生活需要同不平衡不充分的发展之间的矛盾，为满足成渝两地人民对美好生活的需要，党中央根据实际在成渝地区提出了更高层次的发展战略。2020年10月审议通过的《成渝地区双城经济圈建设规划纲要》，提出构建以国内大循环为主体、国内国际双循环相互促进的新发展格局，将成渝地区打造成带动全国高质量发展的重要增长极和新的动力源②。国家对成渝地区的提法由"成渝城市群"再到"成渝地区双城经济圈"，新时代提法的改变不仅意味着国家对成渝区域重视程度的增强，而且意味着国家对成渝的战略高度的进一步提升，同时在城市化发展进程中对市域下城市治理提出了挑战。

　　构建成渝社会治理共同体，就要加强成渝市域社会治理联动机制建设。其一就是区域内城市群建设呈现发展动力不足的问题。成渝两地虽相距较近且有着深厚的历史文化渊源，但是由于地处我国西部地区，经济社会发展整体水平较东部沿海地区落后，而新时代市域下社会治理联动是实现成渝地区城市群跨越式发展的关键一环。其二，新时代国家对生态环境的要求进一步提高，市域下社会治理联动可成为成渝地区可持续发展的有力支撑。习近平总书记在中央财经委员会第六次会议上强调："抓好黄河流域生态保护和高质量发展，大力推动成渝地区双城经济圈建设"③，成渝地区地处长江经济带，区域生态环境在整个成渝区域建设乃至整个长江经济带发展中都起着举足轻重的作用。我国之前片面追求工业化与城市化的进程，过度消耗自然资源，而忽略了区域生态环境的发展与区域环境的承载力，因此，社会治理联动在区域生态环境的建设与资源的集约利用中扮演着重要角色。即在社会治理联动中，在加强成渝区域经济发展的同时还应该注重区域内生态环境的保护以及自然资源的有效节约使用，使成渝区域经济逐步形成以经济建设为中心、区域生态环境互联互通的区域一体化发展格局。其三，国家将成渝地区双城经济圈作为拉动西部地区崛起的新引擎，市域下社会治理联动成为提升西部地区发展水平的重要一极。以京

---

① 国家发改委. 关于印发成渝城市群发展规划的通知 [EB/OL]. (2016-05-04) [2021-01-24]. https://www.ndrc.gov.cn/fzggw/jgsj/ghs/sjdt/201605/t20160504_1170022.html.

② 中共中央政治局召开会议审议《成渝地区双城经济圈建设规划纲要》 [N]. 人民日报, 2020-10-17 (1).

③ 习近平主持召开中央财经委员会第六次会议强调 抓好黄河流域生态保护和高质量发展大力推动成渝地区双城经济圈建设 [N]. 人民日报, 2020-01-04 (1).

津冀区域为例，该区域主要形成了以北京、天津、石家庄为区域中心的三城联动，以及以雄安、通州为双翼的京津冀区域社会治理联动一体化①。参考这种发展模式，成渝地区在发展中可以坚持以成都、重庆为区域发展中心，同时以成都高新技术开发区与重庆江北区为成渝地区双城经济圈发展的双翼，加快形成成渝地区社会治理联动一体化。从上述三个方面来看，成渝地区双城经济圈建设市域下社会治理联动有迫切的社会现实需要。

那么新时代成渝地区双城经济圈建设市域下社会治理联动机制框架建构该如何做呢？由于成渝地区特有的区域发展条件与发展状况，在建构社会治理联动机制时，应该在坚持党中央的领导下，与区域内经济社会发展、自然资源、生态环境、区域人才、制度条件等联系起来，并处理好政府与市场的关系，同时充分调动区域各种资源，协同发展促进成渝社会治理联动机制的建立。一是坚持党的引领，发挥党建引领成渝社会治理联动作用。我国虽然是市场在资源配置中起决定性作用，但是国家的宏观调控在某些领域仍发挥着重要的作用。成渝地区双城经济圈是党中央根据我国发展实际与现实需要而提出的区域性国家发展战略，因此，区域的发展建设中要坚持党的领导。成渝市域下社会治理联动中，首要的就是坚持以党委为主导，由两地党委负责人全程掌握发展动态、抓关键、主谋划、发挥牵头作用②。把党建工作落实到成渝区域内的各项工作与各个环节，是坚持好成渝地区党建联动机制发挥作用的重要前提。二是坚持市场导向原则，发挥市场调配资源的绝对优势。坚持区域"产业互补"，将四川与重庆两地市场优势融合发展，并作为区域市域下社会治理的突破口。比如，在此次成渝地区双城经济圈建设与发展的浪潮中，重庆的两江新区与四川的天府新区加强优势互补，以产业园、科技城为依托，深化在互联网、人工智能、大数据、云计算等现代高新产业方面的交流与合作，共同推进区域数字经济的发展与壮大。三是重视干部队伍的作用，创新联动机制新要求。区域的干部队伍是地方区域发展的指向灯，与区域社会治理的效果紧密相关。加强区域干部人才队伍的建设、提高干部的职业素养以及执政能力素养，对提升区域社会治理起着举足轻重的作用。成渝地区双城经济圈作为国家新提出的一个重要区域发展战略，要将成渝地区打造成我国区域发展的新的增长极，就要建设培育一支高素质、专业化干部人才队伍，坚持"共建、共享"原则。其一，

---

① 蔡操，吴江. 成渝地区双城经济圈建设下市域社会治理联动机制构建 [J]. 重庆行政，2020，21（5）：39-42.

② 蔡操，吴江. 成渝地区双城经济圈建设下市域社会治理联动机制构建 [J]. 重庆行政，2020，21（5）：39-42.

坚持成渝地区干部"共建"原则。围绕成都与重庆区域发展新战略,尤其是市域下社会治理联动等重要主题,从政治方面、个人素养方面、业务能力方面进行培训,并定期调配成渝区域干部人员到发展较好的地方进行参观、考察、实地学习,实现不同区域间互利互鉴,共同发展,形成成渝地区社会治理联动的大局观。其二,走成渝区域干部"共享"之路。干部队伍建设好后,就要"好钢用在刀刃上",将干部人员下派到成渝区域内不同地方进行锤炼,将干部人员的智慧、才能与各地社会治理相结合,使其更高效率、更快速地在成渝区域社会治理中发挥力量。

成渝地区双城经济圈建设市域下社会治理联动机制框架的建构还需要通过一定的方式进行保障。我国是社会主义民主国家,在社会主义现代化建设过程中大力建设社会主义法治国家以及将科技创新作为国家发展壮大的重要战略支撑。因此,新时代成渝地区经济建设市域下社会治理联动机制的保障工作也应从以下三方面着手:一是坚持民主原则,广泛征求不同意见。我国虽是社会主义法治国家,但源远流长的历史文化已经深深烙印在社会生活的方方面面。其一,坚持"法治"与"德治"相结合是我国的一条新型社会治理之路。"德治"是指依托社会主义优秀传统道德、传统文化对人的认知起到道德教化作用,进而促使其行为规范、合理。社会治理不管采取何种方式,其重心都是基于城乡社区。社会的共建共治共享需要每个社会成员的共同参与。为此,在成渝社会治理中要丰富各个社区的协商民主制度,把基层协商民主融入成渝社区的方方面面。其二,拓宽民主协商途径。身处信息化时代,政务的发展也要依托互联网形成"互联网+政务"的创新政务发展模式,利用大数据及时了解民意、获取民情,制定科学的社区发展与治理策略。二是加强法治建设,为社会健康发展筑牢法治保障屏障。成渝社会在发展中转型,在转型发展中不断加强法治保障。新时代成渝地区双城经济圈建设市域下社会的发展与创新中,其一,提高成渝社会治理中的主体法治意识,对区域不同社会主体进行法律法规方面的教育与培训,使市域下多元治理主体通过法治手段解决在联动治理中的问题①。其二,建立健全法律法规,法治社会下只有不断建立健全法律法规,才能在社会治理中做到"有法可依"。其三,加强对社会治理联动过程中每一环节的监督。合理的监督与评价机制才能保障社会治理联动的有效实施,建立多方监督与多元考核体系有利于成渝地区在社会治理与建设中保障各主体的廉

---

① 蔡操,吴江. 成渝地区双城经济圈建设下市域社会治理联动机制构建 [J]. 重庆行政, 2020, 21 (5): 39-42.

洁与高效。三是提升社会整体创新水平，让创新成为成渝区域建设的标签。在成渝经济市域发展中，其一，运用物联网、大数据、人工智能等高端科技，将这些先进的技术运用到政府与市场的发展之中，进一步改善政府公共服务，促使市场健康运行，推进区域发展与社会治理一体化。其二，建立数据共享机制。健全成渝区域内的公共数据运营机制，运用大数据、人工智能共建智慧城市，使区域内人民共享现代高科技带来的便捷与新体验。智慧城市的建成在给人民带来新体验的同时，也可助力成渝地区社会治理联动向前跨越与发展。

第四章 成渝地区双城经济圈建设法治保障的比较研究

　　鸦片战争之后，"救亡图存、振兴中华"成为当时中国的时代最强音。在这样的大时代背景下，各类社会改革方案一直在被尝试中取得进步和发展，与此同时也引发了一次次的思想启蒙运动。在城市群建设的过程中，传统的城市建设理念在实践中不断取得发展，开启了现代化城市、城市群建设的转型征程。近代以来，国人逐渐意识到了西方国家的强盛并更加关注其背后的发展理念和原因，在这个过程中，中西方的文化、政治和经济建设等方面的比较研究越来越受到重视。梁启超先生在《五十年中国进化概论》中总结其为："器物不如人进行洋务运动，制度不如人进行戊戌变法，文化不如人进行新文化运动。"梁启超先生的总结也映射出了近代国人对于西方文化、政治和经济建设等方面的心态，中国在文化、政治和经济建设上应该如何吸取西方的经验，并将其转化为适用于中国本土环境的政策，"比较"的正当性需要在快速变化的环境和时代下重新奠基。

　　2020年1月3日，中央财经委员会第六次会议提出，要强化重庆和成都的中心城市带动作用，使成渝地区成为在全国具有重要影响力的重要经济中心、科技创新中心、改革开放新高地、高品质生活宜居地，助推高质量发展。目前从我国的城市群分群来看，整个西部的大范围城市群中成渝经济圈规模最大。他山之石，可以攻玉。成渝地区双城经济圈建设的法治保障应该注意借鉴和吸收国内外相关经验。因此在研究和探讨成渝地区双城经济圈发展的过程中，不仅仅要看到国内城市群的发展，还要借鉴西方城市群发展规划，从中吸取经验和教训。

一、英国区域经济发展法治保障的经验与启示

英国是近代最早实现资本主义工业化的国家，但在其经济发展过程中，区域经济问题一直较为突出。为解决区域发展失衡的问题，英国长期以来注重区域发展，逐渐积累相对完备和系统的区域规划和区域政策经验，在区域经济发展方面富有代表性。其区域政策以平衡不同地区间的就业机会、增长萧条地区的就业率为主要目标，尽管英国区域政策目标的完成效果并不理想，但其在区域经济发展过程中的有益探索和取得的部分成果仍具有借鉴意义。

1. 英国区域政策及其法治保障

如果按照发展过程来看，英国区域政策可以分为三个主要阶段。第一阶段是二战前区域经济政策实施阶段，始于 20 世纪 20 年代末，主要解决英国北部和西北部传统工业区的衰退和高失业率问题；第二阶段是传统区域政策实施阶段，始于 1945 年二战结束后，一直持续到 20 世纪 80 年代上半叶，奉行了近40 年；第三阶段是对传统区域政策的调整阶段，开始于 1984 年，为了适应全球经济和英国整体经济形势的变化，英国对过去的区域政策进行了整治和改革。

英国是治理区域难题最早的国家，其区域政策的历史可以追溯到 20 世纪20 年代末。第一次工业革命使英国成为最早实现工业化的国家，在此过程中，英国北部各区域依托自身的资源优势开始专业化生产，逐渐形成纺织业、造船业、钢铁工业以及煤炭业四大支柱产业，这也是当时英国主要的出口工业，保证了英国在 19 世纪长期处于世界经济的主导地位。然而，伴随着技术的改进、煤炭在世界能源结构中地位的不断下降、国际竞争日益激烈等，原本引以为傲的支柱产业逐渐衰落下来，以这些工业为主导产业的区域，如英国北部、威尔士和苏格兰也从以往的工业中心变成了萧条地区。这不仅极大阻碍了国家经济的增长与发展，而且造成了大批人员失业，1933 年，威尔士地区失业率高达37.8%，苏格兰地区失业率为 30.2%，远远高于当时全国 23.4% 的平均水平①。为了应对萧条地区面临的困境，20 世纪 20 年代末，英国政府陆续出台了一系列政策，其主要手段是政府以某种形式的经济资助来转移劳动力，使劳动力由萧条地区转移到繁荣地区。

1928 年工业转移委员会（Industrial Transference Board）的设立，使英国开

① 沈建法. 英国区域政策与区域研究的动向 [J]. 科学对社会的影响，1996 (3)：55.

始采取迁移工人的方式来解决失业问题。通过该委员会，劳动部将工人及其家庭从贫困地区转移到相对富裕的地区，同时向移徙工人提供运输援助和特别援助，直到工人在繁荣地区开始新的工作。"从1928年到1937年6月，英国政府协助转移了24万男子、妇女、男孩和女孩，并协助转移了2.7万个家庭。"① 但是这种以"工人就工作"的方式并不理想，"每年从落后地区迁往繁荣地区的工人数量最多也不到5万人，这根本无法解决落后地区严重的失业问题"②。另外，这种转移也并不总是永久性的，很多工人及其家庭由于种种原因又回到原先居住的地区，"从1930年到1937年中期，超过4.9万名转移的男子又回到了贫困地区"③。原因主要包括缺少亲人朋友、与邻居产生矛盾、无法适应当地的风俗习惯等。除此之外，工人从萧条地区外迁不仅没有缓解当地严重的失业问题，反而使其恶化。因为愿意并能够外迁的人，往往是那些年轻、受过良好教育或有技能的劳动力，他们带动着落后地区的经济发展，而当他们迁移出落后地区时，就会使得该地区越来越缺乏活力，无法吸引新的产业，从而导致失业问题进一步恶化。鉴于此，促进萧条地区的工人就地就业成为另一种选择。于是1934年颁布的《特殊地区法》提出了"以工作就工人"为原则的解决政策，将失业率较高的地区划分为"特别区"并进行少量的财政援助。随后政府又出台了多项法案对《特殊地区法》进行完善，1937年颁布的《特殊地区修正法》提出政府实行税收优惠和向私人企业提供贷款等政策，以加大刺激力度，推动特别区的经济增长。"到1939年，大约1.2万名工人在特别区的工商业区就业。"④ 1940年，英国皇家委员会提交了著名的《巴洛报告》(The Barlow Report)，建议政府采取切实有效的措施，限制东南繁荣地区增加新企业，促进区域间产业协调发展，并且提出英国的区域政策应该遵循刺激与控制（"胡萝卜+大棒"）相结合的基本框架，其中许多建议在二战之后被英国政府采纳。1944年英国政府颁布的《就业政策白皮书》(A White Paper on Employment policy) 又提出了政府要鼓励边远落后地区的经济增长，战后政府的主要目标和责任之一就是维持高稳定的就业水平。这是一个具有划时代意义的文件，英国政府在该文件中第一次承诺保持"充分"就业。虽然战前区域政策

---

① LEE S G. State policy in the british depressed areas: an experiment in regionalism [J]. Social forces, 1940: 343.

② 赵伟. 英国区域政策：最近10年的调整及其趋向 [J]. 世界经济, 1995 (6): 65.

③ LEE S G. State policy in the british depressed areas: an experiment in regionalism [J]. Social forces, 1940: 343.

④ PRESTWICH R, TAYLOR P. introduction to regional and urban policy in the united kingdom [M]. New York: Longman, 1990: 119.

影响并不明显，也没有解决萧条地区高失业率的问题，但却在英国治理萧条地区的历史上发挥了重要的影响，奠定了以后英国区域治理的基础。

二战后，英国政府更加注重区域问题，不断加强对区域问题的治理，进入传统区域政策实施阶段。这一阶段以 1945 年的《工业布局法》(The Industrial Distribution Act) 的颁布为开始标志，持续到 20 世纪 80 年代上半叶。二战后，英格兰西北部地区就业问题十分严重，尤其是曼彻斯特和利物浦。曼彻斯特产业结构变动导致传统工业不断衰落，棉纺织产量逐年下降，纺织业从业人员也逐年减少。1937 年英国纺织业从业人员为 59.4 万人，1978 年减少到 49 万人，大量纺织工人失业。同样由于产业结构的变动，利物浦这个曾经享誉全球的港口城市的地位也日益下降，就业机会不断减少，人口不断流失，人口从二战后的 100 万人减少到 20 世纪 70 年代的 40 万人，一度成为英国西北部地区失业率最高、城市人口流失最严重的城市之一，也成为英国乃至欧盟最为贫困的城市之一[1]。这一阶段的区域政策强调运用财政、金融手段帮助萧条区域走出困境，实现地区经济均衡增长，鼓励企业到落后地区投资建厂，创造新的就业机会，而不再是之前那种将工人从落后地区转移到繁荣地区的"以工人就工作"政策。1945 年的《工业布局法》对萧条地区进行了重新划分，将原来的"特别区"改为"发展区"，设立了包括英格兰北部和西北部大部分地区、威尔士及苏格兰部分地区在内的开发地区，同时也要求政府推动煤炭、造船等衰退的传统产业振兴，引导新产业布局，帮助劳动力流动就业等。另外，财政部也被政府授权对开发地区的企业给予援助，"有权给发展区内难以筹集资金的制造企业提供贷款或者津贴。"[2]《工业布局法》奠定了此后 15 年英国区域政策的基础和基本模式。1947 年的《城乡规划法》(Town and Country Planning Act) 创造性地提出颁发"工业发展许可证"，通过这种方式鼓励大型工厂在萧条地区选址建厂，为当地创造劳动机会和发展机会，限制已充分发展的繁荣地区进一步发展。该制度规定"任何企业新建的工业建筑物的建筑面积一旦超过 5 000 平方英尺（1 平方英尺 = 0.093 平方米），就必须申请一个工业发展许可证"。政府希望公司在伦敦或伯明翰等繁荣地区没有得到工业发展许可证之后能够去发展区建厂。但该制度被认为是一种消极的控制制度，即虽然可以拒绝企业在繁荣地区建厂，但不能强制其前往萧条地区和需要新就业机会的地区建

---

[1] 杨雪. 英国北部及西北部传统工业区改造中的就业政策及启示 [J]. 人口学刊, 2006 (2)：57.

[2] 杨雪. 英国北部及西北部传统工业区改造中的就业政策及启示 [J]. 人口学刊, 2006 (2)：57.

厂。20 世纪 50 年代末英国边远地区经济发展停滞不前，失业率不断增加，"煤炭产量从 1957 年的 22 300 万吨降到 1958 年的 21 500 万吨，并且 1958 年的消费量只有 20 800 万吨。""失业率从 1957 年的 1.4% 增长到 1958 年的 2.1%。"[1] 政府于 1958 年制定了新的《工业布局法》，进一步扩大了贸易工业部的权力，财政部门也被授权去援助和支持萧条落后地区。20 世纪 60 年代英国区域政策又不断调整，主要针对其他两个方面进行改善和变更。第一方面是关注经济增长，认为萧条地区缺乏带动当地经济增长的大型企业，致使大量劳动力闲置，经济增长缓慢；第二方面是加强局部调整，认为大伦敦地区经济增长速度过快，众多大型企业导致资源和人口过度集中，不利于整个社会的均衡发展，因此必须加强区域布局调整[2]。为此，1960 年，政府以《地方就业法》（*Local Employment Act*）取代《工业布局法》，按照失业率划分受援地区，将原来的发展区改为约 165 个"小发展区"（以失业率超过 4.5% 为标准）；当"小发展区"的失业率一旦低于 4%，便不再是受援地区，不再享受国家的援助。这种政策能够较好地使有限资金用在最需要援助的地区，并且有利于动态调整和监控。20 世纪 60 年代英国区域调控有了很大的发展，不断增多用于区域调控的资金。政府采取了产业空间布局引导等措施，采用支持和引导相结合的方法，让企业到那些受援地区去设厂建厂。1965 年针对伦敦经济过度集中的问题，英国政府设立大伦敦地区，明确伦敦与周围其他地区的分工与合作，以带动周围地区经济发展，协调地区间经济发展。1966 年英国再次出现严重的收支不平衡，导致失业率又一次增加，于是同年政府又发布了《工业发展法》（*Industrial Development Act*），划定了新的发展地区，舍弃之前仅按照固定失业率而划定发展区的办法。新划定的发展地区包括整个苏格兰、英格兰北部、默西塞德郡、威尔士大部分地区以及英国西南部，将之前 165 个小发展区合并为 5 个大发展区，几乎占全国总面积的一半，大大扩大了援助地区的范围。同时该法案大幅度提高了补贴的比例，将制造业的投资补贴增为 40%，对购买土地的制造商给予 35% 的补贴。英国继而于 1970 年制定了 1970 年版的《地方就业法》，规定："划定七个小的地区为中间地区并接受援助，即东北兰开夏郡、约克郡煤矿区、亨伯赛德郡北部、诺丁汉-德比郡煤矿区、威尔士东南部、普利茅斯以及利斯。"该规定在一定程度上对那些处于繁荣地区和发展地区之间

---

[1]　MCCRONE G. Regional policy in britain [M]. London：George Allen & Unwin Ltd, 1969：117.

[2]　王丁宏. 区域失衡与校正：英国区域经济政策实践效果与启示 [J]. 南方经济, 2001 (11)：66.

的区域，也就是中间区域进行补助。1972 年颁布的新《工业法》规定政府采取区域发展赠予金制度，对不同区域给予不同的补助标准，有区别有重点地带动不同地区经济发展。"为制造业部门中的建筑物、机器设备提供新的区域发展津贴，特殊发展地区为 22%，发展地区为 20%，中间地区只能获得 20% 的建筑津贴。"该法在此后很长一段时间内成为英国制定区域政策的基础。在此之后，英国又成立了全国性的"工业发展执行委员会"和六个地方性的"工业发展局"，负责评估、协商、指导与监督在受援地区开展的项目，从而避免盲目发展，使受援地区的项目布局更加科学合理，并且使人力资源、相关资金、市场配置更趋于高质量、高效率。1973 年，英国与丹麦和爱尔兰等国共同加入欧洲共同体（以下简称"欧共体"），"英国的人均 GDP 只有欧洲共同体平均水平的 85%"①，欧共体逐渐意识到区域问题的重要性，开始试图推动解决各国不同的区域问题。于是设立了欧共体区域发展基金（European regional development fund），通过一定的资金补助来支持各国需要援助的地区。基于欧共体的区域政策，英国为符合其发展基金的要求，对本国的区域政策进行相应调整，随后成立了苏格兰威尔士发展局来解决区域投资和管理等问题。

虽然英国的传统区域政策一直维持到 20 世纪 80 年代上半叶，但在 70 年代以来已经不被当时的政府重视，已经有名无实。然而该传统区域政策直到 80 年代中期也并没有被废止。究其原因，区域政策的废立不单单是经济问题，也同样是政治问题，英国是个多民族的国家，区域政策是其增强民族凝聚力的一个重要手段。1979 年撒切尔夫人执政以后，把改善宏观经济环境作为其政策的核心目标，经过宏观经济政策改革，英国经济滞胀局面得到扭转，经济得到发展，但是仍然存在大量失业人员，高失业率问题依然十分严峻。为了解决这一问题，尤其是为了拉动萧条地区的就业，1984 年开始英国对原有的区域政策进行了调整和改革。其具体内容主要包括四点：一是增加区域选择性资助，有条件有选择地资助在落后萧条地区进行投资的企业和人员，改变以往盲目的投资补贴方式。二是重新选定了中间地区，减少发展地区的数量，并且取消以前的特别发展地区。三是调整原有区域发展补贴政策，要求部分项目的补贴额度要与其创造就业机会的能力挂钩，规定小企业创造的每一个就业机会都将获得相应的投资补贴，另外，一些服务业被列入享受此类补贴的企业名单等。四是改变之前区域政策无计划、无规划的做法，驱使地方政府制订符合本

---

① 王倩. 欧盟的区域政策实践及其启示［C］//第六届国有经济论坛"欧盟—中国：区域政策与产业集聚"国际学术研讨会论文集，2006：147.

区域发展状况的中长期规划，并且把英国政府对其的补助和欧盟给予的区域资金一起纳入地区经济长期发展目标。20 世纪 90 年代初，在欧共体的不断推动下，英国政府更加注重本国的区域规划和管理，不断加大地方政府对于区域政策的参与度。在区域政策的制定和实施主体上，也对其进行创新，中央政府制定区域政策和地方政府实施区域政策相结合，打破过去中央政府包办的形式。中央政府在确定区域经济政策方面起着决定性作用，而地方政府则负责具体推进和实施区域规划。

2. 英国区域政策的主要特征

作为一个相对集权的国家，英国在分权化、地方化观念的影响下，逐渐呈现出一定的分权倾向，区域经济和其他区域事务的管理更倾向于地方政府具体推进和公众参与，但也依旧保持着其本国区域政策的一致性和连续性。其区域政策的特征主要有以下三个方面：

（1）英国区域政策从"以工人就工作"为基本原则逐渐转为"以工作就工人"为基本原则。通过区域发展补贴等政策，引导企业在北部和西北部传统工业区设厂建厂，从而增加萧条地区的就业机会，减少失业率，推动当地的经济发展。英国区域政策目标也相应改变，由提高就业率转变为推动落后地区经济发展。据估计，1960 年至 1971 年，英国由繁荣地区转到萧条地区设厂的企业直接创造就业岗位 19.7 万个，1972 年至 1981 年创造就业岗位 5.6 万个。加上在萧条地区直接新建的企业，从 1960 年到 1981 年，这些企业一共为萧条地区创造了 60 多万个就业岗位。

（2）英国区域政策所涉及的产业以制造业为主。英国北部和西北部地区是第一次工业革命和第二次工业革命期间形成的传统工业区，却在二战后成为英国主要的萧条地区。这些地区的工人尤其是失业者，曾经长期从事传统制造业，并习惯于这种工作方式，掌握了这种工作能力，很难从事其他新的工作，这也是萧条地区失业率居高不下的主要原因。因此，英国区域政策调整的产业以制造业为主，各种区域政策措施基本上都是针对制造业的，而不是针对所有产业的。

（3）英国区域政策的实施缺乏长远规划，尤其是缺乏区域规划。缺乏长远规划的主要原因是传统区域政策只根据一个标准来判断该地区是否需要援助，即地区失业率。例如，1960 年政府颁布的《地方就业法》规定以失业率超过 4.5% 为标准来划分受援地区，只有失业率超过 4.5% 才能够享受到区域政策的援助。但地区失业率并不是一成不变的，而是不断变化的，甚至会在一些时间段内频繁变化，这也就导致受区域政策援助的地区不断变化，区域政策不断调整，不利于制订区域发展的长远规划。

　　3. 英国区域经济发展法治保障的启示

　　持续了半个多世纪的英国区域政策的实施效果明显与政府想要达到的效果相差甚远，以经济增长缺乏动力、失业率居高不下、区域发展差距大、主导产业衰退为主要症状的"英国病"并未得到大的改观，但其中仍然有许多我们可以学习反思的地方，对于我国建设成渝地区双城经济圈具有借鉴意义。

　　（1）区域政策应保持一贯性，能够连续和可持续。虽然英国很早就注意到区域失衡的问题，在二战前就开始了区域治理，也制定了相应的政策，但由于政府财政收支失衡、执政党更迭等，英国的区域政策缺乏连续性和稳定性。这也就使得英国的区域政策很难进行长期的规划，缺乏可持续性。正因如此，很多企业家虽然看到了在萧条地区投资设厂的优惠，但害怕这种补助不够稳定，从而扰乱了其投资设厂的计划，使得英国区域政策效果大打折扣。因此，成渝地区双城经济圈建设应保持政策的一贯性，使区域政策能够连续和可持续。2007年4月签署的《重庆市人民政府　四川省人民政府关于推进川渝合作共建成渝经济区的协议》，提出建设中国经济增长"第四极"的目标；2011年5月的《成渝经济区区域规划》，指出努力把成渝经济区建设成为西部地区重要的经济中心、深化内陆开放的试验区等，带动西部地区经济发展；2016年3月通过《成渝城市群发展规划》，引领西部新型城镇化和农业现代化；2020年10月16日，中共中央政治局召开会议，审议《成渝地区双城经济圈建设规划纲要》，强调使成渝地区成为具有全国影响力的重要经济中心、科技创新中心、改革开放新高地、高品质生活宜居地，打造带动全国高质量发展的重要增长极和新的动力源。成渝地区双城经济圈建设应保持政策的连续性、稳定性和可持续性，对成渝地区双城经济圈建设的支持力度不减弱，从而推动成渝地区双城经济圈建设。

　　（2）区域政策要以劳动力转移问题为重中之重。英国面对高失业率问题，不论是"以工人就工作"还是"以工作就工人"，其区域政策一直以减少失业、促进就业为目标。但在注重劳动力转移的同时，还要不断创造有利的就业条件。英国受援地区基础设施不完善，投资环境差强人意，导致该地区资金投入效益较低。因此，促进地区经济增长，交通运输、通信、教育科学等基础设施的发展必须先行一步，并且要立足长远发展，通过立法尤其是成渝区域立法来推动基础设施建设，用法治来保障基础设施建设的有序进行。同时，成渝地区双城经济圈建设应注重劳动力转移问题，消除阻碍农业剩余劳动力转移的各种壁垒，优化农民工就业和创业环境，加强农村劳动力转移就业培训，积极引导农村劳动力转移就业和农民工返乡创业就业，支持灵活就业和新就业形态。

（3）将多种政策方式结合。从一开始，英国的区域治理政策就不局限于一种措施。即使在 1928 年治理之初，虽然当时是"以工人就工作"，主要以劳动力向繁荣地区迁移为主，但是仍然会用职业培训、购房补贴等政策加以补充，从而提高迁移的成功率以及减少失业人员迁移的成本。1934 年后，英国更是把设立工商业区、财政援助以及税收优惠结合起来。二战后，英国形成了以津贴、贷款和劳务培训以及建立工业区和预先建造厂房为主的"胡萝卜"政策和以工业开发许可证和办公楼建造许可证为主的"大棒"政策相结合的援助措施。多种援助方式结合的好处是政府可以针对国内不同类型、不同情况的问题区域采取不同的援助政策工具组合，使得区域政策更有针对性、更加有效。针对为成渝地区双城经济圈建设提供法治保障这一问题，两地政府提出要深化战略合作，协同打造"四个共同体"：加强法治建设领域合作交流，打造"区域法治共同体"；加强法律服务领域合作交流，协同打造"法律服务共同体"；加强监管执行领域合作交流，协同打造"监管安全共同体"；加强队伍建设领域合作交流，协同打造"法治人才共同体"。两地政府根据两地发展实际状况不断调整制定符合两地发展规律的基本法律规范和具体政策，营造良好的法治化环境。

二、美国区域经济发展法治保障的经验与启示

在区域经济发展过程中必然会产生区域经济发展不均衡的现象，这种不均衡虽然会制约国家的全面发展，但同时也会为国家进行有重点的、更深入完善的开发提供条件。虽然如今的美国是经济最发达的国家，但其曾经也是一个区域经济发展极不均衡的国家，区域间经济发展存在着很大的差距。20 世纪 30 年代，美国南部的经济发展十分落后，西部条件恶劣、工业基础薄弱，与之相对的是北部经济的快速发展，这种区域发展不平衡的情况严重影响了美国经济的整体发展，增加了社会不稳定程度，阻碍了国家的全面进步。针对这一情况，美国高度重视落后地区的开发，为了缓解地区间发展不均衡的状况，颁布并实施了一系列的区域经济政策，取得了较好的效果，积累了丰富的经验，这些成功经验对于我们建设成渝地区双城经济圈具有特别重要的现实意义。

1. 美国区域经济政策及其法治保障

美国的北部、西部和南部三大区共同构成了美国的经济区域。在美国建国后的近 150 年间，区域经济发展很不平衡，东北部地区一直是美国制造业的集

中地，而西南部作为主要的农业区则经济发展明显落后于东北部。这使得美国经济一度停滞不前，商品市场和资本市场陷入萧条甚至衰退的境地，阻碍了国家经济的全面发展。加之 1929—1933 年的经济大危机给美国经济造成了严重打击，工业生产下降了 46.2%，失业人数超 1 700 万，更是让西南部经济陷入崩溃的边缘，激化国家内部矛盾，阻碍经济复苏。富兰克林·罗斯福总统在 1938 年给全国紧急委员会的一封信中指出："正是由于南部地区的状况，整个国家的经济处于一种不平衡状态，我确信，南部现在的问题是全国最大经济问题。"①

在这种情况下，"罗斯福新政"的一个重要内容就是开发南部地区，推动南部地区的经济发展。采取的措施主要包括两个方面：一是增加联邦政府的转移支付，把收入高的地区的一部分收入转移到收入较低的地区，不仅可以缩小区域差距，也可以刺激和带动落后地区的经济发展。这一政策因其有效、直接、快速等优点，而被此后的历届美国政府一直保留下来。联邦政府用于转移支付资金的比重迅速提高，由 1927 年的 3.6% 提高到 1934 年的 19.7%②。二是鼓励南部地区发展工业，用宽松的政策、开放的市场等发展南部地区工业，以代替之前的农业。加之南部地区有大量廉价劳动力和丰富的自然资源等，大批企业在此地区选址建厂。此外，"罗斯福新政"还开始尝试通过综合开发来治理落后地区，1933 年 5 月美国国会通过了《麻梭浅滩与田纳西河流域开发法》，综合开发田纳西河流域。该法案的主要任务在于提高流域周边河谷地区的土地利用率，带动周边地区的农业发展和工业开发以及改善田纳西河的航运条件等。为了实现航运、防洪、国防和经济发展等目标，美国成立了田纳西河流域管理局（TVA），并明确规定了其开发自然资源的权力与任务。田纳西河流域管理局主要负责进行田纳西河流域和密西西比河中下游一带的综合开发和资源利用，并且为了推动这一地区工业和农业发展，还将其作为开发美国七块集中连片的贫困落后地区的试点区域。经过 20 年的综合开发治理，田纳西河流域管理局不仅基本完成了田纳西河流域传统意义上的水资源开发利用，还开展了对森林与野生生物资源、鱼类资源的保护。田纳西河流域的综合开发是美国区域治理的典型范例，使落后区域摆脱了贫困。该地区的人均收入从之前不足全美平均水平的一半发展到 1980 年的几乎与全国平均水平相一致。

1957 年和 1960 年的两次经济危机严重打击了美国的经济，再加上农业走

---

① 刘建芳. 美国的区域经济政策及其启示 [J]. 东南大学学报，2002（1）：67.

② 田扬戈. 美国的区域政策及其对我国西部开发的启示 [J]. 世界地理研究，2000（2）：18.

向萧条，导致南部地区的经济迅速下降，失业人口急剧增加，区域不平衡状况进一步恶化。为了改变这一情况，促进落后地区经济发展，减少地区间发展不平衡，美国一方面大量增加联邦转移支付资金，另一方面颁发了一系列法律法规。1961年美国政府颁发了《地区再开发法》，并依法成立了地区再开发管理局（ARA）。该法十分重视落后地区的经济发展以及就业问题，主要目标是通过制订切实有效的规划和提供有针对性的资助来帮助那些较长时间处于低就业率的地区，并且将政策的重点转向了鼓励中小型企业创造新的就业岗位。它明确提出："实行区域再开发的目标不单单是把就业机会从繁荣地区转到落后地区，更重要的是发展新的生产能力和资源，并将现有的生产能力和资源进一步扩大。"① 1965年，美国政府又颁布了《公共工程和经济开发法》《阿巴拉契亚区域开发法》等一系列法规推动约翰逊总统的"伟大社会计划"的实施。美国依法成立了阿巴拉契亚区域委员会（ARC）以及一些其他的州际开发委员会，并在地区再开发管理局的基础上成立了经济开发署（EDA），用大量资金支持西部和南部地区，对困难地区的经济援助也进一步提高，切实改变了落后地区的基础设施条件。1984年美国的财政支出为6 995.28亿美元，而西南部地区得到了该财政支出的近六成②。经济开发署主要通过兴建公共工程来援助落后地区，推动落后地区经济发展。从1966年到1991年，经济开发署援助困难地区的金额达43.28亿美元，对8 000多个公共设施项目提供财政援助。除此之外，经济开发署还为困难地区提供技术支持，帮助其进行经济结构调整，并且对企业进行人力资源培训，为劳动者进行专业技能培训，为失业人员提供社会信息服务。以阿巴拉契亚为例，该区人均收入相对于美国平均水平的比例从1965年的78%上升到1991年的83%。

20世纪70年代以来，在美国一系列区域政策的刺激下，落后的南部地区走向繁荣，成为"阳光地带"，而之前繁荣的北部地区由于资金、资源和人才的大量转移逐渐萧条，成为"冰冻地带"。除此之外，美国重点建设农村地区的政策导致"逆城市化"现象，主城区的经济出现衰退。再加之全球经济竞争不断加剧，克林顿总统于1993年8月签署了《联邦受援区和受援社区法案》，并经国会通过，这是美国首个比较系统解决落后地区发展问题的法案。这个政策的特点是注重创造经济发展的机会，通过对落后地区进行人力资源培训、改善落后地区基础设施等推动地区经济的不断增长和持续发展。该法案规

① 张力，夏露林. 美国区域经济政策的演变机理及其对我国的启示 [J]. 当代经济，2010（10）：115.

② 胡玲. 美国区域经济政策对我国西部开发的启示 [J]. 财经理论与实践，2000（4）：16.

定，拨款 10 亿美元无偿用于城市和农村社区的各项援助，援助项目包括兴建基础设施、创造就业机会、住房补贴、人力资源培训等方面。到 1994 年年底，联邦政府住房和城市发展署批准了 6 个城市受援地区和 65 个城市受援社区，农业部批准了 3 个农村受援地区和 30 个农村受援社区。这一阶段的援助计划注重受援地区的可持续发展，运用综合措施为受援地区创造经济发展机会，培养其自我发展的能力，而不是一味地依赖联邦和州政府的资金援助。该法案也取得了明显的成效，例如 1995 年密西西比州受援地区的失业率为 10.3%，一年之后失业率就下降到 6.7%。

2. 美国区域经济政策的主要特征

（1）美国区域政策注重培养落后地区的自我发展能力。授人以鱼不如授人以渔，联邦政府认为帮助落后地区不单单是向他们提供资金援助，更重要的是培养和提高落后地区自我发展的能力，让这些地区不依赖联邦和州政府的资金援助，而是依靠该地区的企业、资源、人才等发展当地经济，因而美国区域政策对教育培训事业十分重视。要推动西部和南部的经济发展，就需要大量的人才，美国政府既培养当地人才又积极引入人才。一方面，对落后地区教育方面的投资不断增加，发展落后地区的教育事业和文化事业，积极培养当地各行各业人才。例如，20 世纪 60 年代，西部和南部的人口不足全国人口的三分之一，但是美国政府提供给这些地区的教育经费几乎占到全部教育经费的一半，用以发展这些地区的基础教育和加强劳动职业培训。另一方面，美国政府通过一系列的政策来引导技术人才去西部和南部地区工作，其中包括给迁移人才发放住房补贴和工作补贴，提供就业岗位，进行技术培训等。另外，美国政府还投入部分资金培训失业人员，让失业人员掌握更多的工作技能，以寻找新的工作岗位，以此来培养和提高落后地区自我发展能力。

（2）美国区域政策突出重点，实施增长中心战略。区域政策要有针对性，不能盲目地全面实施。美国政府区域政策的重点是扶持贫困问题最严重的连片贫困地区，例如田纳西河流域、阿巴拉契亚地区等。这些地区有较大的发展潜力和发展空间，能够在一段时间之后成为区域增长中心，带动周围地区经济增长，为落后地区提供大量的就业机会，使有限的援助资金发挥最大的效果。如美国在阿巴拉契亚地区就确定了 125 个增长中心，极大地带动了区域内经济的发展。除此之外，美国区域政策还借助高科技发展浪潮，积极建设科学技术中心。科学技术中心依靠便捷的交通设施和大批优秀的技术人才，提高自主创新能力，推动西部和南部的产业转型发展，使得加州圣何塞市的圣克拉拉县成了世界闻名的硅谷。

（3）美国区域经济政策致力于改善落后地区的投资环境。一直以来，美国的区域政策很少直接投资生产性项目，而是通过改善落后地区的投资环境，加强落后地区的基础设施建设来吸引民间资本到落后地区投资设厂。政府高度重视基础设施建设，特别是交通运输网络建设。如《阿巴拉契亚区域开发法》明确规定联邦财政拨款的绝大部分必须用于公路建设。美国联邦财政会拨出专项资金用于贫困地区的基础设施和公共设施建设，以改善落后地区在信息资源利用方面的不利境地，并规定落后地区在建设道路、桥梁、机场等基础设施时，可以向联邦政府有关部门申请专项资金。20世纪30年代以来，联邦政府每年都将大量的资金投入南部地区的基础设施建设。与此同时，政府对于教育、文化、旅游、医疗以及通信等方面的基础设施建设也给予了高度重视。美国政府也把引入社会资本作为提高基础设施建设效率的一个手段，通过市场优惠、经营特权、提供信息等方法吸引私人投资。美国政府通过这些措施，在一定程度上改善了落后地区的不利条件，完善了当地的基础设施，从而刺激了私人资本投资，增加了就业岗位，带动了经济发展。

3. 美国区域经济发展法治保障的启示

（1）加强成渝地区双城经济圈的基础设施建设，改善投资环境，引导民间资本投资。当前，成渝地区双城经济圈建设在很大程度上仍然依赖国家投入，但政府能够投入的资金是有限的，难以满足成渝地区的发展需要。因此，我们有必要借鉴美国的做法，通过改善当地的投资环境，吸引民间投资，促进区域经济发展。必须改善欠发达地区的基础设施，特别是交通通信设施，从而为商品和资本流通创造良好条件，提高人们生活水平。高铁等交通基础设施互联互通，是唱好"双城记"、建好"经济圈"的重要支撑。成渝地区双城经济圈作为国家级新兴的区域发展战略，在发展中要畅通交通大动脉，加快建设高铁、高速公路、机场等基础设施。科学规划布局，加强精准调度，强化工作落实，深入推进成渝地区基础设施建设的相关项目，加快交通基础设施互联互通。另外，加大教育投入，不断提升劳动者素质，培育一支高素质劳动者大军，为成渝经济发展提供优秀的劳动力。成立高校联盟，为大学生就业和创业提供系统的服务，建设一批开放共享的高校学生素质教育基地、实习实践实训基地，提高大学生就业创业能力。同时，两地政府还必须制定一些优惠政策，如减免税收、运营补贴、优惠贷款等，吸引民间资本在此投资。成渝地区双城经济圈建设中应开展多形式、多渠道、多途径的交流沟通和务实合作，进一步优化资环境，消除区域间行政壁垒，使得公共信息更加畅通，民间资本合作更加密切。成渝地区位于我国西部内陆，健全成渝投资环境，吸引更多的大型企业投资，就要在法律上明确在一些领域实施倾斜的投资政策，将国家增加资金投入的政策法律化、规范化，依法逐步加大对成渝区域建设资金的投入力度与法治化管理力度。美国区域治理的经验表明，只要区域政策切实有效，就能达到事半功倍的效果，有限的资金也能极大地推动区域经济发展。通过改善地区的投资环境，吸引广大的民间资本参与区域经济建设，变单纯的"国家输血"为培养区域的"自身造血"功能，真正增强成渝地区双城经济圈的自我发展能力，减少对国家的依赖。

（2）立法先行，把成渝地区双城经济圈建设纳入法治化轨道。我国要在法律上确定成渝地区双城经济圈的地位，制定符合成渝区域发展的方针政策，要通过有关法规，明确界定中央政府和地方政府的权责范围，坚持中央的统一领导，确保中央与成渝地方政府间合理分工，有效行使中央政府的宏观调控职能，充分发挥地方政府在区域治理上的主动性和创造性。而且在成渝地区双城经济圈建设过程中需要有关法律做出统一的规范和解释来保障国家对成渝地区优惠政策的顺利实施，使成渝地区双城经济圈建设有法可依。成渝两地司法协作是推动成渝地区双城经济圈建设的重大举措，有利于促进成渝区域法律合作，构建和优化区域间融洽互助司法协作环境，形成司法服务保障合力。今后要加强成渝两地法院司法领域的一体化协调发展，推动成渝毗邻地区融合发展水平不断提升，法治建设群众满意度不断提高，努力将成渝地区建设成为衔接"一带一路"和长江经济带、立足西部辐射周边的法治建设新高地、法治化营商环境示范区、公共法律服务普惠区。

（3）成渝地区双城经济圈建设要成立专门的机构和职能部门。通过分析美国区域治理我们可以发现，美国每个区域治理相关法律都规定了专门的负责机构来确保法律切实有效实施。比如针对《麻梭浅滩与田纳西河流域开发法》，美国专门成立了田纳西流域管理局来负责管理综合开发和资源利用；针对《地区再开发法》专门成立了地区再开发署来负责推进相关工作；针对《公共工程与经济发展法》则成立了经济开发署来负责；等等。此外，这些治理法案还详细说明了这些机构的成员组成和职责。美国政府不仅在法律上明确和保障了相关机构的权威性，还对具体事务的划分做出了明确规定，让专门的机构和人员负责具体的事情，并赋予了他们一定的权利和义务，从而减少政策实施过程中互相推诿扯皮现象的发生；同时建立了法治保障机制，如沟通协调机制、信息共享机制、利益均衡机制和政府间解决纠纷机制等。2020年3月17日川渝两地首次党政联席会议对推进成渝地区双城经济圈建设做出相关要求，指出"要把战略要求转化为战略行动和相应的发展规划，合理处理好中央与成渝地方政府的关系问题，成渝地区积极配合国家做好成渝地区双城经济圈建设规划纲要编制，加强川渝两地发展思路、重大项目布局、重大政策制定和专项规划对接，实现两地规划同图、计划同步"。成渝地区双城经济圈建设要依法设立专门的机构和相应的职能部门，有专门的机构和人对具体的事情负责，加强重大规划、重大项目、重大政策的对接落实。

三、日本区域经济发展法治保障的经验与启示

日本是亚洲最早实行国土规划的国家。在第二次世界大战结束之后，日本经济遭受重创，为了适应经济社会发展的要求，恢复和发展国家经济，日本政府实施了一系列强有力的区域经济政策。日本区域经济政策从 1950 年开始正式实施，以《国土综合开发法》的颁布为标志，此后，由于经济社会的不断发展和区域政策问题的不断显现，日本前后制定并实施了六次国土综合开发（形成）规划。这些区域政策分别代表了不同的时代背景和发展要求，主要实施了包括区域协调发展、振兴落后地区、优化产业结构布局等多项政策，取得了明显成效。这些措施不仅缩小了区域差距、促进了区域经济发展，还形成了具有鲜明特色的日本区域经济政策，对建设成渝地区双城经济圈具有重要启示。

1. 日本区域经济政策及其法治保障

第二次世界大战期间，日本遭受了重大的经济损失，生产力受到了极大破坏，经济混乱、失业人员不断增多，国民财富的损失率高达 26%[①]。日本学者内野达郎曾对战后日本的状况进行描述，认为当时的日本是一种"虚脱"的状态，生产所需的资料极其匮乏，大量工厂被迫关闭，工人也因饥饿而不愿劳动等[②]。基于这种物质资料严重短缺、生活条件极度困难的现实情况，日本在战后初期面临的主要任务就是在这种"虚脱"的状态下恢复国家经济。因此，战后日本区域政策的基本原则也就是恢复和发展国家经济，并且逐步提高自立自主能力。通过战后的民主改革，日本经济得以恢复。但是不同地区的经济发展状况不同，有些区域之间甚至存在较大的差距，这就导致大量人口向经济繁荣地区转移，区域发展失衡，三大城市圈的人口过于集中，而与之相对的是农村人口流失十分严重。这种现象也带来了一系列亟须解决的问题，如繁荣地区

---

① 孙明贵. 战后日本的区域开发政策 [J]. 现代日本经济, 1998 (5): 37.
② 内野达郎. 战后日本经济史概论 [J]. 经济学人, 1993 年创刊 70 周年临时增刊: 25.

环境污染问题、落后地区土地荒废问题、失业人口不断增加问题等。日本政府逐渐意识到这些问题的存在，认识到区域发展失衡带来的严重危害，针对区域经济问题采取相应的政策和措施，开发落后地区，促进日本地区经济的平衡发展。

1946年日本发布的《复兴国土计划要纲》明确提出以增加粮食产量和战后复兴为区域发展方针。但是这时期日本还处在一种"虚脱"的状态，通货膨胀问题严峻，导致区域开发仅停留在文件的层面上，操作性和全局性不强，既缺乏具体实施对策，又没有在全国范围内产生影响，仅局限于北海道和东北地区。针对这种情况，随着日本经济的逐渐恢复，日本政府于1950年颁布了《国土综合开发法》，这是日本国土开发的根本法，也是日本具体实施区域开发政策的开端。该法律一方面明确规定了各区域综合开发规划的制定程序、审议制度和实施过程；另一方面具体制订了一系列相应的计划，例如全国综合开发计划、都府县综合开发计划、地方和特定区域综合开发计划，从全国、都府县、地方和特定区域四个层面做出具体规划，从而形成一个完整的区域开发计划体系。这些计划都是围绕两个基本原则来制订的，即科学合理地布局区域产业、促进社会福利和生活水平提高，最终要使日本国土资源得到综合的开发和利用，推动经济持续发展。此后，日本政府又陆续制定了不同目的的具体法律来推动国土的综合开发。例如，颁布《孤岛振兴法》《北海道开发法》等有针对性地振兴落后萧条地区；颁布《工厂立地法》等对繁荣地区的工业布局和设置进行限制；颁布《新产业城市建设促进法》等对全国范围内的产业进行引导，使其形成科学的空间布局。但是，需要注意到的是，《国土综合开发法》在当时并没有得到全面实施，只有针对特定区域的一些计划得以具体实施，如为了开发特定区域而制定的《特别区域综合开发规划》得到实施，该规划也被认为是日本国土开发规划的开端。导致这一现象的原因主要是，《国土综合开发法》没有结合日本当时的实际发展情况，其宗旨和目的具有一定的超前性，很难被人们接受，也就难以付诸实践。

到了20世纪50年代，日本经济得到恢复，已经基本形成经济快速增长的条件，日本提出"国民所得翻一番"口号。但与此同时，很多区域问题也随之而来，如产业和人口向繁荣地区集聚，大量优秀企业在大城市选址设厂，有知识有技术的劳动者也在大城市工作生活。这就导致繁荣地区和落后地区之间、大城市和农村之间的经济差距和收入差距都不断增大，日本区域开发的重点便放在如何带动相对落后地区的经济增长上。在这样的时代背景下，1962年日本政府编制了《全国综合开发计划》（即所谓"一全综"），把1970年定为完成目标年度，开始实施最初的"全国综合开发规划"。

"一全综"以均衡发展不同区域为基本目标，为了缩小地区间差距，日本政府科学高效地利用自然资源，并合理配置资产、技术等各项资源，围绕改善落后地区的基础设施环境和投资环境、优化区域产业结构布局等方面进行综合开发。"一全综"明确提出："要在投资效益高的区域科学合理配置相应工业。"① 其内容主要包括三个方面：一是严控"过密"地区建设新厂，对于那些工业污染严重、水资源缺乏、交通压力大的地区，要限制其建设新厂；二是将上述"过密"地区的外围进行划分，设为"开发地区"，并设定据点；三是在"过稀"地区建立工业区并开发大中规模城市。针对太平洋沿海工业地带，日本政府运用多种方式鼓励重化工业企业到该地投资建厂，大规模建设此地，并完善其基础设施，建设新干线和一流的港湾，使该地拥有十分便捷的交通运输网和联络网。针对欠发达地区，日本政府在财政、税收、开发许可等方面都给予一定的优惠政策和较为充足的经费支出，尤其是对建设该地区公共设施的特别补助率较高。例如，对冲绳地区港口等建设的国库特别补助高达九成以上，对北海道地区的国道等建设的中央特别补助率高达八成以上。另外，日本政府将行政投资的重点放在"三湾一海"地区，使得日本太平洋沿岸的"三湾一海"地区在战后得以迅速开发。据统计，1969 年到 1972 年，日本政府在"三湾一海"地区的行政投资占投资总额的七成左右。这次综合开发的法律保障主要包括两个方面：一方面是注重繁荣地区的外围地区规划，并制定相应的法律，如以东京为中心的"首都圈建设规划"、以大阪等地为中心的"近畿圈建设规划"、以名古屋为中心的"中部圈开发建设规划"，在国家总体的法律之下又针对不同地区进行不同的规划；另一方面是注重欠发达地区开发，并制定相应的法律，如 1962 年制定的《新产业城市建设促进法》将十五个地区设为"新产业城市"，1964 年制定的《工业建设特别地区建设促进法》将六个地区设为"工业建设特别地区"。值得一提的是，《新产业城市建设促进法》与以往的法律不同，它不是由中央政府主导来进行建设，而是主要通过受地方政府领导的"新产业城市建设协议会"来实施。流程是地方政府提出申请，并在此基础上得到中央政府的批注，再由"新产业城市建设协议会"结合地方的实际情况制订符合地方发展要求的规划并推动其实施。

在"一全综"实施的这段时间内，日本举办了东京奥运会，为经济的腾飞打下了坚实的基础，加之东海道新干线的开通，日本的国民经济得到快速发

① 张洁. 战后日本区域经济政策的演变分析 [J]. 商场现代化，2013（8）：187.

展，"一全综"取得了显著的成效。但一系列的问题也随之而来，区域间的经济差距和收入差距不断增大，区域发展不平衡，并且对环境造成了严重的破坏。为了解决这些问题，平衡区域间的发展，促进产业均衡布局，并减少对环境的污染和破坏，实现人与自然的和谐共处，日本对"一全综"进行了修改。于 1969 年实施《新全国综合开发计划》，并在此基础上进行《第二次全国国土综合开发规划》（即所谓"二全综"），以 1985 年为目标年度。"二全综"的核心是大规模项目开发，在农林水产业、旅游业等多方面实施大规模的项目开发。"二全综"通过改善开发地区的基础设施条件和投资环境，增加开发的可能性和开发范围，并对国土布局进行重新规划，促进有地方特色的均衡式开发，引导产业和人口向开发地区转移，使国土得到更好的开发和科学的利用[1]。"二全综"要完善的是交通通信网络，通过修建新干线、高速公路等基础设施，形成以东京为中心的开发网络，将各个开发地区连接起来。首先，为了提高日本国土的利用率，缩小地区间发展差距，实现区域协调发展，日本政府又开始实施一些大型开发项目，在北海道等地建设大型家畜基地，在临海地区建立新型工业基地，通过这些大型项目的开发带动日本农业和工业的发展，从而促进欠发达地区经济增长[2]。其次，为了改善人们的生活环境，创造更加丰富的生活，日本政府设定了"广域生活圈"，有助于基础设施和公共服务得到科学合理的安排。最后，为了优化产业结构布局，日本在 1971 年明确提出，此后的产业结构调整要以防止过密化为重要标准。在"二全综"的实施中，《农村地区工业引入促进法》值得一提。该法创新性地解决了农业发展问题，在农村地区划分出工业区，有规划、有针对性地引进部分工业，帮助农业从业者和失业者在该地区就业。这一政策既有利于农民收入的提高，也有利于剩余劳动力的土地的扩大再生产，促进农村生活环境得到改善，推动农业和工业的均衡发展。

在"二全综"的实施过程中，田中角荣首相发表了"日本列岛改造"的构想作为其竞选纲领。该构想打算把日本列岛作为"一日经济圈"连接起来，并建设地方核心城市。在此之后，日本开始了一阵空洞的列岛改造热潮，导致通货膨胀严重，区域发展失调，区域差距加大。除此之外，20 世纪 70 年代的两次"石油危机"更是加剧了日本国内矛盾，土地价格不断攀升，促使日本政府采取一系列措施对产业结构进行调整，区域政策开始由此前的重视经济发

---

① 和泉润，王郁. 日本区域开发政策的变迁 [J]. 国外城市规划，2004 (3)：7.
② 胡方. 战后日本地域开发政策的展开及其特征：兼论对我国西部大开发的启示 [J]. 日本问题研究，2000 (4)：5.

展逐渐转变为重视国民生活水平的提高。在这样的背景下，日本政府于1977年颁布实施了《第三次全国综合开发计划》（即所谓"三全综"），以1985年作为目标年度。"三全综"的核心内容是"定居构想"，即地方定居区的区域发展战略。与之前的区域政策相比，这次开发更重视国民生活水平的提高，通过建立新"生活圈"对日本区域进行发展，实现国土的综合利用。"定居构想"把城市和农村作为一个整体，自然、生活和生产共同构成综合居住环境，并通过对其进行整治，均衡不同地区间的公共服务，创造新生活空间，吸引年轻劳动力在此地生活和工作，从而缓解大城市人口过度集中的问题，促进人口合理分布，协调地区间的发展。为了使综合居住环境和谐稳定，日本政府设立了更广阔的生活圈，由居住区、定居区和定住圈共同构成，并且选定44个"示范定居圈"，明确提出城乡一体化的观点。20世纪80年代以来，日本政府进一步推行"技术立国"政策，大力发展知识密集型的高科技产品，随之形成一些新兴的高技术产业群区域。

　　"三全综"实施时，经济全球化趋势不断加强，技术革新持续不断，人口和产业向大城市集中，东京"一极集中"的趋势愈发显著，与之相对的是其他地区人口减少，经济发展缓慢，失业人口逐渐增加。基于这些问题，日本政府于1987年颁布实施《第四次全国国土综合开发规划》（即所谓"四全综"），以2000年作为目标年度。针对东京人口和产业过度集中的情况，日本政府提出多极分散的战略，计划通过疏解东京非核心的城市功能形成多极分散的国土开发和利用格局，并结合现代信息技术对国土进行开发，振兴欠发达地区的经济，协调区域发展。该战略的关键在于加强地区之间的交流与合作，增加地方的吸引力，因此开发的重点就是完善地区的基础设施，尤其是大力建设交通及信息通信等基础设施，从而创造充满活力、环境优美、适宜居住的生活地区。具体来说，就是把东京圈和地方城市圈相联系，并且根据地方实际特色，在地方中心城市形成不同功能的区域中心，如旅游中心、技术中心等。值得一提的是，《多极分散型国土形成促进法》具有一定的创新性。为了建设让居民依赖的、适宜居住的社会，日本政府采取中央政府行政机关搬迁的措施，引导国家行政机关和部分民营企业搬迁到东京以外的其他地区，并建设业务核心城市来分担东京的核心城市功能。这些措施对于协同地区间的发展具有重要意义，但是始终难以付诸实践，直到今天也难以实施。究其原因，主要是这样的搬迁没有任何有利的地方，行政部门和民营企业大可不必进行这样的搬迁，所以只有少数几个不位于东京也能正常开展工作的政府部门进行了搬迁。

　　日本现代信息技术迅速发展，大量的经济活动可以通过网络传输方式进行，并且随着日本经济的快速发展，国民的意识形态和价值观都相应发生了变化，对于生活方式的要求也日趋多样化。与此同时，保护地球环境、人与自然和谐共处、构建循环性社会体系逐渐成为全球性的课题。基于这样的发展要求，日本政府于1998年颁布实施《第五次全国国土综合开发规划》（即所谓"五全综"），将2015年至2020年作为目标年度。"五全综"提出通过建立国土开发轴来分散东京的非核心功能，也就是通过东北、日本海、太平洋、西日本这四个国土轴来形成具有创造性的地区间交流合作、互相补充的国家格局，从而均衡国家的经济社会发展。除此之外，"五全综"对开发模式也进行了修改。由于"泡沫经济"的崩溃，日本经济遭受沉重打击，国家财政状况已经无法承担之前的国家主导的国土开发模式，加之经济全球化趋势不断加强、日本老龄化问题愈发严重以及人们意识出现重大变化，这些都对日本的国土开发模式提出了新的要求。因此，日本开发理念从国家主导逐渐改为地方主导，从国土开发逐渐转为国土管理，并提出"参与和协作"的开发模式。一方面建立一个科学的制度体系，充分利用民间企业等各种组织的力量，合理利用各项资金，有效发挥先进技术优势；另一方面，通过营造轻松放心的环境推动各种社会成员参与区域开发制度建设、实施过程、监督评价。针对产业空心化、老龄化问题严重等，2008年日本的第六次全国国土形成规划（即所谓"六全综"）提出五大目标：一是通过完善交通网络形成一体化无缝隙的亚洲；二是形成可持续发展的日本，实现高效的经济活动；三是形成具有超强抗灾能力的安全而有弹性的国土；四是形成美丽的、让国民自豪的国土；五是形成以"新型公共主体"为支柱的地区建设，让国民成为国家国土资源管理的主体力量。并且从地域、环境保护、交通通信等八个方面进行相应部署。除此之外，为了应对跨国界地区间竞争激化、增强地区经济发展活力，"六全综"提出发展"广域地区自立协作型"的国土结构，广域地区之间既自主自立又相互交流与合作，目的在于扩大主体单位，使其充分发挥规模优势，提高区域竞争力，共同参与国际竞争。

2. 日本区域经济政策的主要特征

（1）日本政府高度重视区域政策，并根据经济发展情况相应调整经济政策，制定具有阶段性的区域政策。日本的区域政策取得了显著的效果，经过几十年的综合开发，日本区域差距明显缩小，经济得到快速发展，居民生活水平显著提高，这都离不开日本政府的高度重视。日本的中央和地方各级政府都高度重视国土开发，并且成立专门的机构对开发政策做出解释、引导实施、监督管控。另外，日本政府还能够根据经济社会发展所面临的不同问题，结合本国实际情况，及时主动地调整开发政策，使政策的目标原则适应本国经济发展的要求和方向，从而保持开发政策的连续性、稳定性和一致性。二战后的十年间，日本经济亟待恢复，政府实施了特殊地区综合开发计划，以整治河流等为目标。1955年之后，日本经济高速增长，成为亚洲新巨人，为平衡国民空间布局和缩小区域差距，日本政府先后制定了"一全综"和"二全综"，加速建设"过疏"地区，同时对"过密"地区加以限制。从1974年起，日本又陆续制定了"三全综"到"六全综"，区域政策理念从之前的强调经济发展逐渐转为促进国民生活水平的提高，开发政策更加注重发展地方经济文化，改善地方基础设施建设，营造和谐美丽的地方居住环境。

（2）日本区域政策重视地方的主体性，充分发挥中央对其的指导作用。日本全国性的综合开发计划是全国发展和治理的总体方针，不仅是各级地方政府编制地方性规划的重要依据，还指引企业的投资方向，优化地区产业结构，避免盲目建设。日本区域政策总体上经历了三个阶段，即国家主导、地方政府主导、多样化主体参与。首先是国家主导投资的模式，主要体现在"一全综"和"二全综"期间。当时日本经济有待发展，基础设施条件不够完善，民间资本开发缺乏动力并具有很大的风险性。国家采取大规模开发项目的方式，重点建设高速交通网，改善基础设施条件，使全国各地区都具有开发的潜在可能性。其次是地方政府为主体的开发模式，主要体现在"三全综"和"四全综"期间。日本政府一方面难以承担国家主导的开发模式所造成的财政负担；另一方面也逐渐意识到区域治理的根本是提高地区自主发展能力，需要充分发挥地方的积极性，因此采取了"定居构想"和"交流网络构想"的开发模式。最后是多元化主体参与开发模式，主要体现在"五全综"和"六全综"期间。随着日本经济的发展和社会进步，国民的意识和价值观发生转变，愿意发挥自身的主体性，积极参加国家的综合开发。因此，"五全综"提出"参与和协作"的开发模式，鼓励居民和志愿者团体参与地区开发，促进地区自立发展。"六全综"更进一步提出组建"新型公共主体"，鼓励更多的年轻人参与区域政策的规划和管理。

（3）日本区域政策的法律制度保障不断完善。日本区域政策在每一个实施阶段都制订了详细全面的规划，并且通过相应的法律对其进行规范，充分运用法律手段保障政策的连续稳定性。自1950年颁布《国土综合开发法》以来，日本国土开发和发展方面的法律法规逐步形成一个较为完整的体系。例如，为了明确区域开发的目标而颁布的《国土综合开发法》等；为了限制大城市圈发展而颁布的《控制首都圈市区内工厂等新建的法律》等；为了发展欠发达地区而颁布的《北海道开发法》等；为了优化产业布局而颁布的《工业再配置促进法》等；为了深入贯彻财政政策而颁布的《租税特别措施法》等。这一系列的法律法律保障了日本区域开发的实施并促使其取得显著成效，实现区域政策的法律化。

3. 日本区域经济发展法治保障的启示

（1）成渝地区双城经济圈建设要加强立法，注重制订长远规划。为了保障区域政策目标得以实现和国土的综合有序开发，日本政府在每一个发展阶段都制订了详细全面的发展规划，并且形成完整的法律体系为规划的编制和实施奠定基础。成渝地区双城经济圈建设应该借鉴日本的这种成功经验，在区域发展过程中注重立法和长远规划的制订，根据经济社会发展的实际情况不断完善区域政策，促进区域经济协调可持续发展。自2011年《成渝经济区区域规划》颁布以来，成渝地区双城经济圈建设方面的法律法规不断完善：2016年印发《成渝城市群发展规划》；2018年签署《深化川渝合作深入推动长江经济带发展行动计划（2018—2022年）》；2019年签署《深化川渝合作推进成渝城市群一体化发展重点工作方案》；2020年通过《成渝地区双城经济圈建设规划纲要》。在国家政策的引导和成渝两地共同努力下，两地的交流合作越来越频繁，两地的资源和要素分配越来越趋向正规化、合理化。今后，要进一步加强成渝区域协调发展法律制度建设，坚持立法和改革相对应、相促进，充分发挥立法的引领和推动作用。

（2）重视地方政府和私营企业的主体作用。日本在发展区域经济的过程中逐渐意识到区域发展的根本在于地区自主自立治理和发展，因此在促进区域发展的过程中强调多个主体相结合，引导政府、产业和科学教育界共同参与国土开发规划的制订和实施，发挥不同主体的积极性，也就是我们俗称的"官产学"相结合。另外，日本区域政策在规划制订过程中高度重视公众的参与和意见，府、县都需要多次征求国民意见，了解并反映公众的诉求，从而完善区域规划的具体内容。成渝地区要主动对接国家重大发展战略，牢固树立"一盘棋"思想，着力健全合作机制，构建"地方政府执行国家战略"的政策模式。从中央来看，国家战略只有交给地方政府代理，才能够有效地将地方资源低成本地调配到国家战略中，使国家战略和地方发展共同取得成效；从地方来看，这也将给包括重庆、成都、贵阳等在内的西南地区带来重大发展机遇。同时，针对财政收支矛盾、地方债务等问题，发挥私营企业、个体、社会团体等多元主体的积极性，一方面可以减轻政府的财政压力，将财政重点放到更加重要的地方，从而构建高质量的公共服务体系；另一方面可以为民间资本创造市场发展空间，促进民间资金的发展和壮大，最终形成多赢的局面。

（3）大力建设和完善基础设施，尤其是交通设施。在每一个国家的区域发展政策中，基础设施建设都至关重要，尤其是在落后萧条地区建设基础设施是改善地区经济、缩小区域差距的重要手段。日本政府更是注重交通系统的建设和完善，在地区开发的法律法规中都对其做出了明确的规定和发展要求。成渝地区双城经济圈要加强基础设施建设，促进成渝地区城市间交通基础设施互联互通，构建现代化综合交通运输体系。推动成渝地区双城经济圈基础设施建设，可以扩大成渝地区双城经济圈的朋友圈，联合贵州的遵义、贵阳，再往南联合昆明、南宁等，形成西南产业带和产业群，不断开拓东南亚市场，推动"一带一路"建设。

四、欧盟区域经济发展法治保障的经验与启示

一直以来，欧盟都被当作国与国之间政治、经济、文化等方面合作上最为成功的案例来进行区域政策的研究。作为欧盟成员的英国和德国等是世界上较早制定系统化区域经济政策并实施的国家，欧盟各成员国也都将区域经济政策的制定和实施视为其发展战略成功实施和达成的重要保障。欧盟各成员国内部及成员国之间的区域政策有效地缩短了各国之间及国家内部各地区之间的区域差距，从而使欧盟及其成员国的国际竞争力得到极大提升。从欧盟的区域政策及制度保障来看，其在制度基础的保障、运行机理的研究和实践以及细致的区域规划等各方面都极为成熟，因此其对于我国进一步推动成渝地区双城经济圈的发展和建设具有重要的理论意义和现实意义。

1. 欧盟区域经济政策及其法治保障

西欧各国虽然几乎均为发达国家，但欧盟各成员国及其内部不同地区经济和产业发展上存在的巨大差距仍不可忽视。从经济发展角度而言，欧盟成员国之间还存在较大差距，具体来说，希腊和葡萄牙等国家和地区的人均 GDP 远远低于欧盟的平均水平①。而从区域发展角度而言，各国家内部地区不平衡的发展是更为突出的问题，部分国家内部区域发展严重失衡，发达地区与欠发达地区存在较大差距。例如，英格兰地区的经济发展水平远远优于苏格兰地区，这一点也从相差巨大的收入水平得以印证。这种现象不仅仅存在于英国内部，同时也存在于德国东西部地区以及其他国家。随着政治、经济等方面合作程度

---

① 李颖，陈林生. 欧盟的区域政策特点及对我国的启示 [J]. 经济体制改革，2003 (5)：148.

的不断加深，成员国内部地区不平衡发展的问题也日益突显，落后地区的发展问题已然超越了以国家为界碑的地域范围，成了欧盟所有成员国不得不共同面对的严峻问题。为促进本国落后地区的经济发展，各国都结合实际国情制定了适用于自身发展的区域经济政策，但同时也带来了各国政策与欧盟整体政策存在冲突和矛盾的问题。因此，欧盟不得不发挥其疏导和协调的作用，在各国制定的区域政策基础上，融合欧盟共同区域政策的目标，从而形成新的共同区域政策，以达到促使各国之间的目标相协调，共同发展区域经济，完成经济一体化目标。正因如此，从欧共体到今天的欧盟，一直致力于疏导和协调各国之间的经济发展，促使各国落后地区经济协调、高效、平衡、充分地发展，并制定了一系列支持落后地区经济发展的共同体经济政策，以缩短各地区经济发展存在的差距，达到降低欠发达地区经济落后程度的目标。

1951 年《巴黎条约》的签署，标志着欧洲经济一体化时代正式到来，欧洲煤钢共同体的建立，也为日后欧盟的成立奠定了坚实的基础。区域发展不平衡作为议题首次在摩西拿会议上讨论，表明各成员国开始重视地区发展不平衡的严峻问题。1957 年，《欧洲经济共同体条约》（通称《罗马条约》）的签订以及 1967 年欧洲共同体的建立，标志着欧洲经济一体化全面展开。该条约将"促进共同体内部活动和经济发展和谐、平稳、有序"作为维护、巩固和发展共同体的基本目标之一[1]，同时，该条约也提出了"各成员国政府迫切地渴望缩短区域之间经济发展存在的差距"，但其基本精神是相信市场的力量，并没有在地区经济发展方面制定出详细的政策和行动计划，同时受到没有充足的财政手段作为其推动的重要支撑的影响，主要由各成员国自行制定发展方案并实施，在这一时期成员国间针对地区发展的合作和交流极少，基本上不存在共同发展的地区政策。直到 1971 年，各成员国之间才对建立共同的区域政策以促进各地区平衡发展达成了协议。1972 年 10 月，各成员国在巴黎首脑会议上进一步针对协议进行了探讨，并确认了各地区实施经济平衡政策的重要性和必要性，在此基础上还承诺创立地区发展基金以帮助相对落后的国家和地区发展经济。1973 年，受到成员国经济增长开始减速的影响，加之欧共体扩大，新成员国加入，区域发展不平衡的问题变得更加严重。在这样的情况下，《维尔纳报告》所提出的欧洲经济与货币联盟计划也受到了严重冲击[2]。因此，在各成员国间推行一项真正的欧共体地区政策并确保其得以实施不仅符合经济发展的

---

[1] 田金城，陈喜生. 欧盟区域政策及其协调机制 [J]. 求是，2006（15）：62.
[2] 杨玉梅. 欧盟区域政策述评 [J]. 经济问题探索，2007（1）：47.

要求，更是政治上的需要。1975 年欧洲区域发展基金（ERDF）正式运行，旨在为相对落后地区提供资金援助并推动其发展，通过实现可持续发展以及促进竞争等方式来扩大和创造就业机会是欧洲区域发展基金援助的根本目标。ERDF 主要资助以下四类地区：地区内生产总值长期低于国内平均水平的相对落后区域；过分依赖于衰退工业的相对落后区域；长期失业率和人口流出率长期居高不下的相对落后区域；受到共同发展政策不利影响的相对落后区域①。从创立以来，其全部资金均用于资助各成员国相对落后地区的经济发展，自 1975 年创立的 2.58 亿埃居②到 1986 年的 3 亿埃居，短短 10 年间，其资助资金占比就从欧共体财政预算的 4.5% 上升至 9%③。除此之外，欧洲区域发展基金还与欧洲投资银行（EBI）合作，向各成员国内的相对落后地区提供贷款，用以支持其基础设施建设。自 1953 年到 1986 年的 33 年间，EBI 共为其提供 421 亿埃居的贷款，其中用于支持相对落后地区经济发展的款项就达到 257 亿埃居。除此之外，欧洲区域发展基金还积极与各成员国政府展开合作，以筹集资金用于共同投资和建设一些重要项目，以此促进相对落后区域的交通、通信等基础设施的发展和建设，并积极开发基础工业和第三产业等各类产业，提升相对落后地区的就业率，促进其经济平稳发展。

自 1981 年希腊正式加入欧共体，西班牙和葡萄牙也紧随其后加入欧共体，但受到希腊、西班牙、葡萄牙三国经济水平相对偏低的影响，欧共体成员国之间的经济发展水平的差距进一步扩大。同时受到当时的共同区域经济政策还不够完善、欧洲区域发展基金定位不够清晰等的影响，对于各成员国之间以及成员国内部各地区日益凸显的经济发展不平衡的问题的解决而言，欧洲区域发展基金所发挥的作用还不够充分，其所实际发挥的作用并不是十分理想。在这样的大背景下，为深入解决区域发展不平衡的问题，防止贫富差距进一步扩大，欧共体和各成员国均意识到了制定和实施一项更为有效、更为适应当下环境的共同区域政策的必要性，在这样的共同理念之下，共同体对共同区域政策的具体内容和实施方案进行了多次改革。1985 年，欧共体调整了原有政策并形成了新的发展基金管理条例。新条例对于欧共体的区域政策首要目标以及接受欧

---

① 张广翠. 欧盟区域政策研究 [D]. 长春：吉林大学，2006.

② 埃居（ECU）是欧洲货币单位（European Currency Unit）的简称。由欧洲经济共同体成员国货币共同组成的一篮子货币，是欧共体各国之间的清算工具和记账单位。在 1999 年 1 月 1 日欧元诞生之后，埃居自动以 1：1 的汇价折成欧元（EUR）。

③ 戴宾. 欧盟国家落后地区的经济发展与欧盟的区域经济政策 [J]. 西南民族学院学报（哲学社会科学版），2000（6）：94.

共体援助的相对落后区域标准做出了调整和修正，使得接受援助区域的标准更为明确，并增加了地区发展基金投向服务业项目资金的比例。更为重要的是发生在 1988 年的欧共体区域经济政策改革，区域政策首次以共同体政策出现，这也标志着共同体区域政策的新阶段正式到来。这次改革首次强调了欧共体区域政策的目标以及实施手段的重要性，从而使得欧共体不再只是作为协调和辅助成员国国内区域经济发展的组织，更是将共同体各成员国聚集在一起成为一个有机整体，且制定统一的整体区域政策并实施。1986 年签订的《单一欧洲法案》更是提出了在 1992 年前实现单一欧洲市场的目标，并根据实际情况，创立了结构基金（structural fund），决定大幅度提高基金用于区域经济发展的资金比重。结构基金的成立旨在重点支持各成员国相对落后区域（人均 GDP 低于平均水平 75% 的地区）的进一步开发，特别是对葡萄牙、爱尔兰、希腊等国家和地区的区域经济发展进行支持。欧洲委员会为结构基金制定了促进落后地区经济结构改革、促进工业衰退地区产业转型升级、解决相对落后地区失业工人就业问题、进一步培养适应产业升级的新型劳动力以及加快农林产品生产和市场结构的适应性转变共五项目标。在改革的过程中，虽然受到了来自部分成员国政府的反对，共同体对于区域政策的制定权取得了突破性进展，制定和实施了一系列对于成员国政府强有力的约束政策，使得欧共体、成员国以及成员国内部各地区形成了协调、配合、可持续的良性合作机制，并由以成员国为主导的合作关系逐渐转变为以欧共体为主导的新合作关系，更加提升了基金的使用效率和效果。结构基金经过改革，在此后的数年内多次翻倍，并于 1993 年达到 600 亿欧洲货币单位。

1992 年签署的《欧洲联盟条约》提出欧共体于 20 世纪 90 年代末进入经济货币同盟（EMU）新阶段的阶段性目标，并重申了区域经济政策的关键性，提出了欧洲经济与社会聚合的目标，条约的签署也为欧共体向欧盟的转化奠定了坚实的基础。在 20 世纪 90 年代初多数国家陷入经济衰退的大背景下，欧盟决定从 1994 年开始实施第二期区域经济政策计划，以改变成员国经济衰退的颓势，并重新探讨结构基金的适应性改革。1988 年结构基金改革的成功受到了欧盟各方面的肯定，因此 1993 年的改革仅仅是对其进行了小幅度的适应性调整，并对其新机制进行完善。一方面，欧盟再次提高了结构基金在共同体预算中的资金比重，这一调整使得结构基金额从 1975 年的 3.75 亿埃居逐年上涨到 1996 年的 192.23 亿埃居再到 1997 年的 275.65 亿埃居（含 2.33 亿埃居聚合基金和 0.38 亿埃居渔业指导基金），占共同体预算总额分别从 1975 年的 6% 上升到 1996 年的 28.2% 和 1997 年的 31.9%①，20 年间结构基金额的飞速上涨更显示了欧盟对于区域经济发展的重视。另一方面，为了充分保障结构基金的有效利用，共同体专门设立了区域政策监督指导委员会，其主要工作在于负责监督和检查各具体资助项目的实施情况，在确保实际项目与共同体立法及区域政策不相抵触的前提下，有权给予实际项目在实施过程中所需的一定范围内的资金配比。聚合资金是 1993 年结构基金改革的一大成功。20 世纪 80 年代末，希腊、葡萄牙、西班牙和爱尔兰的人均 GDP 远远低于欧共体的平均水平，为了帮助这四个国家调整经济结构，缩小与其他成员国的差距，同时也为了促进欧盟自身尽快提升经济与社会凝聚力，爱丁堡理事会于 1993 年创立了聚合基金（cohesion fund）。聚合基金实际上是一类特殊的措施，其设立的目标是作为一种提供援助和保证团结的工具，帮助欠发达的落后国家进行基础设施建设以及实行环境保护措施，以此来缩小欠发达国家和地区与发达国家和地区的经济差距，以便于增强各成员国在地区经济政策上的协调能力，为建设经济货币同盟奠定基础，确保经济货币同盟成功建立。相比于结构基金，聚合基金的目标不是缩小各成员国内不同地区间经济发展的不平衡程度，而是为了缩小希腊、西班牙、葡萄牙、爱尔兰四个国家与其他成员国的经济差距，以促使以上四国顺利融入经济货币同盟。交通基础设施建设和环境保护项目是聚合基金关注的焦点，经过 1993 年至 1999 年的七年时间，该基金就发展到了 162.2 亿埃居。同时为了吸纳瑞典、芬兰以及奥地利，欧盟于 1993 年根据 EEC2080/93 号规章又新增设了渔业指导基金（FIFG），并对目标区域的范围进行了调整，增加了部分新的目标区域。渔业指导基金更关注渔业以及养殖渔业地区，旨在援助渔业地区，同时还援助对应地区的渔港建设、鱼产品加工等产业。除此之外，在欧盟区域经济政策实施的过程中，欧洲投资银行（EIB）、欧洲煤钢共同体（EC-SC）也发挥了不可或缺的重要作用。仅在 1994 年，欧洲投资银行就向需要进行结构化调整的相对落后地区和产业转型升级的衰退工业区提供了 120 亿埃居的优惠贷款，欧洲煤钢共同体同年也为以上两类地区提供了共计 2.76 亿埃居的优惠贷款。

到 20 世纪 90 年代后期，经历了近半个世纪的发展历程，欧盟已建立起了完整且较为完善的区域政策体系。但伴随着欧洲一体化的快速发展以及欧盟东扩，结构基金在实际运行中暴露出的问题也逐渐增多，这也导致欧盟的区域政

---

① 戴宾. 欧盟国家落后地区的经济发展与欧盟的区域经济政策 [J]. 西南民族学院学报（哲学社会科学版），2000（6）：95.

策改革变得比以往任何时间都更为困难。一方面，各成员国都致力于发展区域经济，并不断进行改革；另一方面，欧盟不断推进欧洲一体化的发展进程，导致欧盟整体预算和区域政策预算不断攀升，这也对向纯受益国进行资金转移的依据以及具体转移的资金额度提出了新的疑问。在这样的巨大挑战之下，为了提升结构基金的运行效率，欧洲委员会于 1997 年 7 月公布了《2000 年议程》，就加强经济发展与社会凝聚力、协调成员国间的区域经济政策以及结构基金改革等问题提出了构想。《2000 年议程》也指出要对欧盟进行改革，特别要关注区域政策适应性调整等问题并进行了相应的讨论，对结构基金的预算、目标地区的缺点、政策设计等内容进行了说明。2000 年，欧盟理事会制定了"里斯本战略"，围绕社会经济发展、就业、社会福利等问题制订了主目标 28 个以及次要目标 120 个。其最根本的目标在于今后 10 年内使欧洲成为世界舞台上以知识经济为基础的最具有竞争力的经济体，确保在提供更多就业机会和不断增强社会凝聚力的基础之上，实现经济增长的可持续性。在"里斯本战略"的指导下，欧盟的区域政策围绕协调、创新和可持续发展等方面进行了适应性调整，进一步促进了区域经济的发展。

2. 欧盟区域经济政策的主要特征

（1）法律基础助力欧盟区域政策有效建立和实施。欧共体成立条约即是欧盟区域政策建立的根本法律依据，该条约对"经济和社会融合"做出了解释：共同体的目标旨在缩短各成员国及成员国内部各地区的经济发展差异，以消除欠发达区域的相对落后情况，实现协调发展。除此之外，欧盟区域经济政策执行机构每三年进行一次报告，针对经济与社会融合的发展进程提出区域政策调整建议①。部分成员国也通过立法的方式促进各地区区域经济的发展，如前面提到的英国，自 1934 年首次颁布《特别地区法》后又相继颁布了一系列法律旨在助力区域政策的有效实施。欧盟及成员国各级政府均极为重视相关法律法规的制定和颁布，这也确保了其区域政策能够受到法律的充分保障。

（2）区域发展基金助力区域政策有效实施。充裕的资金往往是政府在实施区域发展援助过程中一个不可或缺的重要因素。自 1975 年欧盟创建了区域发展基金（ERDF）用以资助相对落后地区的基础设施建设和产业建设以来，先后形成了欧洲社会基金（ESF）、欧洲农业指导和保障基金（EAGGF）、渔业基金（FIFG）用来帮助相对落后地区劳动力适应市场转变、助力共同农业政策下的农村发展以及受渔业萧条影响的渔民等。除此之外，1993 年欧盟还

---

① 李颖，陈林生. 欧盟的区域政策特点及对我国的启示 [J]. 经济体制改革，2003（5）：148.

设立了聚合基金，精准对口援助欧盟中经济发展较为落后的四个成员国进行基础设施和环保项目建设。据统计，仅 1975 年至 1984 年的 10 年期间，欧洲区域发展基金累计支出 117 亿欧洲货币单位用以资助 2.5 万个发展项目的建设①。

（3）欧盟区域政策不断进行调整以适应欧盟的扩张。《罗马条约》规定通过切实缩小不同成员国及成员国内不同地区的区际差异促进共同体经济快速、协调发展，但直到 1975 年设立欧洲区域发展基金才正式确保其得以实施。1981 年随着希腊加入欧共体，西班牙和葡萄牙紧随其后相继加入，较大的区际差异让欧共体和各成员国意识到实施有效的共同区域政策的重要性。1984年，结合时代背景，欧共体对区域政策进行了重大改革，确立了区域发展基金的目标为帮扶相对落后地区以及工业衰退区进行产业结构调整，助力区域经济发展。1988 年，欧共体对区域经济政策进行了适应性调整，旨在提升结构基金的运行效率，进一步促进欧盟的社会经济融合。欧盟结构基金的第二次适应性调整则是落实马斯特里赫特条约中的有关内容，不仅重申了区域政策的重要性，还更加明确地提出了欧洲经济与社会聚合的目标，更加突出了区域政策建立和有效实施的重要性。为了吸纳瑞典、芬兰和奥地利，1993 年欧盟增设了渔业指导基金（FIFG），并对目标区域的范围进行了调整，增加了部分新的目标地区。在欧盟区域政策发展的漫长历程中，不断调整和改革的区域政策不仅体现了区域合作的艰巨性和复杂性，更体现了环境改变下只有不断变革区域政策才能够更好地发展区域经济。

（4）明确的目标助力欧盟区域政策不断发展。1950 年至 1970 年的 20 年时间里，区域政策目标主要是竞争力的提升，并强调竞争为其发展的总原则。因此区域政策不能够影响公平竞争，更不能影响共同市场的建立，其基本精神是相信市场的力量，要求政府援助地区必须明确且不能够影响该国在市场上的竞争。而进入 20 世纪 70 年代后，区域政策的目标则主要是解决成员国及成员国内地区发展不平衡的问题，受到新成员英国、爱尔兰和丹麦准备加入欧共体必然使区域差距不断扩大的影响，区域政策的重要性被重新审视，从区域发展基金的运作角度来看，消除各地区之间经济和产业发展不平衡的目标十分明显。而 20 世纪 80 年代中期以后，1986 年签署的《单一欧洲条例》使得区域政策的目标更加强调经济和社会的聚合，并先后推动了 1988 年和 1993 年的两次区域政策改革。

---

① 田金城，陈喜生. 欧盟区域政策及其协调机制 [J]. 求是，2006（15）：63.

3. 欧盟区域经济发展法治保障的启示

（1）确定发展目标，制订阶段性计划。20世纪70年代以来，欧盟围绕区域经济的协调发展制订了一系列分阶段的发展计划。在欧盟整体区域政策的框架背景之下，欧洲委员会联合成员国制订了部分针对性计划，将生产、基础设施建设、地区潜力开发以及人力资源开发四个领域的项目列为优先发展级别，以此来确保欧盟整体区域发展目标的实现。以习近平同志为核心的党中央着眼发展大局，提出了发展成渝地区双城经济圈的重大战略，推动成渝地区成为中国西南地区具有影响力的重要经济中心、科技创新中心、改革开放高地、高品质生活宜居地。从"成渝经济圈"到"成渝城市群"再到"成渝地区双城经济圈"，无不体现国家对于成渝地区的高度重视，以及对成都和重庆作为成渝地区中心城市带动周边城市发展的期望。推动成渝地区双城经济圈的建设，必须要尊重城市群发展的客观规律，进一步推进成渝地区统筹发展，强化成都和重庆作为中心城市不可或缺的带动作用，结合我国整体经济布局实际情况，制订阶段性发展规划。

（2）使用专门的区域政策工具。为切实推动欧盟整体区域政策的发展，欧盟设立了欧洲区域发展基金、欧洲社会基金等各类结构基金，着眼于不同产业、地区进行精准援助，不断缩小落后成员国或地区与先进成员国或地区的差距。2020年10月23日，2020重庆国际创投大会举行金融类项目集中签约仪式，成渝地区双城经济圈发展基金由重庆高新区、璧山区、渝富控股、地产集团、四川发展等共同出资设立并进行了签约。该基金总规模达300亿元，主要投资于集成电路、智能制造等新兴产业，这是成渝两地在金融和产业领域合作的新里程碑。但我们仍要清醒地认识到，目前我国区域政策工具还不够全面，仍然缺乏具有针对性的工具，还不能精准全面地针对区域经济发展提供全面帮扶。为此，国家应该创建高效的区域政策工具，以此为成渝地区双城经济圈建设提供充足稳定的资金保障。

（3）遵循严格的运行机制。欧盟与其成员国在协议框架下，遵循合理分工、协调发展机制，并对资金的转移实施严格的监督机制，以此确保区域政策的高效实施。成渝两地为深入推进发展，也应在多个方面进行监督管理。例如加强区域经济发展中市场化监管，净化成渝区域市场环境，为成渝区域发展提供健康、安全、绿色的市场环境，促进成渝区域协同发展。另外，成渝地区应加强区域经济发展中生态环境监管执法，在生态系统保护、环境污染防治等方面加强日常交流学习和培训，在应急处置与物资等方面互相支持，实现生态环境监管方面的优势互补、资源共享，提高跨界区域生态环境监管能力。

五、京津冀区域经济发展法治保障的经验与启示

2014 年 2 月 26 日习近平总书记首次提出将京津冀协同发展作为国家重大战略。在此之后，京津冀协同发展也成了社会各界关注的焦点。2015 年 4 月 30 日，《京津冀协同发展规划纲要》的审议通过，标志着京津冀协同发展的战略规划已经全部完成，京津冀协同发展建设的总方针已经明确。2016 年 2 月，正式印发了《"十三五"时期京津冀国民经济和社会发展规划》，作为我国首个跨省市的区域"十三五"规划，进一步增强了三地发展的整体性和一致性。2017 年 10 月，习近平总书记在党的十九大报告中明确指出："以疏解北京非首都功能为'牛鼻子'推动京津冀协同发展，高起点规划、高标准建设雄安新区。"① 2019 年 1 月，习近平总书记主持召开京津冀协同发展座谈会并发表重要讲话，充分肯定了协同发展战略实施以来所取得的巨大成就。作为国家确定的重大战略，京津冀协同发展的具体实施无法离开法律的规制与保障，按照《京津冀协同发展规划纲要》要求，在国家京津冀协同发展领导小组领导下，三地协同发展以及协同立法方面都取得了阶段性的显著成果，对于建设成渝地区双城经济圈具有重要的借鉴意义。

京津冀协同立法是三地协同发展的重要体现，更是推动三地政治、经济、文化等方方面面发展的重要法制保障，还是新时代区域合作立法的重要有机组成部分。京津冀人大协同立法是在《京津冀协同发展规划纲要》指导下引领三地探索区域法治建设的重要一环，在三地协同发展的征程中具有重大意义。全面推进三地协同发展，将京津冀城市群打造成为国家创新示范区，只有做到立法先行，在京津冀协同发展的征程中才能够有法可依，从而进一步引领和推动三地在各个领域的深度合作。

京津冀三地协同立法跨越了三个行政区域，其实质属于区域立法，既不属于全国性立法，也不属于地方性立法。区域立法关乎国家与地方之间以及地方与地方之间的协调与合作，故而区域立法对于该区域的经济发展、产业升级、社会治理等方方面面具有重大影响。对于我国而言，区域立法实际上是立法探索与实践的产物，主要依托于地方立法权，在《中华人民共和国宪法》和《中华人民共和国立法法》中并没有明确依据，其作为跨区域的区域间立法，

---

① 决胜全面建成小康社会 夺取新时代中国特色社会主义伟大胜利 [N]. 人民日报，2017-10-19（2）.

是在特定的历史时期和条件下，带有专门性、地区性的立法①。因此，三地协同立法是三地的立法机关在遵守宪法以及相关法规要求的前提下，依照其职权范围共同制定、修改或者废止法律的规范活动，主要包括草案提出、讨论、通过和公布四个阶段。

1. 京津冀协同立法的原则

京津冀协同立法的原则，同立法的指导思想一样，应被三地的立法机关在立法过程中遵循。2017 年通过的《京津冀人大立法项目协同办法》指出，立法项目协同采取紧密型协作方式，坚持协同发展、互利共赢、求同存异、优势互补、重点突破、成功共享。具体来说，京津冀协同立法的原则主要包括以下几点：

（1）平等协商原则。京津冀区域经济一体化发展是三地通过协商所达成的共识。在协调和制定及完善经济发展战略的过程中，三地享有同等的法律地位。正因如此，三地在协同立法的工作推进过程中，更应本着平等协商的态度起草制定各项法律规范。在三地区域经济合作的过程，尤其是在区域法制协同建设的过程中，法律法规及相关政策的制定和实施都应本着平等的原则进行协商和探讨，要摒弃因经济水平和政治地位不同而带来的差异。2014 年 8 月 2 日，国务院正式成立京津冀协同发展领导小组，旨在加强三地沟通、促进平等协商、推进协同立法等工作。《京津冀协同发展规划纲要》对三地的发展给出了明确的定位，其中北京市被定位为"全国政治中心、文化中心、国际交往中心、科技创新中心"，天津市被定位为"全国先进制造研发基地、北方国际航运核心区、金融创新运营示范区、改革开放先行区"，河北省被定位为"全国现代商贸物流重要基地、产业转型升级实验区、新型城镇化与城乡统筹示范区、京津冀生态环境支撑区"②。

（2）互利共赢原则。三地在协同立法的过程中不仅要秉承平等协商的原则，更要兼顾三地所关注的问题及相关利益，集思广益，充分利用现有的理论基础来探寻三地合作发展的新途径，充分发挥各自的优势和潜力，以促进三地共赢局面的出现。京津冀三地在政治、经济、文化等方面的发展均存在差异，发展并不平衡，就北京而言，其作为首都，在政策的照顾下拥有较大的优势，国家在政策的制定过程中也必然会受到其特殊政治地位的影响而对其给予一定程度上的政策倾斜。因此，京津冀三地想要协同发展，必须要在协同立法的过

---

① 刘隆亨. 中国区域开发的法制理论与实践 [M]. 北京：北京大学出版社，2006：26.
② 官方明确京津冀功能定位 北京担当"四个中心" [EB/OL]. (2015-08-24) [2021-02-05]. http://politics.people.com.cn/n/2015/0824/c70731-27503822.html.

程中给予正确的引导，确保三地都能够获益，并通过共建、共治达到共赢和共享的目标。要坚决杜绝因先天政治优势而独自追求发展收益的理念的影响，避免给其他区域带来损害。

（3）公平正义原则。京津冀先天条件不同，优势差异巨大，难免会产生利益冲突。2020年北京地区生产总值为36 102.6亿元，人均地区生产总值为16.76万元；天津地区生产总值为14 083.73亿元，人均地区生产总值为9.02万元；河北地区生产总值为36 206.9亿元，人均地区生产总值为4.77万元。这就要求三地在协同立法的过程中坚持公平正义的原则，对于先天存在的劣势要适当加以平衡，确保三地协同发展，并以此来确定协同立法对各地的定位、利益的分配以及负荷的分担。

2. 京津冀协同立法的重要意义

京津冀的协同发展，不仅涉及政治，还涉及经济、社会等方方面面，三地协同立法就是推动其稳步发展的重要一环，更是关键一环。三地协同的创新发展理念，无法脱离法律法规的引领和保障，因此，做好三地协同立法工作，是推进三地协同发展的重中之重。

（1）京津冀协同立法是优化区域法治环境的首要环节。三地协同发展无法离开基础设施和自然资源等硬条件，但更需要法制健全的软环境给予保障。健全、公正、运行高效的法律体系是建设良好法治环境的前提，与经济和社会发展相一致，能够为民众带来安全感和履行义务的自觉性，从而构建平等竞争的良性社会空间。促进三地法治环境良性化发展，必然要求三地协同立法，共同搭建区域法治平台，以此来消除区域间的行政法规可能产生的冲突，进而推动区域法治的良性发展。但受到京津冀三地在基础设施、产业结构、公共服务等方面均存在着政策冲突问题的影响，如果协同发展仅仅依靠地方立法的模式推进，不仅区域间的法律制度一致性难以得到保障，更对跨区域合作的各类事项的法律调整带来巨大影响[1]。因此，对三地法治环境的优化迫在眉睫，这就需要三地进一步加强区域间立法工作的协调与合作，共同商讨和探索协同立法机制，以此消除区域间法律和政策带来的行政冲突，避免冲突立法、重复立法，从而降低立法成本，完善区域法律体系，推动和谐统一的区域法治环境形成，为三地协同发展过程中可能遇到的各项事务提供必要的法律依据。

（2）京津冀协同立法是推动三地协同发展的根本保障。三地经济一体化发展的议题始于20世纪80年代，历经近40年的历程，京津冀协同发展被正

---

① 孟庆瑜. 论京津冀协同发展的立法保障 [J]. 学习与探索，2017 (10)：54.

式确立为国家重大战略。但这一重大战略的部署并非全部为市场选择的自然结果，而是本着"有序疏解北京非首都功能，解决北京大城市病"的初衷而制定的国家干预政策。自《京津冀协同发展规划纲要》出台之后，三地党委、政府先后出台贯彻《京津冀协同发展规划纲要》的实施意见或实施方案，进一步奠定了推动三地协同发展的地方政策基础。但我们必须清醒地认识到，无论是京津冀区域的整体性定位还是三地功能定位，以及三地协同发展各项具体任务的部署和落实，无一不是对三地利益格局的重大调整以及对传统经济社会体制的改革和重大创新。要实现三地协同发展，必须通过三地协同立法的方式将其固定下来，以此构建起三地发展的合作平台，为实现三地协同发展的最终目标提供坚实的法律基础和保障。

（3）京津冀协同立法是推进我国区域法治发展的重大创新。推动三地经济协同发展是在北京聚集过多的非首都功能、三地经济发展不平衡不充分的复杂背景下开启的一项集多重目标为一体的重大决策部署。在这样的复杂背景下，三地协同发展必然受到行政区划分割、固有利益阻滞、多方关系协调等因素的阻碍和影响。针对以上严峻的问题，唯有通过三地协同立法进而推动改革稳步前进，以主动适应区域经济发展的新目标和新要求，明确三地的定位与权利义务关系，确定合理的区域产业分工以及利益补偿机制，将科学促进区域合作发展的理念及模式固定下来，才能够进一步推动三地协同发展向更深层次进行，从而确保三地协同发展规划有效落实。

（4）京津冀协同立法是京津冀资源有效运转的重要保障。京津冀协同发展中，北京主要是疏解非首都功能，转移部门产业，缓解首都压力。天津作为港口城市，同时作为直辖市在政治经济地位和产业发展方面都具有一定的优势，因此其在三地协同发展的过程中具有重大的推进作用。河北在京津冀三地中各方面发展比较而言相对较为落后，享有的国家政策支持也较少，京津冀三地协同发展正是河北发展的一大机遇。由此可见，北京作为首都，天津作为直辖市，相比之下河北在各方面都相对落后，三地在合作的过程中先天条件方面大不相同，三地合作的目标也不尽相同，因此三地协同立法更能够通过协商和探讨的方式建立起三地间密切高效的合作交流机制，以此维护三地经济社会的有效运转，从而实现共赢。

3. 京津冀协同立法的成效

京津冀人大协同立法主要是通过发挥三地立法机关的职能，在平等的基础上进行交流合作，对三地协同发展过程中涉及的公共利益和公共事务做出协调统一的安排，三地人大自 2014 年开始对协同立法进行商讨，到 2015 年出台

《关于加强京津冀人大协同立法的若干意见》，再到 2017 年原则通过的《京津冀人大立法项目协同办法》，三地人大立法项目协同机制由此正式确立。三地协同立法在国家的领导和支持下稳步推进，成效斐然。

（1）先后轮流召开七次立法协同座谈会，搭建起三地人大沟通平台。2020 年，第七次座谈会由天津市人大主持召开，作为最新一次的协同座谈会，会上讨论并原则通过了《京津冀人大关于协同推进强化公共卫生法治保障立法修法工作的意见》。立法协同座谈会在讨论年度立法计划、确立协同项目、协调立法利益等各类三地关注的焦点问题上都发挥了重要的协调和推动的作用。在七次座谈会上，三地都就各自的立法规划等方面进行了例行通报，并对适合协同立法的项目进行了充分讨论。其中最为典型的案例当属在第五次座谈会上，原本只计划北京和河北就机动车污染防治条例开展立法协同。但经过与会充分讨论，三地人大均表态要坚决贯彻打赢蓝天保卫战的重大部署，一致认为三地必须联手开展机动车污染防治立法协同（天津市人大当场明确加入立法协同），为三地区域联防联控提供了坚实的法治保障。自战略实施以来，京津冀立法协同座谈会和京津冀法制工作机构联席会议，成了三地搭建的重要立法协同平台，正是通过这个平台，三地的立法协同征程得以正式启航，并从最初的探索，经过不断实践慢慢步入正轨有序运行，为贯彻落实三地协同发展战略的具体实施打通了关键路径。

（2）协商通过四个立法协同文件，基本达成协同共识。第一是《关于加强京津冀人大协同立法的若干意见》。其作为三地首个立法协同文件，明确了"四个加强"和"两个机制"。第二是《京津冀人大立法项目协同办法》，其着眼于具体的立法协同项目，旨在进一步推进立法协同工作，实现了散在式合作到紧密合作的重要转变。第三是《京津冀人大法制工作机构联系办法》，其专门对三地立法机关如何开展具体的立法协同工作给出了具体的制度规定，其中就包括法制工作机构联席会议制度、实行立法项目沟通制度等，进一步促进了立法协同机制的具体化和制度化。第四是《京津冀人大立法项目协同实施细则》，其主要聚焦立法项目的具体协同事宜，对立法协同项目的内容、方式、程序等方面进行了详细的规定，有效地促进了三地立法协同制度的协调性、一致性。以上四个立法协同文件均是在座谈会上三地人大通过反复讨论，共同协商后达成的共识成果，这也标志着三地区域立法协同取得了阶段性重大成果和共识。在座谈会后，三地人大都将会议内容及讨论通过的文件切实转化为各自的工作制度和重要工作内容，为三地立法协同提供了重要的制度保障。

（3）开展多个立法项目协同，保障重点领域率先协同发展。首先是生态环境领域的立法协同项目，打赢蓝天保卫战是三地协同发展的重要议题和保障。作为三地协同立法的首个项目，大气污染防治条例旨在为区域协同治理大气污染提供有力的法治保障。其次是产业领域的立法协同项目，为了促进三地协调发展、协同创新，三地均十分关注科研成果的转化和开放共享。2018年在第二十四次全国地方立法工作座谈会上，全国人大常委会法工委沈春耀主任专门提道："京津冀优先推动交通一体化、生态环保、产业转移升级三个重点协同领域立法项目……地方立法工作中的好做法好经验，对我们做好全国人大层面的立法工作具有很好的启发和借鉴意义。"①

4. 京津冀协同立法存在的问题

自2014年京津冀协同发展战略实施以来，三地政府协同合作意识不断增强，交流合作不断加深，共同建立了协同立法制度，切实推动了立法协同工作稳步迈进。三地协同立法在多方面取得了一定成效，但受到我国区域间立法合作经验不足的影响，可以为三地参考的案例较少，因此三地的立法协同仍然还处于探索和实践阶段，这也导致了在实践过程中难以避免部分未知问题的出现，并亟待解决和完善，以促进京津冀协同健康发展。

（1）京津冀立法协同的法律层级和立法效力仍显不足，三地间的法治合力有待提升。按照《京津冀协同发展规划纲要》中"要做好立法修法工作，用法治手段保障京津冀协同发展的顶层设计和重大决策的落实"的要求，"立法修法、法治手段"自然包括法律体系中全国人大制定的法律、国务院制定的行政法规以及三地所制定的地方性法规三个层级，但从目前的实际运行来看，三地立法协同仍将具有协同性质的三地地方性法规视为主题，国家层面的法律法规仍处在立法研究阶段，缺乏较为成体系的法律文本作为支撑。在实际运行中，三地多数的协同发展工作还是以国家部委发布和三地发布的规范性文件作为参考依据，这也从侧面体现出了三地协同立法的整体效力还较为欠缺，法治权威性不足等问题。而且受到各地方利益模式的影响，加之中央层面统一立法以及协调的力度有所欠缺，一些重要领域的改革决策难以达成协同共识。因此即便三地在协同立法工作上取得了短期共识，仍会受到缺乏统一立法的影响从而难以形成长期化的协同制度保障。

其中最为典型的是生态保护红线立法。作为贯彻落实习近平总书记生态文明思想，加速生态文明制度建设的重要改革决策，2017年1月中央两办发布

---

① 在第二十四次全国地方立法工作座谈会上的小结讲话 [EB/OL]. (2018-09-20) [2021-02-06]. http://www.npc.gov.cn/zgrdw/npc/lfzt/rlyw/2018-09/20/content_2061462.htm.

《关于划定并严守生态保护红线的若干意见》，同年 12 月京津冀区域、长江经济带等地区的生态保护红线划定工作基本完成。其中京津冀区域是按整体区域而非三地各自独立划定的，这体现了中央对京津冀区域实行生态保护一体化的重要思路。2020 年 2 月，国务院批准了共 15 个省（市）的生态保护红线划定方案。但仍有部分急需进一步解决的问题，例如对于边界地带如何跨区域实行统一的管理力度、跨地域的流域生态修复制度等，还亟待中央对各区域进行区域间的统筹协调。

（2）一些重点边界地带和重要发展领域的三地协同立法仍然处于起步阶段，中央和地方立法的推动作用不够明显。自战略实施以来，三地在协同发展的三个重点领域率先发力，共同推进立法协同，并制定区域协同性质的地方法规，共同开展了部分立法协同工作。但在一些重点的边界地带和重要发展领域，受到其处于协同发展的矛盾汇聚之地的影响，其立法协同工作推进难度较大，因此仍处于起步阶段。

其中最为典型的如北京市通州区和河北省廊坊市北三县的交界地带。2018年，北京市规划和自然资源委员会同河北省住房和城乡建设厅组织编制《通州区和廊坊北三县地区整合规划》，在区域污染联防联控、产业对接协作、公共服务合作等方面取得明显进展。但不可忽视的是其深层矛盾也日益凸显，例如在产业方面，北三县与通州区并未形成合理的产业布局和梯次；在生态保护方面，受到环境治理不同步、治理标准不统一等多重因素的影响，跨区域的河流治污难见成效；在公共服务合作方面，受到区域差异的影响，通州区公共服务压力和城市管理成了不得不直面的难题。因此，廊坊市依据《北京市通州区与河北省三河、大厂、香河三县市协同发展规划》，编制了廊坊北三县（三河市、大厂回族自治县、香河县）与北京市通州区协同发展"5+12"系列规划，于 2021 年 1 月正式获得廊坊市政府批复。但从宏观层面来看，随着三地协同发展的不断深入，一些深层次的难题在此类边界地区和重点发展领域日益显现。想要解决这些难题，不仅要靠中央的改革创新举措，更要靠三地立法协同作为其法治引领和保障。对于明确应由三地开展的地方性改革，三地必须深入合作，主动承担立法责任，跟进立法协同工作，为此类深层次难题的解决及边界地区和重点发展领域的发展提供保障。

（3）党委领导下开展京津冀人大立法协同，人大主导作用和政府基础作用发挥还不够明显，协同立法工作格局未能充分显现。受到三地立法协同还处于发展阶段的影响，人大立法的主导作用发挥得不够明显，仍有待深入，各地政府在立法协同工作开展中基础作用和协调作用未能充分显现，立法工作格局的整体效用还不明显。自京津冀协同发展战略实施以来，三地协同发展虽然已经如火如荼地开展起来，生态保护、交通一体化、产业升级等各领域也率先取得了突破，实施了一系列的创新改革举措；但遗憾的是，从法治角度而言，这些三地协同发展所取得的成果主要是三地政府间签订的合作备忘录等。这同时也导致了三地合作取得的一些成熟的、可复制推广的改革经验和做法未能及时地进入地方性法规，在实际合作过程中，往往重大改革决策的实施和立法决策之间存在较长的空档期，这样的现象同时也对依法行政的推进以及形成改革有法可依的良性法治环境具有不利影响。造成这些情况主要是立法工作格局没有得到充分运用，各地方人大与政府之间的立法协同仍未形成合力。一方面原因在于人大发挥主导作用不够充分，对三地协同发展过程中的立法问题研讨不够深入，对于地方立法和国家立法之间的权限要求掌握不够清新；另一方面则受制于地方政府对于立法的基础作用发挥不充分，对三地在协同发展过程中可能遇到的法治问题思考不够全面，未能形成针对特定问题提出国家或地方立法需求的良性运行体系。

（4）立法程序不完善。虽然早在京津冀之前，中国也有很多其他类型的区域协同发展的例子，但其协同发展大多以各地方政府间协议的形式出现，人大在区域立法协同中发挥重大作用的案例较少。京津冀三地 2017 年原则通过的《京津冀人大立法项目协同办法》作为京津冀区域独创的协同立法办法为区域间人大联合立法起草方式提供了法律依据。但受到规定较为模糊以及三地立法模式不确定等因素的影响，立法程序未能及时跟进。目前区域协同立法中只有《京津冀人大立法项目协同办法》规定了三地可以采用"三位一体"的立法模式，但其还仍然停留在起草阶段。

5. 京津冀协同立法的启示

2020 年年初，习近平总书记亲自谋划、亲自部署，按下成渝地区双城经济圈建设"启动键"，擘画了新时代成渝地区高水平、高质量发展的美好蓝图。这是党中央赋予成渝两地的重大政治任务和发展使命，也是两地在"两个一百年"奋斗目标历史交汇期迎来的重大机遇。两地认真贯彻中央战略决策部署，采取了一系列的务实举措，在两地政府的不断推动下，达成一系列重要共识。四川省委十一届七次全会，就加快推动成渝地区双城经济圈建设做出重要决定，着眼于国家战略的着力重点，系统地提出了一系列重大部署。重庆市委召开五届八次全会，并做出立足"四个优势"，发挥"三个作用"，加快推动成渝地区双城经济圈建设的重要决定。

2020 年以来，在四川省委的安排部署下，省人大常委会就地方人大参与两地协同发展开展了深入的学习调研，找准人大工作的切入点和结合点，统筹谋划推进立法、监督、代表等工作，为唱好"双城记"、建好"经济圈"贡献人大力量。2020 年 7 月 23 日，四川、重庆两地人大常委会在重庆签署合作协议，协议规定两地将从协同立法、联动监督、协同开展代表活动、强化人大制度理论与实践研讨等各方面深入合作，为推进成渝地区双城经济圈建设贡献人大智慧和力量。这既是全面贯彻落实中央、四川省委和重庆市委关于成渝地区双城经济圈建设决策部署的重要举措，更是成渝两地人大发展史上的一件大事。《四川省人大常委会重庆市人大常委会关于协同助力成渝地区双城经济圈建设的合作协议》的签署，标志着成渝两地人大协同合作开启新篇章。同年12 月 16 日，成渝两地人大协同助力成渝地区双城经济圈建设座谈会在成都召开。会议讨论并通过 2021 年度成渝两地人大常委会协同合作事项，初步提出2021 年两地人大常委会在三个方面的八项具体合作事宜，将在协同立法、联动监督、代表活动等方面开展交流合作。成渝地区双城经济圈建设伊始，从战略全局实施区域协同立法，将长期规划、一致政策和创新发展理念、改革成功经验固化下来，不仅有利于放大区域发展共同利益、推动战略规划转化为战略行动，也有利于促进区域协同发展和公平竞争、保证一体化发展持续稳定有序，还有利于避免区域法制冲突和法律纠纷、支撑经济高质量发展和社会高水平治理。因此，京津冀协同立法对于建设成渝地区双城经济圈具有重要的借鉴意义。

（1）建立成渝两地协同立法机制，防止标准不同造成融合发展壁垒，促进立法主体间良性互动。《四川省人大常委会重庆市人大常委会关于协同助力成渝地区双城经济圈建设的合作协议》具有创制意义地规范和固化了"四层"双方合作机制：确定了常委会定期会商机制、秘书长沟通协商机制、专委会专项工作交流机制和市州区县人大常委会工作对接机制。其中，两地人大常委会领导定于每年 10 月举行定期会商，会议交流在上一轮会商中明确和指定的合作计划实际落实情况，并探讨商定下一年度的具体合作事项。除日常工作通气外，两地人大常委会秘书长每年 9 月沟通协商，确定本年度常委会领导会商方案，两地人大常委会办公厅具体承办合作事项的日常沟通、信息共享、跟踪落实。两地人大专委会和常委会办事工作机构也将立足职能职责，围绕成渝地区双城经济圈建设协同开展专项、专业工作。在成渝地区双城经济圈建设中，充分发挥人大制度优势，进一步深化地方人大合作，以此实现立法主体之间的良性互动，从而达到共商区域协同中的共性问题解决方案，为不断推动国家重大战略顺利实施，是成渝两地人大的使命所在、职责所系。

（2）围绕成渝两地协同发展的重点领域立法协作。协同立法重点领域包括重点规划和基础设施建设、生态环境和自然资源保护、市场经济秩序和营商环境、公共服务和社会建设、文化建设和旅游发展等①。例如，可以以生态环保为突破探索协同立法。成渝两地地缘相接、山水相连、唇齿相依，单靠一两个地方难以实施有效的环境保护，改善环境、实现绿色发展符合两地共同目标。对此，可以生态环保领域为突破，通过协同立法强化环境污染联防联控联治，保障生态环境共建共治共享。成渝两地共同建立生态环境分区管控制度，针对环保标准及环境准入政策等制订统一标准，落实一张负面清单管两地，进一步深化跨流域跨区域生态环境保护合作，积极探索建立常态化生态补偿机制，全面落实河（湖）长制，推进生态环境数据共享，提升突发环境事件联防联控应急监测能力，从而推进成渝两地生态环境保护协同立法和联合执法。2020年，成渝两地人大先后在阆中市、重庆市召开嘉陵江流域生态环境保护协同立法工作座谈会，双方就加强沟通协调、深化协同立法调研、积极探索合作机制等方面达成共识。相关条例作为四川重点立法调研项目，现处于草案起草阶段；重庆市已将其列为2021年立法计划预备项目。

（3）以社会治理为载体探索协同立法。受到长期以来条块分割、资源分散、管理封闭等因素的影响，区域内社会治理各有侧重、整体效率不高，长期来看会影响一体化发展进程。社会治理领域可以协同立法，推动治理资源整合优化、治理成本合理分摊，促进区域治理整体联动、标准趋同、协作共享。例如，在公共安全方面，重大治安和卫生安全事件通常带来跨区域影响，但区域合作常态化较少、临时协调性不强，需要协同立法搭建联动联管平台，强化联合预防、联合行动、联合处置和信息共享，保证公共安全和突发事件得到及时有效处理。在监管执法方面，由于区域内不同的发展情况，各地的监管理念、执法重点、处罚裁量标准存在明显差异，加之地方保护主义、部分领域缺乏制度规范，交通运输、劳动监察、城市管理等方面出现执法偏差，需要协同立法凝聚共同价值、统一制度标准、拓展执法协作，为促进一体化发展营造良好法治环境。在政务审批方面，两地将进一步加快推进高频审批事项同城化受理、无差别办理，涉及区域统筹、权限整合、异地通办等改革事项，需要协同立法明确权利义务关系和分工协作、利益补偿机制，推动政务信息互通、电子数据互联、证照资质互认，促进区域内政务服务均等化、便利化。

———————————
① 张雅舒. 川渝两地加强协同立法 共促成渝地区双城经济圈高质量发展 [EB/OL]. (2020-06-20) [2021-02-06]. http://sc.people.com.cn/GB/n2/2020/0620/c379470-34101167.html.

六、粤港澳大湾区区域经济发展法治保障的经验与启示

在习近平新时代中国特色社会主义思想指导下，中共中央、国务院提出了建设粤港澳大湾区的战略规划。2019 年 2 月 18 日，《粤港澳大湾区发展规划纲要》正式发布，这同时也标志着粤港澳大湾区的建设作为最为重要的国家战略之一正式进入实施与落地阶段，其不仅涵盖了粤港澳大湾区的发展目标，更涵盖了布局、定位及产业经济发展等方方面面的内容①。湾区经济作为区域经济发展的高级形态之一，其所具备的协调性、创新性、开放性以及"宜居宜业"是国际典型湾区和世界级城市群的共同特征。在推进形成全面开放新格局的大背景下，建设粤港澳大湾区对于服务国家"双向"开放、共建"一带一路"和港澳加快融入国家发展大局具有重大的战略意义。但相比于国际典型湾区和国内城市群的一体化，粤港澳大湾区的不同之处在于其具有"一国两制、三个关税区和三种法律体系"的特殊制度环境②。改革开放以来，尤其是在香港和澳门相继回归祖国后，粤港澳的合作从"功能互补"逐步走向"制度整合"，粤港澳三地间不同社会制度和法律制度所带来的冲突及其解决经验对于成渝地区双城经济圈建设具有重要的借鉴和参考意义。

1. 粤港澳大湾区建设面临的问题

粤港澳大湾区建设的实质与核心在于促进粤港澳深度合作，并确保在"一国两制"下港澳能够长期繁荣稳定发展，助力香港和澳门融入国家的发展大局，并推动粤港澳地区在国家经济发展和对外开放政策中的地位和功能的提升。在新时代中国特色社会主义的发展战略中，粤港澳大湾区的建设承载着双重重要目标：其一，发挥港澳天然优势用以进行世界一流湾区的建设，并引领中国走向创新驱动的经济发展模式，从而增创竞争新优势并打造中国经济升级版；其二在于将香港与澳门既有的"一国两制"制度下的优势转化为竞争优势，助力香港和澳门融入国家发展大局，实现港澳良治。

粤港澳地区山水相连、文化同源、语言相通的天然优势，再加上其明显的区位优势、扎实的合作基础以及雄厚的经济实力等因素，粤港澳地区的经济贸易、技术发展、信息等交流合作紧密，区域一体化进程持续推进。但看到这些

① 刘毅，王云，杨宇，等. 粤港澳大湾区区域一体化及其互动关系 [J]. 地理学报，2019（12）：2455.

② 毛艳华，杨思维. 粤港澳大湾区建设的理论基础与制度创新 [J]. 中山大学学报（社会科学版），2019（2）：168.

优势的同时，我们还必须清醒地认识到受到区域关系复杂性的影响，粤港澳大湾区在跨社会制度、跨法律体系、跨行政等级的区域一体化协调的过程中必然会受到一定的阻力，推进粤港澳大湾区建设也必然面临着大量的问题。

（1）三地不同的行政法律制度产生行政执法冲突。

政府在合作的过程中，执法协调是最重要的内容之一。执法协调具有不可忽视的作用和必要性，不仅在协调各方利益、明确执法主体权责方面发挥着巨大的作用，更能够减少执法冲突、提高执法效能、促进执法标准统一。但从目前来看，虽然粤港澳三地的府际合作具有协议框架，但仍然缺乏执行力和约束力，其合作进展和成果在很大程度上仍然取决于三地政府的自我实现、自我监督和自我评价，缺乏影响三地行政执法合作效果的第三方评价和公众监督，同时三地受到行政执法体制不同的影响，更有可能在行政执法的过程中产生冲突，进而加剧经济损失和提升交易成本。例如，港珠澳大桥香港段在建设过程中，受到粤港澳三地环境影响评价机制的差异影响，因环境影响评价报告不合格而被迫暂停建设，尽管通过完善环境影响评价报告得以重新开工建设，却仍然造成了数十亿元的经济损失①。

从宏观角度来看，粤港澳三地行政执法过程中产生冲突的根本原因在于粤港澳三地实行的行政法律制度不同。按照《中华人民共和国香港特别行政区基本法》和《中华人民共和国澳门特别行政区基本法》的规定，香港和澳门回归祖国后保持原有的资本主义制度和生活方式，五十年不变。进一步来看，香港的行政法属于普通法系，澳门属于大陆法系，然而无论是普通法系还是大陆法系，都与中国特色社会主义法律体系的行政法具有很大的差异。首先，香港的行政法深受英国的影响，行政法内容主要是行政程序和司法复审，其中包括委任立法、行政程序立法和行政司法审查立法。香港行政法属于"控权式行政"模式，具体来看其具有以下几个显著特征：其一，行政机关所行使的任何权力都必须有条例的明确依据作为支撑；其二，香港立法局制定的行政立法内容较为具体、详尽；其三，香港行政机关并不具有自主立法的权限；其四，行政机关对行政违法行为在原则上没有处罚权；其五，香港的行政机关一般采用委员会制的组织形式②。其次是澳门，虽然在澳门回归之后政府快速实施了法律本地化工程，但不能忽视的是澳门行政法仍然深受葡萄牙的影响，按照澳门基本法的规定，澳门保持原有法律体系基本不变，因此澳门的法律体系仍然

① 谢伟. 粤港澳大湾区环境行政执法协调研究 [J]. 广东社会科学，2018（3）：247.
② 胡锦光. 香港行政法 [M]. 郑州：河南人民出版社，1997：1.

保留着欧陆法系行政法特点，其具体表现在行政行为享有先予执行优惠，无须司法复核，行政活动由行政法院审理，公共行政的职能在于谋求和维护公共利益，这种公共行政体制又被称为"执行式行政"。这种体制符合大多数国家和地区行政法民主化、科学化发展潮流，但同时也会产生如何监督和制约行政权力的难题。最后是广东省，与香港和澳门的不同之处在于，广东省仅仅是中国的一个省级行政区，并不具备高度自治的行政权，其行政执法权需要在国务院的统一领导下行使。一方面，广东省行政执法必须服从国务院及其部委的领导；另一方面，广东省在法律授权范围内，又可以根据广东省实际情况，结合地区文化、经济发展的特点制定和实施某些适用于本行政区内的地方性规章或其他规范性文件。

总而言之，粤港澳三地的行政执法体制受到了政治体制和法律制度差异化带来的影响，从而产生冲突，这也直接导致三地间的实际合作在某些方面难以深入贯彻。在"一国两制"的制度背景下，如何消除或弱化行政执法冲突，从而实现三地间高效且低成本合作，是目前继续推进粤港澳大湾区建设，实现湾区跨越式发展的极具挑战性的重要课题。

（2）思想文化差异增加融合发展难度。

从文化渊源看，粤港澳三地文化都属于中华文化的有机组成部分。近代以来，我国香港、澳门两地深受西方文化影响，从而导致了港澳人民的思想观念及生活方式与内地具有一定的差异。经历了长达 156 年的英国殖民统治的香港，深受英国殖民文化的影响，这也促使香港成为中西方文化交融之地，不仅表现在语言和民俗上，更表现在政治、经济、文化等各个方面。相比于香港，澳门经历葡萄牙人殖民统治的时间同样漫长，长久的统治以及文化的输入导致澳门深受葡萄牙殖民文化以及葡萄牙所带来的海洋商业文化的影响，并走上了一条依靠博彩业的发展之路。自香港和澳门回归祖国以来，港澳地区与内地合作交流逐步增多，虽然对珠江三角洲区域的城市（如广州、佛山、珠海等）带来了一定影响，但珠江三角洲区域的城市地域文化实际上还是受到广府文化的影响比较大，也正是这样的历史原因导致了珠三角地区与港澳文化差异的产生。珠三角地区的广府居民与港澳居民虽然同根同源，而且联系较为紧密，但仍不可忽视因地域文化和族群差异等而产生的文化障碍。

（3）粤港澳三地经济发展受到不同瓶颈制约。

当前，中国经济已经由高速增长期进入了中高速增长的新常态，迈入高质量发展的新阶段。在这样的大背景下，我国粤港澳地区的经济发展面临着不同的瓶颈。改革开放 40 余年来，我国的外贸经济飞速发展。上海、深圳金融中的建设，广州港、深圳港等港口的快速发展，互联网经济和跨境电商的冲击等，都给香港在国际金融、航运和贸易中心的地位带来了巨大的挑战。虽然澳门的博彩业长期"一业独大"，博彩业高利润的特性又为澳门吸附了巨大的金融资本以及优质资源，但可以看出，澳门的金融经济发展和公共财政过于依赖博彩业，从而导致其对其他产业产生了较为明显的排斥反应和抑制效应。随着中国经济进入新常态和高质量发展的新阶段，我国传统制造业更加迫切地需要转型升级以适应新发展阶段，同时这也推动了经济发展和城市建设的提升，但珠三角地区仍然有很多城市在科技、人才、经济发展、创新能力和国际化水平等方面存在着不同程度的短板，产能过剩、低水平重复建设、招商引资无序竞争等问题频频出现，因此珠三角地区应当更加重视以产业集群、产业链思维构筑的城市间产业精细化分工制度的建立和完善。

（4）同质化发展严重，优势产业分工合作不明确。

从产业的视角来看，粤港澳大湾区的分工仍然不够明确，其特征具体表现为城市中心功能过度集聚、不同城市之间产业同质化严重以及生产效率低下。与此同时，多数城市更加热衷于发展新型产业，相同的发展理念直接造成了除产业发展程度不同外，其产业布局以及产业战略规划高度相似，忽视了不同城市独特的发展定位，进一步导致湾区内部经济发展类型同质化严重，各个城市的产业布局高度重合。更为严重的是，香港和深圳等城市相比于湾区内的其他城市，由于发展时间较早，其产业布局较为完备，发展也更为稳定，在同质化严重的背景下就必然对其他"后起之秀"的发展带来巨大的阻力，从而也使得后发城市产业发展空间缩小。例如，香港和深圳相比于湾区内其他城市在科技、创新等方面具有较大的发展优势，因此香港和深圳也占据了湾区内大部分的科技资源、人才资源、资金资源等，这就造成了湾区的资源配置高度集中于这两个城市，从而对其他城市的经济发展带来阻力，甚至影响湾区内其他城市的资源优化。虽然香港和深圳具有更多优势，但双方在合作发展方面并未建立长久有效的合作机制，这也导致了协调发展困难的问题出现，因此湾区内城市亟须资源、产业外溢，产业布局合理配置①。

2. 粤港澳大湾区建设的经验

粤港澳大湾区作为中国三大增长极之一，将其建设成超级湾区，不仅有利于形成北有京津冀一体化、中有长江经济带、南有粤港澳大湾区的区域经济发

---

① 张胜磊. 粤港澳大湾区建设：理论依据、现存问题及国际经验启示 [J]. 兰州财经大学学报，2018（5）：14.

展新格局，更能借助其带动华南地区高质量快速发展，从而为打造中国经济升级版提供有力保障。着眼于地理位置，从粤港澳大湾区出发，往东，是海峡西岸经济区；往西，是北部湾经济区和东南亚；往北，是湖南、江西以及广阔的中部城市群。粤港澳大湾区的建设不仅能够内强腹地，还能外接东盟，进而重塑周边经济。粤港澳大湾区的崛起，不仅会加快广西、湖南、江西等地的产业梯度转移，更使其产业要素能够加速通达北部湾和南宁等地，进而形成面向东盟的海、陆国际大通道，成为"一带一路"建设中的重要战略枢纽。

总体而言，粤港澳合作先后经历了四个主要阶段：第一阶段是 20 世纪 70 年代末至 90 年代，珠三角成为国家改革开放的试验田和香港制造业北上，开启了粤港澳之间基于珠三角低廉劳动力和土地资源与港澳体制、资金和国际市场资源之间优势互补的"前店后厂"分工合作模式①。第二阶段是 20 世纪 90 年代至 2014 年，粤港澳区域一体化开始进入以服务业为核心内容的合作新阶段，从市场驱动下的自发合作转向市场驱动与政府主导并行模式。第三阶段是 2015 年 4 月之后，广东自由贸易试验区的设立，使粤港澳合作进入以高端服务业和服务贸易自由化为主导的新阶段，使三地间的合作上升到制度合作层面。第四阶段是 2017 年 7 月 1 日之后，《深化粤港澳合作推进大湾区建设框架协议》在香港签署。粤港澳大湾区是习近平总书记亲自谋划部署的国家战略，旨在推动广东、香港、澳门深度合作，打造一个可与纽约、东京、旧金山等大湾区相媲美的世界一流湾区城市群，在中国经济迈向高质量发展和全方位开放中发挥引领作用②。粤港澳大湾区由珠江入海口周边的海湾区域构成，主要包括珠江三角洲地区的广州、深圳、东莞、佛山、珠海、江门、中山、惠州、肇庆九座城市和香港、澳门两个特别行政区。回顾粤港澳的发展，尤其是粤港澳大湾区的建设，我们可以总结以下三点经验：

（1）不断完善区域合作的制度，进行制度创新。

美国作家汤姆斯·弗里德曼曾说，"美国成功的秘密不在于华尔街和硅谷，不在于空军和海军，不在于言论自由，也不在于自由市场——真正的秘密在于长盛不衰的法治及其背后的制度"，在区域一体化下的大背景下，粤港澳三方政府合作成功的关键也同样在于三方政府不断完善的合作制度。粤港澳大湾区发展过程有其自身的特殊性，主要体现在两个方面：一是不同于国内其他

① 任思儒，李郇，陈婷婷. 改革开放以来粤港澳经济关系的回顾与展望 [J]. 国际城市规划，2017（3）：22.

② 单菁菁，张卓群. 粤港澳大湾区融合发展研究现状、问题与对策 [J]. 北京工业大学学报（社会科学版），2020（2）：1.

城市群，粤港澳大湾区存在"一国两制、三个关税区和三种法律体系"的特殊区情，因此更加需要三方政府通过制度安排进一步推进区域合作。二是早期的粤港澳合作主要由民间力量推动，三地政府在合作中未能真正发挥主体职能，制度安排也因此缺失。改革开放初期，珠江三角洲地区与香港和澳门的经济合作和联系率先由民间自发形成，凭借着同根同源和地缘的先天优势，粤港澳三地开展了基于比较优势的产业合作。这种由市场力量主导的区域合作刺激了区域经济活力，也为粤港澳三地深度合作奠定了基础。这一状况在香港和澳门先后回归祖国后开始发生改变，1998 年和 2003 年，广东分别与香港和澳门建立粤港、粤澳联席会议制度，开启了三地政府在三地协作中发挥重要作用的新局面。2003 年，商务部分别与香港和澳门签署了《内地与香港关于建立更紧密经贸关系的安排》《内地与澳门关于建立更紧密经贸关系的安排》（以下简称"CEPA"），以及随后签署的 CEPA 系列补充协议、CEPA 广东协议、CEPA 服务贸易协议、CEPA 投资协议和 CEPA 经济技术合作协议，从而进一步深化了内地与香港和澳门的经贸合作，并开始逐步构建粤港澳经贸合作体系和制度框架①。同时，在"一国两制"制度体系下，三方政府之间的府际合作关系也日趋紧密，2008 年年底国务院发布《珠江三角洲地区改革发展规划纲要（2008—2020 年）》后，《粤港合作框架协议》和《粤澳合作框架协议》等一系列制度性文件相继签署，为粤港澳大湾区的深化合作提供了制度保障。2015 年中国（广东）自由贸易试验区正式挂牌，深化粤港澳地区服务贸易自由化也成为广东自贸试验区建设和发展的重要任务之一。2019 年 2 月，中共中央、国务院正式发布《粤港澳大湾区发展规划纲要》，明确指出建设粤港澳大湾区，这不仅是新时代推动形成全面开放新格局的新尝试，更是推动"一国两制"事业发展的新实践。正因如此，粤港澳跨境合作在制度安排完善的基础上也取得了显著成果，正是这些政策和措施重新构建了粤港澳大湾区制度创新的基本框架。

（2）以生态环境领域合作为契机，深化粤港澳合作的创新机制。

一直以来，环境治理都是全世界所关注的焦点问题。经过不懈的努力，在中央政府的关心和支持下，如今粤港澳地区的生态环境已然有了明显的改善，但是在大气污染、水污染等生态问题的治理仍然是粤港澳三地不得不面对的重大问题，也是三地亟待解决的问题。特别是在当下城际污染叠加问题日益显

---

① 毛艳华，杨思维. 粤港澳大湾区建设的理论基础与制度创新 [J]. 中山大学学报（社会科学版），2019（2）：172.

现，急迫的治污形势要求粤港澳三地打破以往的界线，融为一体。粤港澳三地必须以共同面对问题的态度为合作的切入点，从而得到三地政府以及民间力量的共同支持和认可，这样才能够真正推动粤港澳地区合作迈向新高度。在这样的背景下，粤港澳大湾区初步构建了环境治理合作行动框架，随着环境治理合作的不断拓展和深化，取得了显著的治理成效，主要得出三点经验：其一，以区域规划引领粤港澳大湾区环境合作。区域规划是政府进行区域调控和管理的重要工具，具有前瞻性、战略性、地域性和约束力。粤港澳大湾区城市群为了解决区域环境问题，将环境治理纳入粤港澳大湾区区域合作与发展的相关综合规划或专项规划，通过规划引领区域环境合作行动。2009 年国务院实施《珠江三角洲地区改革发展规划纲要》，同年粤港澳共同发布《大珠江三角洲城镇群协调发展规划研究》，2012 年，粤港澳共同编制实施《共建优质生活圈专项规划》，这些规划设计了粤港澳区域合作的蓝图，奠定了区域环境合作的政策基础。其二，以组织机制保障粤港澳大湾区环境合作。多年来，粤港澳构建了以联席会议为核心的合作机制，在联席会议框架下，通过建立粤港、粤澳环保合作小组及其下设的专责（项）小组，落实执行相关环境合作规划、协议和行动方案。联席会议制度和环境工作（专责）小组相结合是粤港澳大湾区环境合作的组织特征，通过建立联席会议制度和环境工作小组来研究决定区域重大环境合作事项，达成协调合作关系，落实合作规划和协议。其三，以环保工程落实粤港澳大湾区环境合作。粤港澳大湾区合作开展了水环境治理合作项目、空气质量合作项目、废旧汽车拆解基地项目等。例如珠江口治理工程，2004 年，粤港澳三地启动了珠江口湿地生态保护工程，计划用 5 年时间，种植 5 万公顷的红树林，并抢救珠江口周围 50 万公顷的珍贵湿地，从而构筑珠江口红树林湿地保护圈。2008 年，粤港两地合作建成一套先进的珠江河口地区水质数值模型，为河口水环境管理提供了科学分析工具。2009 年 2 月，粤港澳共同编制《环珠江口宜居湾区建设重点行动计划》，着重分析湾区的湿地系统、跨区域污染和环境保护，研究湾区内水资源利用、水环境保护等①。

（3）地方政府根据新问题开展调适性互动。

粤港澳三地合作模式先后经历了四个主要阶段，即 1979—1991 年受市场经济影响所形成的交易关系模式阶段、1992—2000 年资源配置驱动下产生的产业互补模式阶段、2001—2007 年受区域分工合作影响的协议调整模式阶段、

---

① 王玉明.粤港澳大湾区环境治理合作的回顾与展望 [J].哈尔滨工业大学学报（社会科学版），2018（1）：122.

2008 年至今以空间发展为导向的整体治理模式阶段。与这四个合作模式相对应的是四个不同的合作机制，即单一中心的功能性结合、多元主体的结构性调整、地方主导的制度性合作、国家战略的嵌入性推动①。建设粤港澳大湾区的国家战略的提出，可以有效促成三地政府间的协同与合作，不仅可以输入行政权威、制度规则和法律规范营造出任务环境，更能够充分发挥中国特色社会主义体制的优势，充分发挥政策激励下的宏观引导能力，搭建配套平台，实现利益协调。三地政府在协同制定规则的同时，也会受到国家战略的监督效力约束，确保地方利益让位于整体目标，促进三地在兼顾利益的同时更加注重资源的协调与整合，从而使得三地合作更富有成效。从珠江三角洲到大珠江三角洲再到粤港澳大湾区的合作历程，不仅反映了现代城市群建设的概念史，也反映了区域间合作以及政府合作的演进史。同时我们也应该关注到，城市群建设过程中各地方政府之间的合作关系并非一成不变的，区域内各地方政府在时代背景下做出的"调试性互动"更能根据出现的新问题进行调整，从而触发治理模式和治理体系的动态变化，进而促进现有制度和体系的发展和完善，从而形成区域内城市合作共赢的良好局面。

　　3. 粤港澳大湾区建设的启示

　　在欧美国家逆全球化态势加剧和国际竞争环境剧烈的国际背景下，粤港澳大湾区的建设承载着双重使命：一方面要通过发挥粤港澳三地的天然优势来建设世界一流湾区，并通过合作体系和制度的创新引领当代中国创新能力进一步提升，从而增强国际竞争力；另一方面要在发挥香港和澳门既有的"一国两制"制度优势基础上将港澳的发展融入国家发展大局，增强港澳自身造血功能。在成渝地区双城经济圈建设过程中，粤港澳大湾区建设的成功经验对于成渝地区强化与西部其他省份、城市的深度合作，形成更加紧密的城市群合作格局具有借鉴意义。

　　泛珠三角区域合作机制运行以来，已经成功举办了 13 届泛珠三角区域合作与发展论坛暨经贸洽谈会，以及 17 次泛珠三角区域合作行政首长联席会议，历届大会累计促成合作项目签约超 2 万个，在基础设施互联互通、产业联动发展、构建开放型经济等方面取得了积极成效。除此之外，从 2015 年开始，广东、广西、云南、贵州四省区还依托泛珠三角区域合作平台，建立了珠江水运发展高层协调机制，共同推进珠江—西江黄金水道建设。2016 年 3 月，国务

────────────

　　① 文宏，吕映南，林彬."调适性互动"：我国地方政府间合作的现实模式与机制：以粤港澳大湾区为例 [J]. 华南理工大学学报（社会科学版），2019（3）：18.

院办公室印发的《关于深化泛珠三角区域合作的指导意见》，有力地推动泛珠三角区域合作向更高层次、更深领域、更广范围发展。泛珠三角区域合作从概念的诞生，到如今发展得越来越好，其中很重要的因素是广东省巧妙地借助珠江流域很好地发展了流域经济。这样的理念与长江经济带、黄河流域生态保护和高质量发展等国家战略同出一辙，对于要强化与西部其他省份联系的成渝地区双城经济圈来说，是很值得借鉴的。不可忽视的是西部地区也有一条贯通南北、联通陆海，衔接"一带"和"一路"及长江经济带的西部陆海新通道，然而它并不是单纯的物流通道，更是经济发展、物流和产业等深度合作的经济走廊。2020 年 3 月，重庆市委书记陈敏尔在重庆市积极融入"一带一路"加快建设内陆开放高地领导小组会议上强调指出，建设中国西部陆海新通道，对于共建"一带一路"、推进西部大开发形成新格局、推动成渝地区双城经济圈建设意义重大。成渝地区双城经济圈作为国家级新城市区域发展战略，基础设施建设的一体化更是重中之重，在成渝地区双城经济圈建设的过程中要更加注重基础设施建设的互联互通合作，进而促进信息、交通、能源等重大项目的建设，构建成渝地区一体化发展的基础需求支撑，促使中国西部陆海新通道成为成渝双城引领中国西部地区协同发展的重要区域合作平台，服务西部大开发所形成的新格局，进一步推动中国经济发展和内外经济循环迈上新台阶。

第五章 成渝地区双城经济圈建设法治保障的基本架构

四川、重庆地区是中国西部城镇化程度较为深入的区域，并且基本形成以重庆、成都两个城市为核心的"双核"经济圈，具备区域经济发展的潜质和要素聚集优势，与国际性经济圈发展趋势有异曲同工之妙，在地区影响力和发散力方面有很大的发展空间。

2011年5月5日至今，从《成渝经济区区域规划》文件被国务院批复正式确立并实施以来，以成渝双城为核心的经济圈顺势发展，势不可挡，成为西部经济驱动力的支撑，对推动我国经济发展起到了不可忽视的重要作用。成渝地区经济能够快速增长、人口数量能够日益增多，得益于2016年《成渝城市群发展规划》的正式推出与实施。以成都、重庆为核心的成渝经地区双城济圈能够得到迅速的发展，不断获得新的重大机遇，还得益于2020年中央财经委员会第六次会议将成渝地区的经济发展上升为国家战略布局。

在此背景下，川渝行政、司法部门针对沟通协调、信息共享、利益均衡、政府间纠纷解决以及民商事纠纷解决五个方面分别建立相应机制，进一步深入合作，助力成渝地区协调发展，以求为以成都、重庆为核心的成渝地区双城经济圈建设提供法治保障。

一、沟通协调机制

2020年3月中旬，两江新区人民法院（重庆）与天府新区成都片区人民法院（四川）通过视频会议签署《川渝自贸区司法合作共建协议》。此协议的签署正式开启了以成都、重庆为核心的成渝地区共同建设法治社会并进行司法合作的新篇章，协议的主要内容包括构建司法执行协作机制、构建司法服务联动机制、建立司法联席会议机制、共享智慧法院建设成果等十个方面①。四川司法厅与重庆市司法局制定的《川渝司法行政区域合作重点推进项目清单》中，共有 45 个项目，并会不断对其合作项目清单进行动态调整。

具体合作内容方面，成都、重庆两个城市将协同打造"四个共同体"，即区域法治共同体、法律服务共同体、监管安全共同体、法治人才共同体。并且两个城市明确提出，要建立成渝两地协同立法机制、行政执法联动响应和协作机制，加强法治工作协同和宣传合作，联合开展法治督查和法治研究。除此之外，还要通过建立领导联席会议制度、政府工作协调机制和专责小组协调推进机制，共同配合，促进"四个共同体"的打造。

1. 联席会议制度

在国内已有的区域一体化实践中，联席会议制度已成为区域一体化发展初期最为重要的区域法治协调机制②。联席会议制度的运行方式主要是在解决处理各种问题的过程当中，联席会议各主体成员彼此交流、互相制约、共同发展，这是该制度能够高效率、有秩序地协调运行的支撑。联席会议制度主要包括联席会议制度的组织机构设定、会议召开安排、议题选取方法、决议执行程序等③。在我国区域政策发展过程中，泛珠三角是运用联席会议制度解决其区域问题的先行者，所制定的行政首长联席会议的制度化、标准化、规范化水平在全国处于领先地位。泛珠三角各省区前后制定了七项制度，包括行政首长联席会议制度、会议章程、会议议事规则等内容。这一系列的制度构成了较为完整规范的联席会议制度，不仅为泛珠三角运用行政首长联席会议解决当地区域问题、促进区域协调发展提供了重要保障，还为我国其他区域实行联席会议提供了借鉴，尤其是为成渝地区政府间联席会议的制度化提供了有益探索。成渝地区行政主体要在学习泛珠三角的先进经验和规范制度的基础上取长补短，结合成渝地区的具体需要和实际特点，制定出符合当地发展的联席会议制度。一方面，要制定成渝地区联席会议的章程，明确相应的权利与义务、操作规程与办事条例、议事规则与监督落实、经费来源与用途等；另一方面，要详细规定成渝地区联席会议的组成成员、相应职责、会议流程等。除此之外，还要建立推动联席会议制度的相应机制，使辅助该制度有序运行的其他机制制度化和规

---

① 王鑫，刘洋，张梅，等. 川渝自贸区法院隔空签署司法合作共建协议 [EB/OL]. (2020-03-14) [2021-02-18]. https://www.chinacourt.org/article/detail/2020/03/id/4848416.shtml.

② 方明. 长三角区域一体化法治建设思考 [J]. 群众，2020 (1)：70.

③ 乔伟，杨建东，李亚龙，等. 联席会议制度的理论基础及实践研究 [J]. 四川水力发电，2017 (2)：106.

范化，从而更好地发挥其辅助功能和促进作用，有助于成渝地区联席会议制度的发展和完善。

2020年4月1日，为推动成渝地区双城经济圈建设，重庆市生态环境局与四川省生态环境厅通过视频方式，召开了第一次生态环境保护工作联席会议。在签订的《深化川渝两地大气污染联合防治协议》中，臭氧治理被列为协同防治的重要内容之一，这是两地在合作过程中坚持问题导向的体现。除了正式宣布川渝两地将联合打击非法跨境转移水、大气、固体废物等环境违法行为外，签订的《联合执法工作机制》也提到了"交叉执法"。这意味着，属于两个不同地区的行政执法队伍将有可能开展跨区域执法工作。两地政策、法规和标准的统一则是"异地执法"的基础。除此之外，会议还签订了《危险废物跨省市转移"白名单"合作机制》，该文件与前面两个文件相比，更侧重于"疏"而不是"堵"，前两个文件的主要作用是清除执法拥堵的停滞部分，该文件则从根本上畅通了执法渠道。在危险废物跨省转移中，双方可直接按"白名单"进行审批，并将审批结果告知对方。也就是说，只要是"备案"的危险废物，企业跨省转移时会大大节省时间。简化流程、节省时间、提高效率，这正体现了合作的本质要求。成渝两地的废弃物生产单位不同，处理处置企业的能力和类型也存在差异。简化是从区域环境安全发展的角度使资源实现效益最大化。在第一次联席会议产生一协议、两机制之后，2020年7月中旬，四川省和重庆市的直属机关工委在重庆市召开第二次联席会议，拟定十项任务清单，并表示要把任务清单细化落实，使其更好地为成渝地区双城经济圈建设服务。

2. 政府工作协调机制

成渝地区政府之间的合作共建，包括市级政府和省级政府两种级别。2014年，国务院发布《关于依托黄金水道推动长江经济带发展的指导意见》，此意见对成渝地区的一体化发展做出了指导规划。成渝地区位于"一带一路"与长江经济带的交集点，促进成渝地区经济圈的建设，不仅是国家经济发展战略的重要部署，更是成渝地区经济社会发展亟待解决的重要问题。近几年来，重庆和成都两个城市之间的产业经济竞争远远高于双方之间的合作，这就导致成渝地区的经济圈整体经济发展较为缓慢，重庆和成都之间的经济、政治、文化交流较为贫瘠，互动不够紧密，总体来说，还没有形成相对完整的跨区域城市体系。2016年3月底国务院审议通过《成渝城市群发展规划》，此文件强调应以重庆、成都为核心向外辐射发展，以不断创新、夯实产业基础为保障，同时着力于保护生态平衡，建设以重庆、成都为核心的经济圈，从而带领其周围城市经济发展，共同促进中国西部地区经济繁荣。自规划通过以来，针对各项合作事宜，四川、重庆两地的政府做了许多努力，不断拓展合作渠道，希望能够形成一体化发展趋势。我们更要注意的是，到目前为止，四川、重庆两地的地方政府进行沟通合作主要是通过多个协议、意见、规划，但是始终没有对规范性的地方政府合作机制进行有效建设。因此想要促进以成都、重庆为核心的成渝地区经济圈的发展，双方政府就要在市场、文化、人才等方面加强交流与共享，促进政府之间的合作，从政策上促进四川、重庆城市一体化。

　　只有协调发展、降低内耗、整合资源，成渝地区才有可能实现快速高质量发展，成为中国内陆地区新的经济增长极。基于国内外区域政府合作案例及相关研究的总结归纳，我们可以从竞争协同、政策目标协同和文化认同三个方面探讨地方政府合作机制的构建。首先完善竞争协同机制。一方面是要完善政府竞争协同机制。四川、重庆两地地方政府之间的合作主要是看地方政府的态度，而地方政府的态度取决于政府领导班子的态度，当两个地方政府要进行合作时，如果地方官员存在"晋升锦标赛"[1]，这将会是区域发展深度融合的一大阻力。如果四川、重庆两个城市要进行更深入的融合，就要完善政府竞争协同机制，也就是说要改革创新地方官员的晋升考核机制，使其不限于在本地晋升，破除官员升迁唯地方政绩论。转变地方政府领导班子对政府合作的态度，将成渝地区区域内的政府合作发展作为地方官员晋升考核的重要指标。另一方面是要完善企业竞争协同机制。面对四川、重庆两个地区的产业结构趋同状况，政府应该尽量避免产业同构化，更加科学地发展区域产业链，合理规划产业结构，增强地区的优势产业，取其精华去其糟粕，从根本上促进四川、重庆两地产业的协调发展，更要做好产业转移工作，从而实现四川、重庆两地的产业优势互补。政府在微观经济中的调节作用逐渐减少，增加市场这只"看不见的手"进行调控，实现集群协作竞争模式，构建和谐产业链。其次是建立健全政策目标协同机制。成渝两地政府能够突破行政壁垒的限制，在各个领域开展协同工作，其前提是要确立协同发展的理念，具有完善的政策目标协同机制[2]。两地政府间的关系并不是一成不变的，经济发展、产业布局的转移和结构的调整以及生产要素的集聚和流动等都会引起政府间关系的变动。在这种关系的变动中，各地方政府要坚持协同发展的原则，对能提升政府协同合作关系的因素要给予鼓励和发展，而对破坏协同合作关系的因素要及时加以制止和做

---

　　① 周黎安. 中国地方官员的晋升锦标赛模式研究 [J]. 经济研究，2007（7）.
　　② 光峰涛，杨树旺，易扬. 长三角地区生态环境治理一体化的创新路径探索 [J]. 环境保护，2020（20）：34.

出改变。在确立政策目标时要加强沟通和交流，相互学习和借鉴，保障政策目标的协同，确保各项政策文件能够有效联动。最后是搭建文化发展平台。四川、重庆两地地方政府的合作共建，不仅是从政府层面或者经济领域进行合作交流，更要拓宽交流渠道，形成全方位的合作协同。四川和重庆历史悠久，巴蜀法治文化趋于融合。川渝两地政府从成渝地区双城经济圈整体利益出发，将政府间合作扩大到民间，增加民间组织和群众资源，促进两地文化融合，从而成功构建成渝文化融合环境，形成成渝融合的社会局面。同时，从教育、医疗、养老等方面实现公共服务一体化，从公交交通、地铁、通信等方面实现社会服务的一体化，共同推进成渝区域内公共服务与社会服务的一体化，搭建成渝间文化融合、制度统一的良好社会文化平台，助力成渝地区政府间的合作共建。

3. 专责小组协调推进机制

专责小组分为专家咨询组、公众参与组、资金保障组。专家咨询组由专家团队组成，对关键问题进行讨论和把关；公众参与组通过多渠道宣传召集社会各行各业人员参与进来；资金保障组由财政局牵头，负责经费的组织、分配、落实。我们可以借鉴长三角地区经验设立这样一个机构，由省级层面牵头，组建同城化"领导小组+推进办公室+专责小组"三级联动协调架构，统筹负责同城化发展的各项事宜。注重专责小组的成立，使责任到人，从省级层面有力统筹，比起仅仅靠两个城市签订的双边或多边框架合作协议来推动，自然更有效、更有力。从规划方面来看，从省级层面在社会服务、公共服务、产业布局等方面，签订相关协议以及制订同城化发展相关规划，明确区域总体定位与功能布局，减少区域资源整合低效和产业布局重叠带来的同质化竞争。对地方来说，如今各地都在着手编制"十四五"规划，可以此为契机做好成渝地区协同发展的超前谋划和衔接，组建同城化三级联动协调架构。

二、信息共享机制

成渝两地要搭建以成渝地区双城经济圈为核心的公共法律信息共享机制，建立一个定期沟通机制、立法协调机制和信息互通机制等各方面合作机制，提高同城一体化法律协作运行效率。成渝地区双城经济圈要促进公共法律服务行业规范化，全面建立并开展联动机制，促进公共法律服务形式的创新，开展线上协同共享模式，将公共法律服务的推广搬到线上，充分利用网络时效性强与覆盖率高的优点，实现信息内容线上实时共享。两地区的政府要加大技术支持，协同开发以公共法律推广为核心的网络平台，以利于人民群众的交流以及意见反馈，以此实现法律服务信息内容共享，达到人群受用的高覆盖率，进一步推动完善综合监管、行业监管和便民智能系统体系，实现监管的多元化管控，为当下日益复杂的智能服务提供硬件支持。加大成渝地区双城经济圈公共法律服务一体化机制的探索，让成渝地区双城经济圈的经济影响力得到释放、以区块区域带动整个成渝地区双城经济圈的发展，通过优化产业资源配置，创造良好的创业环境，共同推进法治化营商环境优化提升。

1. 法治工作信息共享

信息共享契合现代行政法的两大重要原则，即行政一体化原则和服务高效化原则①。

成渝地区双城经济圈推动公共法律服务广度一体化，推动成渝地区经济中心建设健康良性发展，为成渝地区经济发展增加充足的养分，营造良好的社会市场环境。在成渝地区双城经济圈内推进公共法律服务同城化模式，将是一个极具创新性和前瞻性的考虑，有助于促进成渝两地优质法律服务资源共享，为今后政府法治工作的高效开展提供直接的沟通平台，并能在世界范围内形成连接国际国内两个市场的纽带，提高我国与国外各种要素流动的自由度和主动性，为成渝地区双城经济圈的规划注入新鲜血液，为成渝地区经济发展注入新动力。成渝地区双城经济圈在公共法律服务同城化上还有其更深层的意义，成渝地区双城经济圈功能领域叠加放大，与城际区块公共法律服务发展联系加强，双方互利共赢、共强共进退，这在很大程度上为成渝地区经济发展做出了明智的决定，为群众的日常生产生活等提供了公共法律服务保障，使得群众能够更加便捷地享受到优质的公共法律服务的红利，为成渝地区双城经济圈建设注入一剂镇静剂，使成渝地区双城经济圈建设"水涨船高"，更上一层楼。其主要要求是：要把成渝地区双城经济圈的定位有机结合起来，要与成渝地区双城经济圈的发展目标有机结合起来，要把成渝地区党委政府的统筹治理有机结合起来，并将司法与行政职能协调发展有机结合，使成渝地区双城经济圈发展发挥最大效益，并建立健全政府法治工作信息共享机制，实现司法行政规划共创、政策合谋、平台共建，资源共享，成渝两地的成果共享，形成生态稳定的环境，并为成渝两地人民提供法律获得感，让更多的人在生活中真正得到法律庇护。成都、重庆开展法治政府建设评估，建立法治政府示范区，建立健全行政复议区域协调机制，推进行政复议信息和专家数据库共享，不断创新行政复

---

① 谈萧. 论区域府际信息共享的法治化 [J]. 学习与实践, 2016 (12): 22.

议规则和制度。

　　成渝地区双城经济圈建设要打破孤立的区域治理，实现协调治理，这就要求我们要构建好信息共享平台。首先，我们要依托当前发达的互联网技术，在统一信息技术标准的基础上，建立稳定的信息共享渠道和安全的信息共享环境，实现数据动态实时更新。其次，要通过建立的信息共享平台实现对成渝两地法治工作等相关信息的实时查询，包括对相关治理情况和治理数据的综合分析，从而掌握不断更新的治理情况，采取更加有效的协同治理措施。最后，对成渝两地治理情况进行实时公开，推动成渝两地直接进行学习和交流，这种信息共享平台的资料是非常重要的，不仅能够帮助我们积累区域治理的相关经验，还能使治理情况更加透明化，治理标准更加统一。通过这个信息共享平台，政府和有关职能部门可以更加有效地制定治理措施和应急预案，并根据具体情况进行动态调整，从而更好地掌握成渝两地治理情况。

　　除此之外，还应加强相关法律政策保障。现阶段，成渝地区跨区域信息共享主要是通过自发的协议模式，双方作为平等的信息主体，在成渝两地信息协同共享上没有受到强制性的行政约束，缺乏具体的法律法规对其进行明确的规定和实施强制的措施，导致信息共享无法可依，这就要求成渝地区建立健全信息共享机制，推动信息共享的实现。因此，需要加快制定成渝两地政务信息共享方面的标准规范性文件，建议出台成渝两地政府信息资源共享方面的条例，以明确两地政府部门在信息共享方面的权利和义务，为成渝两地信息共享营造一个良好的法律政策环境，让信息共享有法可依。

　　2. 法治宣传共享

　　成渝两地法治宣传协作共享，要以服务大局、共建共享、统筹推进为基本原则，切实营造良好的法治环境，为成渝协同发展做好服务保障。将成渝两地媒体资源进行优化整合，为实现成渝法治宣传目标保驾护航，成渝地区联合协作开展以法治宣传为主题的活动，推进成渝两地法治文化融合，法治信息共享，营造良好法治氛围，为成渝地区双城经济圈建设提供发展温床。

　　一方面，要共建法治宣传专业人才培养机制。围绕成渝两地成渝地区双城经济圈建设的重大部署和重要问题进行学习交流和业务培训，不断提高宣传队伍的自身素质、工作能力和大局意识，保障成渝地区双城经济圈协调发展。汇集成渝两地优秀的法学专家、法学教师、律师等，探索建立成渝法治宣传专家资源库，并成立相应的法治宣传团，以高校宣讲、单位宣讲、云宣讲等方式进行法治宣传。整合成渝两地法治宣传志愿者队伍，组建一支或多支成渝两地跨区域法治宣传服务队伍，对成渝地区双城经济圈建设的战略部署和发展规划进行统一培训，了解两地重要发展活动，提供志愿服务，共同推动成渝两地法治宣传工作协调发展。另一方面，要打造立体化法治宣传网络。全面推动成渝两地传统法治宣传媒体与法治网站、短视频、微博、微信公众号等新媒体融合，运用多种力量形成互联互动的立体化法治宣传模式。创作推广短视频、微电影等新颖、生动、形象的法治宣传"新产品"，共同构建"互联网+法治宣传"新体系，建立成渝两地协作共享的媒体联盟平台，实现法治宣传与传统媒体、新兴媒体的合作①。共同推进媒体公益法治宣传，加大法治宣传公益广告的制作播放力度，配合成渝两地法治宣传的重大活动，加大对宣传服务成渝协同发展的报道力度，不断创新法治宣传途径，培养形成全国闻名的法治宣传品牌。例如2020年8月，成渝两地联合推出法治主题公益广告，每天在成渝高铁车载电视上滚动播出，包括"川渝携手 法治同行"等内容，为成渝地区双城经济圈建设提供坚强法治保障。除此之外，借助成渝法治宣传共享平台，进一步宣传成渝地区双城经济圈的政策，让企业和公众能够更好地了解相关政策和最新治理情况，推动成渝法治宣传共享常态化，助力两地实现协同治理。

3. 法律服务共享

习近平总书记提出，实施区域协调发展战略，要实现基本公共服务均等化②。当前成渝地区法律服务共享面临着诸多问题：一是法律服务共享的意识需要不断增强。成渝两地民众对于协同发展的关注点主要放在了公共交通、经济合作和环境治理等方面，较少关注法律服务。成渝两地也没有出台法律服务同城化的总体规划和专项规划，法律服务共享的意识亟待增强。二是法律服务共享的标准有待统一。成渝两地在法律服务标准上存在差异，成都市致力于提高法律服务水平，制定了公共法律服务"5S"工作标准③。重庆市颁布了《重庆市公共法律服务领域政务公开标准指引》，深入推进公共法律服务领域政务公开标准化规范化，"同步部署、同步推进、同步督促"。三是法律服务共享资源需要均衡配置。成渝两地律师、司法鉴定人、公证员人均占有量不均，人均占有法律服务资源有明显差距。借鉴京津冀通过打造"通武廊"公共法律服务示范区开展深入合作、粤港澳大湾区通过"线上+线下"联合开展法治宣传等，成渝两地需要构建法律服务共享机制。

① 杨劲松，杜丽萍，王璐，等. 京津冀协同发展背景下的法治宣传教育工作展望 [J]. 中国司法，2018（5）：24.

② 习近平在中央经济工作会议上的讲话 [N]. 人民日报，2017-12-21（1）.

③ 周新楣，刘景文，史士零. 以成德眉资公共法律服务同城化助推成渝地区双城经济圈建设的思考 [J]. 中国司法，2020（9）：85.

首先，打造成渝法律服务共享典范。成渝两地联合制定通行的《公共法律服务办事指南》，按照统一规划、分步实施的原则，推动成渝公共法律服务的规范化、标准化、便利化。并且两地制订了成渝地区法律服务同城化的行动计划，形成功能互补、法律服务共享、协调发展的成渝法律服务新格局。两地共同打造成渝法律服务共享示范点，制定年度重点项目，积极在成渝地区双城经济圈先行示范区打造法律服务共享示范点，从而带动其他地区法律服务共享的发展。其次，实现法律服务全域通办。成渝两地应打造"无缝对接"的实体平台、"一键接通"的热线平台和"扫码可得"的网络平台；推动四川法网与重庆法网并网运行，开展"互联网+公共法律服务"，共同建立法律服务体系，实时更新案例库，实现公共法律服务数据库共享共用；提供线上线下融合互动式法律服务，真正实现优质法律服务资源最大程度共享共赢；推进接壤地区公共法律服务中心（站、点）服务功能双向延伸；建立法律援助异地申办、协调联动机制，实现申请公共法律援助经济困难条件互认；探索共建12348法律服务热线智能语音接转平台；建立成渝两地法律服务联盟；建立成渝地区法律援助异地申办、经济困难标准和法律援助事项互认机制；推动建立律师、公证、司法鉴定、仲裁等法律服务行业信息共享、服务协同机制。最后，同建法律服务标准，同用法律服务资源，不断提升法律服务水平。成渝两地应建立统一的法律服务底线标准、管理标准、评价标准等，建立成渝两地公共法律服务专项经费保障制度，统一两地政府采购公共法律服务标准，推动政府购买公共法律服务的协同性，形成"优势互补、资源共享、合作共赢"的成都、重庆两地法律服务共享机制。

三、利益均衡机制

成渝地区双城经济圈产业结构相似，两大城市核心有异，竞争强度会大幅度增加。没有形成分工合作的关系，是成渝两大城市核心理念的弊端，表现为产业布局结构大同小异、同质产业竞争等问题凸显。大力发展商务电子信息产业，是成渝两城发展的核心。两地政府也身体力行，先后出台了地方优惠政策，为大量引进龙头IT企业打下了坚实的基础。与此同时，两地同质竞争弊端初显，并且随着时间的推移，有竞争加剧的趋势。成渝作为中西部的龙头汽车产业中心，存在同质竞争关系也难以避免。成都汽车配套产业链较完整，不仅建立了生产孵化基地，而且通过加大地方优惠政策吸引外企投资建厂，这其中就不乏德国博世、美国江森等国际零部件巨头。一直以打造品牌战略性汽车产业的重庆，把重心放在了打造精益求精的基础汽车产业上，已形成以长安汽车为主，以福特、现代、上汽通用五菱等车企为辅的一套汽车营销体系，顺势发展，现已经成为国内第一大汽车制造基地。成渝至今也未形成各自的专属发展道路，缺乏对未来发展的精确定位，产业布局有待优化，汽车之城的争夺也将会愈演愈烈，难分伯仲。尽管成渝两地也举行多次联合会议，探讨一条适用于成渝两地且互惠共赢的发展道路，但当下复杂的区域跨界难题有待商榷，对众多的问题障碍还难以跨越，两地政府都有自己的个体利益，这是成渝两地当前不得不面临的深层次问题。当大量投入无法达到预期效果，不能实现利益最大化时，地方政府往往抱着消极态度。因此，从当前的格局而论，建立成渝两地利益均衡机制势在必行，这是一个能最大限度满足两地政府利益的举措。

1. 利益分享机制

分工与共享是区域协同的前提，区域利益协调与共享是所有区域经济行为产生与发展的基础。促进成渝两地协调发展，要加快建立健全区域协同利益分享机制，充分调动各个区域协同发展的主动性和创造性。但目前成渝地区双城经济圈关于推进区域发展的制度规划大都针对进一步加强区域经济合作，忽视了区域利益分享，这就容易导致成渝经济发展差距和利益分配不平衡程度不断扩大，不利于成渝两地协调发展。总结国内外区域发展的经验和问题时，我们可以发现，在区域协同发展时，以共同的利益诉求为基础建立的区域间经济合作有时并不能使各合作主体均等受益，一些地区为了实现整体利益最大化，有时不得不让渡某些利益，造成地区利益从劣势一方流向优势一方。这种利益不平衡的状态很容易让经济发展水平较低的地方由于担心自身利益损失而拒绝进行协同发展，甚至只追求自己地区利益最大化，扰乱和制约整体区域经济的正常发展。因此，区域内政府应健全区域协同利益分享法律法规，使利益分享机制具有较高的法律约束力；制定和完善包括法律、规章等在内的法律体系，对区域利益协调过程中的各项活动及其决策、规划、实施等环节进行调整和规范，将区域利益分享的一系列程序步骤、手段方法等制度化、法律化；以法律制度约束政府行为，完善合作问责机制，对不规范行为进行惩治，出台科学合理的政府绩效考核标准，考核在区域经济协同发展利益分享机制中地方政府的表现，并且将考核结果纳入地区政府的政绩考核。同时，政府要有针对性地对区域合作主体或相应的合作项目给予政策上的鼓励和支持，以提高合作主体的积极性。

国务院于2016年通过了《成渝城市群发展规划》，这在很大程度上促进了成渝地区的发展，成为成渝地区经济发展的新转折、新台阶。在引领西部大开发、大建设的二十年进程中，成渝地区将是西部城市群的标杆，能够很好地为西部大发展做出巨大的贡献，是未来西部城市经济圈发展的驱动力，是内陆城市经济发展的领头羊。在改革发展过程中，应该如何发展成果的共享模式，这是两地政府当前面临的急需解决的难题，考验的是两地政府对时局发展的判断与考量。成渝资源存在差异，各有优势，"势均力敌"，是成渝地区当前的发展现状。在经济发展过程中，成渝两地利用资源时始终保持着各取所需的态度和理念，导致了两地资源配置不合理，有效资源不能发挥其最大化作用，但这在一定的程度上也是资源互补共享的最优解。若想提升经济发展的潜质，实现集群协作、互惠互利发展，经济效益断崖式提升，政府在其中协商协作的沟通必不可少。在这个过程中，要做好政策配套措施的合理建设，正确引导，科学规划，降低两地合作交易成本，提升合作效率，制定完善的利益分享方案，共同承担成本损失。成渝地方政府应该在合理范围内制定有效的创新激励制度，使得成渝两地在区域经济发展过程中，有更多的制度保障，提高发展成果共享意识，提高企业产业优化、产品研发创新的积极性。

坚持按照制定的分工协作原则，细化协作内容，共同制定有利于资源配置的政策和利益共享机制，这都需要在成渝地区双方政府的规划指导下进行。从提升两地竞争力的角度来看，构建产业链和供应链的有机结合机制，是其中不可分割的亮点。加强互联互通的产业基础设施建设，提高产业协作联系，服务共创共享的交互模式，是成渝两地政府应该考量的重点。两地政府应加快城镇化进程，提高城镇基础设施建设水平，提高群众生活质量和水平，加快健全城镇公共设施服务，注重城镇设施更新换代，提高城镇治理效率，提高产业和人口汇聚的联系认知能力，为人口流动、迁徙、转移提供便捷的服务平台，以新型城镇化的模式，增加结构调整的后劲。

2. 利益补偿机制

区域经济合作的目的就是促进区域间经济的发展，进而推动我国社会经济的整体发展。利益补偿机制是区域经济合作过程中的强大推动力，能够加强区域间的经济联系和沟通合作。建立健全利益补偿机制，需要明确利益补偿内容和方式手段。利益补偿有直接补偿和间接补偿两种方式。直接补偿是通过财政转移支付或价格补贴方式直接补偿受损方；间接补偿是通过技术资金支持、项目合作、人才交流、信息共享等方式缩小地区发展差距，协助利益受损方或其他合作方创造合作平台、夯实合作基础、增强合作意愿[1]。利益补偿时需要根

---

① 北京国际城市发展研究院首都科学决策研究会课题组. 关于建立区域协同利益分享机制的 10 条政策建议 [J]. 领导决策信息, 2019 (14)：25.

据行政性和市场化利益补偿的特点及内在运行规律，并结合具体的实际利益补偿内容选择相应的补偿手段。除此之外，健全资源输出地与输入地之间的利益补偿机制，应科学分类和核算不同行政区的利益关系，以此为基础，形成一个具有较强可操作性的、公平的、合理的、标准的利益补偿机制的框架规则。按照市场化原则建立利益补偿机制，尤其要保证后发地区在地方利益和发展机会上不受损失，减少地方府际合作中的矛盾，为区域一体化发展消除阻力。鼓励资源输入地通过共建示范园区、产业协调合作等形式支持输出地大力发展接续替代产业。

具有世界级城市群基本要素条件的成渝地区双城经济圈，需要认清目前的竞争状态，通过良性竞争和分工协作，实现互补性合作和规模效应，建立竞争机制，扬长避短，取长补短，使自我优势的拓展与自我缺陷的补充两者双重结合。具体来说，就是通过构建"成本分担、利润分享、亏损补偿"的竞争机制，共同掌握智能化、全球化、集团化的发展成果，携手打造高水平的市场体系，构建国际化的基础设施网络建立基础。

3. 利益协调机制

利益协调机制是促进成渝政府合作的重要保障。构建完善成渝区域治理过程中的利益协调机制，必须打破单一主体模式，建立一种复合型互动发展模式，地方政府之间相互沟通、相互交流，通过利益协调实现全方位协同发展①。一方面，加强相关法律政策建设。成渝协同治理利益协调机制法律体系的建立和完善是我国社会法律体系的重要组成部分。成渝两地政府应对成都、重庆在此之前的区域协同治理法律进行归纳整理，并开展动态检验，对不符合当前成渝区域治理利益协调机制的条款予以修改甚至废除，从而提高成渝地区协同治理水平，保障利益协调机制的构建，并且要严格执行相关法律。法律不仅要对利益协调机制进行规划，而且要对破坏利益协调机制的行为给予严厉的制裁，对违反利益协调的政府官员进行处分、对破坏利益协调的相关企业进行惩罚②。另一方面，实现利益协调组织化。机构设置是否合理直接关系到该组织能否顺利运行并取得成效。成渝地区的治理逐渐形成了利益协调机制主体多元化的局面，这符合现实的发展要求，但是要对其加以约束，使其务必在规范、有序、严谨的条件下高效运行。成都、重庆两地政府是成渝治理过程中的利益协调主体，保障利益协调机制能够成功运行需要合理的制度安排，既要有

---

① 白天成. 京津冀环境协同治理利益协调机制研究 [D]. 天津：天津师范大学，2016.
② 白天成. 京津冀环境协同治理利益协调机制研究 [D]. 天津：天津师范大学，2016.

中央政府对成都、重庆两地政府进行指导和帮助，又要有广大群众对两地政府的支持和信任。

以当下情况来看，在解决成渝地区双城经济圈深层次的跨界问题上，川渝联席会议在这方面的工作推进还是比较艰难的。川渝两地需要建立成渝地区双城经济圈城市联盟，也就是建立一个高效、强大的跨川渝两地行政区域的政府组织，建议由中央副国家级领导担任该联盟的领导小组组长，四川省的省长和重庆市的市长担任重要职务，由成渝地区双城经济圈各区域的市长和区长等人员组成一个体系紧密的联盟。在城市联盟下，将设立成渝地区双城经济圈规划委员会、经济发展委员会、交通建设委员会等涉及成渝地区双城经济圈发展的部门。成渝地区双城经济圈在成渝地区的整体利益不可分割，城市联盟负责制订发展规划、整体产业布局和招商政策、经济圈的外部和内部交通建设，并负责生态环境监管和治理。城市联盟代表成渝地区双城经济圈的整体利益，对经济圈内各城市的协调发展进行评估、鼓励和惩罚，负责接受、协调和仲裁成渝地区双城经济圈内各城市之间的各种冲突。

成渝经济圈的协调机制能否建立，关键在于能否建立有效的针对利益协调的激励约束机制。首先，要建立科学的成本核算和效益评价体系，对每一个跨界项目，合理计算参与城市需要承担的成本和应该分享的收益，然后，通过模型分析结果，确定各城市的激励强度系数和惩罚金额。在具体操作上，可设立成渝地区双城经济圈发展基金，国家每年用于成渝地区发展的资金投入、农业专项补贴等相关补贴和税收，可按一定比例投入基金，而某些税种的税收收入也可纳入成渝地区双城经济圈发展基金统一支出，对经济圈内被动参与协调发展的城市，按照上述确定的激励强度系数和处罚金额进行处罚，对积极参与协同发展的城市实施奖励措施，以支付其参与协同发展的费用。

四、政府间纠纷解决机制

区域公共问题的不断增加、公共管理的日益复杂以及区域一体化的持续推进使得地方政府间的合作更多、更频繁、更持久，由此产生的纠纷也日益增多。通过政府协议以及两地司法、行政和监管部门之间的协议，明确双方的义务，建立规范和化解事前责任的机制变得越来越重要。

1. 政府、行政部门间纠纷解决机制

当前，地方政府间的纠纷具有新特点，即纠纷类型趋于多样化、纠纷数量呈现繁重化、纠纷存在复合化特质、纠纷解决的时效性要求高①。伴随着互联网和自媒体时代的来临，事件的传播速度加快，传播面也更广泛，这都是以前所无法比拟的。地方政府间一旦发生纠纷或冲突，都会在很短的时间内被传播开，成为公众谈论和评判的对象。如果政府无法及时化解纠纷，甚至任由事件不断发酵，都无疑会加深彼此之间的嫌隙，扩大双方的矛盾，不利于地区间的协同发展，所以政府间纠纷解决的速度和质量极为重要。

当前纠纷所呈现出的新特点也对纠纷解决的方式提出了新要求，如果不能拓展并创新纠纷解决方式，地方政府将会面临繁重的事务性压力，从而影响政府间的信任和合作。按照"守住底线、引导预期、统筹资源、促进平等、政府负责、共享发展、完善制度、改革创新"的原则，解决成渝地区双城经济圈政府间的纠纷，需要做好以下三个方面的事情：

一是划分事权与支出责任。成渝两地成渝地区双城经济圈政府争议的解决，应以现有的政府服务权限和支出责任框架为基础，明确界定成渝两地政府承担支出责任的责任。按照"权责利相统一"的原则，哪一级政府的事权由相应政府承担支出责任。对于辐射力强的基本公共服务，要考虑两地居民自由流动后享受基本公共服务的机会均等，合理确定成渝两地的共同权力，两级政府承担支出责任，通过横向转移支付模式合理结算。二是建立共建共享机制。在基本公共服务保障机制、标准制定、基础设施建设等方面，两地政府要统筹协调、共建。在建设成本方面，要合理确定建设成本，协商成渝各地涉及受益居民的基本公共服务分担机制。在标准建设方面，主动进行创新，开展成渝地区基本公共服务标准体系共建共享、协作联动，并对其进行动态调整和监控评估。在人员范围方面，成渝两地要对来自对方的流动人口，给予"户籍人口"同等待遇，促进生产要素有序自由流动。三是制定沟通与协作方案。成渝两地政府应共同建立超行政区划分的议事机构，着力解决超出现有行政区划范畴的共建共享问题。积极推动成渝地区政府跨区域购买基本公共服务行为，比较整合成渝两地优势，减少基础设施的重复建设，提高两地资源利用效率和资金使用效率。另外，主动推进成渝两地互认互享工作，构建一体化的资质标准，减少基本公共服务过程中的不必要成本，实现共赢。

2. 司法部门间纠纷解决机制

2020 年 5 月 15 日，四川省高级人民法院与重庆市高级人民法院签署《成

---

① 鲍芳修. 区域一体化背景下地方政府间纠纷解决方式的扩展：类型与适用性 [J]. 云南行政学院学报，2017（4）：86.

渝地区双城经济圈司法合作框架协议》。今后，川渝两地法院将积极开展成渝地区双城经济圈司法合作，在资源共享方面实现合作共赢，努力开创成渝地区双城经济圈司法新局面，为成渝地区双城经济圈建设提供有力的司法服务和保障。框架协议显示，未来川渝两地法院将提供诉讼服务、跨流域跨区域生态司法保障、执行联动、纠纷解决机制、司法体制综合改革、智慧法院建设，两地法律统一适用，并深化人才培养交流与合作，推动两地平台共建，全面提升司法水平，提高司法效率，促进司法公正。进一步延伸两地优势司法资源，推动司法服务和保障水平共同提升。积极适应成渝地区双城经济圈发展的司法需求，优化合作机制，突破司法壁垒，在诉讼服务、审判执行、人才培养等方面不断深化合作，最大限度地促进互助发展。坚持统筹司法、创新司法、能动司法的理念，依法履行人民法院审判职能，努力开创成渝地区双城经济圈司法新局面。随着川渝两地法院合作的深入，未来两地当事人的诉讼将更加便捷，长江上游重要生态屏障的司法保护将进一步加强。在诉讼服务方面，两地进一步完善跨领域诉讼服务机制，加强委托诉讼事项协作平台建设，为当事人参与诉讼提供便利，努力实现川渝联合办理诉讼服务。在跨流域跨区域生态司法保护方面，两地大力推进环境公益诉讼，审理污染环境特别是侵害长江流域生态环境的民商事案件和行政案件，根据法律，推进两地环境资源试验专业化、系统化、制度化，全力构筑长江上游重要生态屏障。建立成渝生态环境损害赔偿诉讼案件联络机制和信息通报制度，推动成渝地区双城经济圈绿色发展。为确保合作有效，四川省高级人民法院和重庆市高级人民法院还建立了联席会议机制，集中研究解决成渝地区双城经济圈建设中的重大司法政策。此外，双方还建立了全方位的合作机制。在联席会议的基础上，加强重庆市一、五中级人民法院和成都市中级人民法院，渝东北区法院和川东北区法院，四川天府新区成都片区人民法院（四川自贸试验区人民法院）与重庆两江新区人民法院（重庆自贸试验区人民法院）的沟通，实现两地法院的多层次合作。

2020 年 4 月 28 日，四川省公安厅与重庆市公安局共同签署了《服务成渝地区双城经济圈建设警务协作运行机制》和《服务成渝地区双城经济圈建设 22 条》，构建了深化两地警务合作的总体框架，突出社会治安一体化治理、打击犯罪一体化、执法办案一体化合作、警务资源一体化共享。自 2019 年 11 月以来，两地互推各项数据 6.8 亿条，破案 143 起。在新冠肺炎疫情防控期间，两地警方共同坚守"跨省门"，合力打造川渝两地坚实的"关口"。政法机关精准对接成渝地区双城经济圈建设的司法需求，两地法院充分发挥审判职能作用，以打击犯罪、知识产权保护、生态环境保护等重点行动为成渝地区双城经济圈建设创造良好的法治环境。检察机关突出了知识产权保护、民营企业保护、生态环境公益诉讼等五大重点，建立了线索移送、管辖纠纷解决等六大检察协作机制。两地司法行政机关提出 80 条措施，加强行政立法协调和行政执法联动，建立法律服务联盟等合作，打造"区域法律共同体""法律服务共同体""监管安全共同体"和"法律人才共同体"。

3. 监察部门间纠纷解决机制

截至目前，重庆市检察机关已与 15 个分院、区县检察院和四川相邻法院签订了 18 个合作协议。办案协作、信访纠纷解决、管辖纠纷解决等一系列机制落地生根。重庆市江北区人民检察院与四川天府新区成都片区人民检察院（四川自贸试验区人民检察院）签署战略合作框架协议，构建检察合作与自由贸易检察合作的整体框架，金融检察协作的"1+2"框架协体系。其中，对跨区域重大、疑难、复杂、有影响的金融犯罪案件，双方将联合成立办案小组，加强合作协商，共同办案。建立涉及毗邻地区案件快速处理机制，优先受理和处理涉及两地毗邻地区的各类案件。

五、民商事纠纷解决机制

为推动川渝检察机关服务保障成渝地区双城经济圈建设，2020 年 5 月 15 日，重庆市人民检察院、四川省人民检察院联合签署《关于加强检察协作服务保障成渝地区双城经济圈建设的意见》。该意见为两地检察机关携手平等保护两地民营企业，共同营造法治化营商环境提供了制度支持。该意见对两地检察机关服务和保护民营企业合法权益提出了更高要求，有利于更好地保护和促进民营企业健康发展。

1. 坚持平等保护，营造一流法治化营商环境

营商环境是指市场主体在准入、生产经营等过程中涉及的政务环境、市场环境、法治环境、人文环境等有关外部因素和条件的总和①。一个地区营商环境的好坏直接影响着一个区域是否可以最大限度地吸引投资者和企业入驻，进而影响区域经济发展好坏、财政收入高低、就业状况好坏等。全面落实对不同所有制主体、不同地区市场主体、不同行业利益相关者平等保护的工作要求，对国有企业、民营企业、外资企业、港澳台资企业、个体工商户等市场主体，

---

① 杨高峰. 发挥地方立法重要作用促进营商环境持续改善：《天津市优化营商环境条例》解读 [J]. 天津人大，2019（8）：14.

坚持法律地位平等、权利保障平等、发展机会平等的司法保护要求，依法公正平等地解决各类矛盾纠纷，使司法审判成为诉讼权利的保障，权利救济、履行权益、实现公平正义的坚强防线。规范自由裁量权，统一裁判标准，提高司法质量和效率，为市场主体提供优质司法服务。

2. 依法妥善审理案件，推动"一区两群"联动发展

依法妥善审理智能制造、绿色制造等制造业纠纷案件，以及金融、物流、商贸、专业服务等现代服务业案件，推动"一区两群"先进制造业和现代服务业发展。依法妥善审理环境公益诉讼和生态环境损害赔偿诉讼案件，文化旅游和老年健康纠纷案件，推进"两群"产业、生态产业发展机制建设，为渝东北三峡库区城市群生态优先绿色发展和渝东南武陵山区城市群与文化、旅游一体化发展提供司法保障。

3. 履行重庆破产法庭职能，助推供给侧结构性改革

建立健全符合新时代经济社会发展特点的破产审判工作机制，运用市场化、法治化手段，积极稳妥处置"僵尸企业"，促进产业转型升级。用好破产重整、和解等制度，帮助企业化解危机，促进产业优化重组和结构升级，推动经济高质量发展。完善"政院联动"工作机制，逐步实现整体联动，以法律方式化解经济领域主要矛盾，为"一区两群"产业提质、效率变革、动力变革提供坚实的司法保障。同时，要坚定不移贯彻新发展理念，依法妥善审理各类民商事纠纷案件，继续加强对民营经济的司法保护，为保障经济高质量发展服务。要对照国际标准优化营商环境，为市场主体提供公正、高效、便捷的司法服务，助力市场化、法治化、国际化营商环境建设，为建设具有全国影响力的重要经济中心提供有力保障。依法审理涉及智能产业、智能制造、智能城市建设等领域的案件，助力大数据智能化创新发展。不断完善知识产权审判组织体系和制度，实行"三审合一"，加强知识产权司法保护，依法平等保护内外资企业的合法权益，为科技创新中心建设提供有力保障。充分发挥两江新区（自贸区）人民法院的"桥头堡"作用，深化内陆法律研究中心建设，积极探索铁路提单和铁路运单协同创新，公正解决涉外民商事纠纷，高效便捷，为建设改革开放新高地提供有力保障。

第六章　成渝地区双城经济圈建设法治保障的效果评价

　　法治是人类进入文明社会的重要标志。法治是人类经济发展、政治发展、社会发展的一项重要成果，是现代化建设的一个基本框架。无论是一个国家的发展建设，还是每一个人的发展，都需要法律的指引。对于中国这个世界上最大的发展中国家，要实现真正的法治，就要坚持依法治国、依法执政、依法行政，共同推进法治国家、法治政府、法治社会一体化建设①。习近平在各种场合多次强调要坚持科学立法、严格执法、公正司法、全民守法，要继续推进法治领域改革，解决好立法、执法、司法、守法等领域的突出矛盾和问题②。实施依法治国基本方略，是实现经济发展、社会进步、国家长治久安的根本保障。习近平主持召开的中央财经委员会第六次会议，提出要推动成渝地区双城经济圈建设，在西部地区形成高质量发展的重要增长极③，至此，"双城记"的热度不断上升。成渝地区双城经济圈位于中国西部，这里人口稠密、产业集中、城镇密集，而且成渝两地在地理、历史、文化、政治、经济方面联系紧密，有着一体化发展经济的先天优势。成渝两地将加强合作，本着统一领导、共建共享、服务大局、强化统筹、优势互补、有序推进的原则，以创新、协调、开放、共享、优化为路径，推动成渝两地法治平台的共建共享，努力把成渝地区建设成为连接长江经济带和"一带一路"建设，立足西部地区辐射带

---

　　① 习近平在中央全面依法治国工作会议上强调坚定不移走中国特色社会主义法治道路为全面建设社会主义现代化国家提供有力的法治保障［EB/OL］.（2020-11-17）［2021-01-25］. http：//www.sc.gov.cn/10462/10778/14586/14587/2020/11/17/79b0bbcee6bd48cdaf90822b6ae4ae51.shtml.

　　② 习近平在中央全面依法治国工作会议上强调坚定不移走中国特色社会主义法治道路为全面建设社会主义现代化国家提供有力的法治保障［EB/OL］.（2020-11-17）［2021-01-25］. http：//www.sc.gov.cn/10462/10778/14586/14587/2020/11/17/79b0bbcee6bd48cdaf90822b6ae4ae51.shtml.

　　③ 习近平主持召开中央财经委员会第六次会议［EB/OL］.（2020-01-03）［2021-01-24］. https：//www.ccps.gov.cn/xtt/202001/t20200103_137294.shtml.

动周边地区发展的法治建设新高地、法律服务的聚集地、法治化营商环境的示范区、公共法律服务普惠区①。把成渝地区双城经济圈建设为在法治化环境下促进经济快速发展的示范地区。

近年来，经济建设法治保障的效果评价成为学者们研究的热点议题。本部分对成渝地区双城经济圈建设法治保障效果评价采用"测量法治"的方法。经过学者们多年研究，"测量法治"理论方法已经成熟可用②。主要方法步骤为：①根据测量主体，建立一套明确的、具体的、可观测的指标体系；②选择适宜的评估对象，通过各种方法收集资料，进行规范梳理；③明确量化规则和方法，根据经过梳理的资料，对指标进行量化，用合理的方式计算分值；④对结果进行分析，主要是可信度和有效度两个方面，总结形成真实结果，判断本次"法治测量"是否可用。基于此方法与步骤，本书建立了成渝地区双城经济圈建设法治保障效果评价体系。

一、成渝地区双城经济圈法治保障的指标体系

关于法治保障的指标体系，没有普遍适用的内容，如何制定一套可以准确衡量成渝地区双城经济圈建设法治保障的指标体系，是我们需要解决的第一个问题。

中央财经委员会第六次会议为成渝地区双城经济圈建设规定了统一标准，把成渝地区建设成为具有全国影响力的重要经济中心、科技创新中心、改革开放新高地、高品质生活宜居地，助推高质量发展③。成渝地区在中央财经委员会第六次会议的基础上相继推出了协议、方案、意见。围绕中央会议精神，据此斟酌设计衡量法治保障效果的指标体系。中央财经委员会第六次会议提到将成渝地区双城经济圈建设为重要经济中心、科技创新中心、改革开放新高地、高品质生活宜居地的四大目标，即为四个方面，是经济建设的重中之重，也是法治保障的重点对象，都在效果评价范围之内。再者上级指标包含的所有下级指标是具有三个明显特点的，即为互斥性、穷尽性和单向性④。互斥性，各下

① 王彬介绍川渝两地司法行政如何进一步开展全方位、多层次的深度合作为成渝地区双城经济圈建设提供法治保障 [EB/OL]. (2020-06-18) [2021-02-01]. http://www.sc.gov.cn/10462/c102997/2020/6/18/f0e3ef83d5b94c5aacba30a49abb178a.shtml.

② BOTERO J C, ALEJANDRO P. Measuring the rule of law [J]. The word justice project - working papers series, 2011 (1).

③ 习近平主持召开中央财经委员会第六次会议 [EB/OL]. (2020-01-03) [2021-01-28]. https://www.ccps.gov.cn/xtt/202001/t20200103_137294.shtm.

④ 劳伦斯·纽曼，拉里·克洛伊格. 社会工作研究方法：质性和定量方法的应用 [M]. 刘梦，译. 北京：中国人民大学出版社，2008：230-231.

级指标之间互不影响，无任何关联或者涵括的关系；穷尽性，各下级指标综合能够完整地合并成上级指标；单向性，各下级指标都是为上级指标服务的，不可偏差或不清不楚。指标体系应尽可能详尽又不会使材料收集工作过于繁杂，既保证指标能够反映真实情况，又能够缩短测量周期。

综上，成渝地区双城经济圈建设法治保障效果的评价指标体系如表6-1所示。其中一级指标是"成渝地区双城经济圈建设的法治保障"。

表6-1　指标体系

二级指标	三级指标	四级指标
重要经济中心建设法治保障	现代产业体系	完善"5+1"现代工业体系 建设"4+6"现代服务业体系 打造数字经济建设高地
	农村农业现代化	"10+3"现代农业体系 乡村振兴保障机制 农村农业改革
	现代城镇体系	统筹城乡布局 平稳房地产发展 城市更新优化
	现代基础设施体系	交通基础设施建设 水利、水电基础设施建设 信息、网络、大数据建设
科技创新中心建设法治保障	高能级创新平台	成都高新区 重庆高新区 绵阳科技城
	关键核心技术攻关和成果转化	工业软件 航空与燃机 智能装备
	科技创新主体	大学 企业 国际合作
	科技创新生态	创新体系 科研诚信 知识产权保护

表6-1(续)

二级指标	三级指标	四级指标
改革开放新高地建设法治保障	经济领域重点改革	产权制度改革 土地管理制度改革 经济区与行政区分离改革
	市场主体活力	国有企业 民营企业 小微企业和个体工商户
	高水平制度型开放	自由贸易试验区 进出口商品集散中心 保护外资企业的合法权益
	营商环境	政府简政放权 健全新型监管体系 社会信用体系
高品质生活宜居地建设法治保障	文化繁荣发展	提升公共文化服务水平 传承弘扬中华优秀传统文化 加强家庭、家教、家风建设
	教育现代化	优化配置城乡教育资源 完善各阶段教育体系 发挥在线教育优势 加强高素质专业化创新型教师队伍建设
	健康四川建设	建立稳定的公共卫生机制 加快推进全民健康信息平台建设 加快发展医药和健康产业 开展全民健身运动
	就业和社会保障	提升社会保障水平 积极应对人口老龄化 健全就业公共服务体系
	美丽四川建设	加强生态系统保护 深化生态文明建设 坚持绿色发展

二、重要经济中心建设法治保障及其效果评价

重要经济中心的建设主要包括现代产业、现代农业、现代城镇化、现代基础设施体系的建设，成渝地区双城经济圈重要经济中心的定位，同样需要从这几个方面着手。我国是世界上最大的发展中国家，法治是治国理政的基本要求，应把法治贯穿于经济建设中，保障经济发展的正常运行。不断坚持法治建省，从立法、执法、司法、行政、社会等几个方面加强法治建设，对成渝地区双城经济圈重要经济中心建设法治保障的现行效果进行评价。

1. 重要经济中心建设的主要内容

（1）重要经济中心的建设发展。

成渝地区位于我国的西部，是我国建设的第四大城市群，相比于长三角城市群、珠三角城市群、京津冀城市群，虽然成渝地区对外开放的时间相对较晚，但这里地价便宜、劳动力资源丰富且价格便宜、连接"一带一路"具有向西向南发展的优势。在加快经济发展的过程中，不断促进产业、农业、城镇、基础设施建设的现代化，把成渝地区建设成为我国经济发展的重要第四增长极。

（2）加快构建现代产业体系。

保持制造业平稳发展，推动成渝地区产业互联互通、体系分工明确。根据成渝地区的优势发展特色产业和现代化新兴产业，促进现代产业的智能化、信息化、数字化。完善"5+1"现代工业体系①，提高创新水平，促进成渝地区制造业、汽车业、电子信息业等产业链建设，培养一批世界级的大企业。打造全国重要的能源产地、节能环保、生物工程、医疗卫生、民用核技术、食品饮料等的产业聚集地。建设"4+6"现代服务业，促进成渝地区基础服务业的稳定发展，新兴的现代服务业大体量高速度发展，建设具有国际水平的消费中心和旅游度假中心，两地联手打造高质量的巴蜀文化旅游走廊和西部地区重要的投资中心、金融中心。成渝地区应打造数字经济建设高地，《关于构建更加完善的要素市场化配置体制机制的意见》提出的"产业数字化、数字产业化、数字化治理"为发展主线②，抢占数字经济发展的制高点，把数字化产业和各

---

① 四川省人民政府. 中共四川省委关于深入贯彻习近平总书记重要讲话精神加快推动成渝地区双城经济圈建设的决定 [EB/OL]. (2020-07-16) [2021-01-28]. http://www.sc.gov.cn/10462/10464/10797/2020/7/16/aeacd34334494af6ae918837ae922ad5.shtml.

② 唐文金. 成渝地区双城经济圈建设研究 [M]. 成都：四川大学出版社，2020：138.

大高校结合起来，不断为数字化、信息化、电子化、云计算等产业提供技术支持。促进跨区域合作交流，不断培养大数据、区块链、物联网等新兴产业。

（3）农村农业现代化。

四川是我国的农业大省，在现代化建设中农业起着基础性作用，确保耕地面积红线。加快建设"10+3"现代农业体系，推动农业机械化、动植物抗病虫建设，提高粮食的产量，提升粮食的储存能力确保粮食安全，加快建设绿色农业、高原特色农业，协同打造成渝地区现代化农业带；促进乡村振兴保障机制的建设，处理好农民与土地的关系；加快农村基本经营权建设，推动农村集体经济的发展①，完善乡村振兴的制度基础，鼓励各项产业投资农村，提高农户的专业技术水平，实行优惠的政策鼓励人才向农村地区流动，加大国家的财政投入和提高农民的积极性并举，为成渝地区农业的健康发展提供政策保障。促进农村农业改革，保持成渝地区土地承包关系的长期不变，完善农村基本经营制度②，保障农村土地承包者的经营权利，颁发农村建设用地使用权证书以使土地承包经营健康顺利发展。继续维护家庭联产承包责任制在农业生产中的主要地位，完善种植大户、农业联动产业、聚集性农业等新型农业经济经营生产方式发展。

（4）现代城镇体系。

推动成渝地区城市群建设，建设以人为中心的现代城镇体系，形成以成都和重庆为主体、周边市区域和县镇为支撑的城市圈。统筹城乡布局，不断解决好"三农"问题，促进城市对乡村建设的带动作用，逐步缩小城乡差距，逐渐实现乡一体化的发展战略，不断统筹经济、生活、安全、生态建设的协调一致，把成渝地区打造成为西部地区宜居城市、智慧城市、韧性城市、海绵城市。平稳成渝地区房地产的发展，四川和重庆是西部地区的龙头城市，稳定房地产市场，提升城市人居环境，坚持"房子是用来住的，不是用来炒的"定位③，建立多渠道供给、多措施保障、租购并举的住房政策，政府制定良好的政策措施，把房地产市场的风险扼杀在摇篮里，努力确保成渝地区地价、房价稳定。不断促进城市的更新优化，加强城市老旧房屋的改造建设，四川盆地地

---

① 中华人民共和国中央人民政府. 乡村振兴 体制机制咋保障 [EB/OL]. （2018-02-09）［2021-02-03］. http://www.gov.cn/zhengce/2018-02/09/content_5265196.htm.

② 中华人民共和国中央人民政府. 李克强：促进农业现代化和农村改革发展 [EB/OL]. （2014-03-05）［2021-02-05］. http://www.gov.cn/guowuyuan/2014-03/05/content_2629409.htm.

③ 重庆市住房和城乡建设委员会. 积极推进成渝地区双城经济圈建设 推动房地产业和建筑业高质量发展 [EB/OL]. （2020-05-06）［2021-02-03］. http://zfcxjw.cq.gov.cn/zwxx_166/bmdt/bmdt_23631/202005/t20200506_7291463.html.

区洪涝灾害多发，要不断提高城市的排洪能力，加强消防工程建设，打造城市安全系统，保护城市的生态环境，把成渝地区建设成为空气清新、水质良好、城市绿化面积大、基础设施良好的现代化城市群。

（5）现代基础设施体系。

成渝两地人民如何共享公共服务带来的收益，现代基础设施体系的建设是基础性的前提。成渝地区是"一带一路"、长江经济带、西部大开发建设的前沿阵地，建立完善的基础设施有利于该地区协调联动发展。加强交通基础设施建设，建设四通八达的现代交通网，提升内外联通水平，全力打造成渝两地九大基础交通网，加快城际轨道、省际高速、河运航道、国际机场、快递运输、管道设施建设，推动成渝两地加快建设"高铁双通道、高速八车道"的交通干线，打造有利于成渝地区一体化发展的"多向辐射、立体联动、一体高效"的"1小时交通圈"①。促进水利水电基础设施建设，不断进行长江、岷江等河流的水质监测，保护水域生态，提高太阳能、风能、水能发电的比例。加强信息、网络、大数据建设，促进互联网在教育、医疗、电商等方面的应用，坚持数字优先拉动经济发展，催生更多的云经济、宅经济、小店经济等新兴产业，为经济发展提供新动力。

2. 重要经济中心建设的法治保障

成渝地区双城经济圈是我国经济发展重要的增长极，各项经济活动要在法律框架之下进行，要符合民法、商法、经济法、行政法、宪法等的规定，确保经济的健康发展。成渝两地建设地方性法律法规要在宪法的监督之下，坚持科学立法、民主立法，加强重点领域的法治建设，不断出台新的法律法规来规范新兴产业的建设，立法的完善也有利于执法、司法、行政等后续工作的开展。

（1）完善成渝地方立法，为经济建设提供法治保障。

成渝地区双城经济圈的地方法律应该服从和服务于建设全国重要经济中心这个任务，在坚持以制造业为基础的过程中，以现代产业、现代农业、现代城镇、现代基础设施为重点，设立地方法律法规。2020年四川省人大常委会已经审议21件省级地方性法规，通过10件，其中制定3件，修改4件，废止3件②。一是要坚持高质量发展立法，制定维护企业自主经营权和企业发展权

---

① 重庆市人民政府. 重庆市人民政府关于印发推动成渝地区双城经济圈建设 加强交通基础设施建设行动方案（2020—2022年）的通知［EB/OL］.（2021-01-04）［2021-02-05］. http://www.cq.gov.cn/zwgk/fdzdgknr/lzyj/qtgw/202101/t20210104_8731849.html.

② 推动成渝地区双城经济圈建设 加强重点领域立法 围绕大局强化监督［N］. 成都日报，2021-02-05（6）.

益、有益于营商环境建设的一系列法律法规，构建公平公正、秩序良好的市场法制环境；制定成渝地区粮食安全的法规条例，建设粮食能持续供应的长效机制；完善资源税相关机制，采用合适的方式方法去提高相关资源的使用率。二是要加强民生立法建设，人民群众是国家的主人，法律法规的制定应以保障人民群众的利益为出发点，完善工伤保险条例，保护企业员工尤其是低收入群体的利益，制定水源地饮用水保护法规，不断提高水源地生态环境建设水平，加强文化服务法规体系的建立，促进城乡两地均衡一体化发展，推动农药管理条例的建设，保障老百姓的食品安全。三是要完善社会治理相关立法工作，建立健全成渝地区双城经济圈乃至云贵两省协同法治的立法体系。

（2）加强成渝地区执法，为经济建设提供法治保障。

法治建设，立法先行，执法部门就有法可依。成渝两地毗邻，地方法律法规可相通相依，两地执法部门应相助携手，以雷霆手段加强经济建设领域执法。一是要通过培训执法者以提升其执法能力和执法素质。执法者知法，这是执法者能够执法的第一步，加强对两地执法人员的教育学习，切实提升两地执法人员的能力素质，要求执法人员对两地法律法规通晓，这也是建设成渝地区双城经济圈执法一体化的重要一步，这是对社会负责，对法律法规负责，对守法人员负责。二是因地制宜地创造更新执法方式方法、更新行使权力的观念。成渝法律法规的融合建设，为执法手段、执法观念的更新换代提供了一个绝佳的时机，依据成渝设立的共通法律法规，因地制宜地确立正确的、实用的执法手段，为成渝经济建设提供更好的法治保障。三是坚持司法地位，营造社会良好法治环境。要坚持成渝两地司法公正，发挥司法的巨大作用，切实实现社会的公平正义。司法机关真正履行应尽责任义务，加大工作力度，提升工作效果，创造良好的法治环境，为维护社会的安全稳定、反腐斗争、实现公平正义、解决重难点问题起到有效作用。

（3）加强成渝地区法律监督，为经济建设提供法治保障。

监督在规范社会秩序和执法人员执法、防止少数人谋私利等过程中起着重要的作用，监督体系是社会主义国家必须完善的一环。一是加强权力机关的监督，加强成渝两地人大监督力度，监督是宪法和法律赋予地方人大及其常委会的一项重要职权，人大法律监督以其主体的最高性和权威性，居于所有法律监督的核心①。人大要公正地运用自己手中的权力，围绕经济建设这个中心任务，提高监督水平，不断提高人大委员的素质，培养有知识有经验的人大成

---

① 包玉秋. 振兴老工业基地的法治保障 [J]. 党政干部学刊, 2005, 12: 16-17.

员，在实际监督工作中不断提高工作效率。二是要加强对行政执法内部的监督，要保持行政执法监督的独立性，和其他监督方式不能重合，提高监督的效率，促进行政监察公开化、法治化，在上下级之间的层级监督中，实行奖励机制，使层级之间能监督、敢监督。三是要坚持社会监督，人民是国家的主人，是权力行使者，只有在人民监督下的社会才属于人民的社会，只有人民监督才能保证人民行使权力。成渝地区人口众多，人民的监督愿望应该很强烈，人民群众可以通过举报、建议、提起诉讼等方式参与对权力机关的监督，随着新闻媒体、互联网等的发展，信息传播越来越快，社会舆论威力巨大，能及时把一些社会丑恶现象、违法乱纪行为公之于众，在无形中加大了对行政执法的监督力度。总之，在对经济建设提供法治保障的过程中，立法、执法、监督等方式可以在促进经济健康发展的同时提高人民的生活水平，安定社会秩序。

三、科技创新中心法治保障及其效果评价

科技创新已经成为提高综合国力的关键手段，谁牵住了科技创新的牛鼻子，谁走好了科技创新这步先手棋，谁就能占领先机，赢得经济发展的优势①。成渝地区从以下四个方面加强科技创新的建设，从立法、执法、司法、监督等方面加强对科技创新中心建设的法治保障。

1. 科技创新中心的主要内容

（1）科技创新中心的建设发展。

创新能力反映了一个国家的经济发展能力，对其国际地位具有决定性的影响作用。我国在现代化建设中把创新放在重要位置，坚持"四个面向"，深入实施创新驱动发展战略，大力推动科教兴国和人才强国战略，塑造更多依靠创新驱动、更多发挥先发优势的引领型经济发展区域。成渝地区从高能级创新平台、关键核心技术攻关和成果转化、科技创新主体、科技创新生态等几个方面实现创新对经济的内生推动作用。

（2）建设高能级创新平台。

成渝地区双城经济圈建设中的许多创新基础设施，大力推进了综合性国家科学中心的建设。以成都高新区建设为例，高新区聚集了多所大专院校、国家重点的实验室、研究所、上千家科技创新企业、上百项国家重点专利。高新区的潜力巨大，科技转化为生产力的效果越来越明显，2019 年成都高新区企业

---

① 袁航.牢牢把握科技创新这个关键 [N].贵州日报，2021-02-04 (11).

的生产总值创历史新高，超过了 2 000 亿元，在信息技术、生物工程、创新经济方面有明显的突破；在重庆高新区建设方面，这里聚集的 14 所高等院校为科研成果的产生创造了重要的载体，形成了多个新型的产业园区，主要以信息技术、先进制造业、服务业为主体，高新技术的生产总值也已经突破 1 800 亿元，高新区是重庆经济发展转型的重要表现；在绵阳科技城建设方面，绵阳科技城新区位于成都经济圈北部，是北上西安、兰州，接入"一带一路"的关键节点①，绵阳科技城拥有丰富的科技创新资源，为基础研究、技术创新、科技攻关和成果转化提供有力的支撑，绵阳积极与成都、重庆两地合作不断学习两地的创新方式，提高科技创新能力。

（3）关键核心技术攻关和成果转化。

成渝两地不断加强基础科学和应用科学的研究，促进学科之间的交叉运用和创新，加强战略型、创新型和前沿性的技术开发，在工程软件开发方面，不断培养专业性的技术人才，把技术和信息化、智能化连接到一起，不断促进集系统设计和仿真设计的新一代数字化工程软件的开发，这是企业数字化转型、提高创新能力研发效率的重要支撑；加强航空和燃机的建设，不断提高成渝两地航空运输能力，提高货物的集散能力和航空运输的人员流量，燃机这种动力机器是工业、汽车、飞机等必须使用的发动机设备，提高燃机的建设能力不仅能提高制造业的发展水平而且可以带动相关产业的发展；重视智能装备的研发与生产，协同制造业、技术研发、信息技术等最先进的技术单位，着手推进数控机床和基础制造装备的生产发展，在生产线建设、控制系统建设、精密仪器制造、关键零部件制造建设等方面着力，为实现整个生产建设规程的自动化、信息化、智能化、绿色化而倾注力量，以提升智能装备的建设水平。

（4）科技创新主体。

在促进科技创新发展的过程中，大学、科研中心、企业等独领风骚，几乎拥有所有的科研专利权。大学一直是科技创新的前沿阵地，大学能够不断培养人才，为科技创新提供源源不断的动力，也能够不断创造出新动力、新技术，不断促进信息化、智能化建设；企业通过设立技术创新部门或加强和研究机构的合作，在科技创新方面不断增加科研经费，提高企业的研发能力，健全科技创新的评价机制和奖励机制，实现产学研的深度融合；成渝地方政府不断加强国际间的交流与合作，吸引国外优秀的高校来成渝地区合作办学，利用优惠待

---

① 四川省人民政府. 四川省人民政府关于同意设立绵阳科技城新区的批复 [EB/OL]. (2020 - 12 - 25) [2021 - 02 - 05]. http://www.sc.gov.cn/10462/10464/13298/13301/2020/12/25/3f888b3255fb44e2910ed14ab42af43f.shtml.

遇吸引各个行业的专家学者来成渝地区工作教学，在成渝地区建设一批世界著名的高校、培养一批战略性科技人才、行业性领军人才、基础性研究人才、青年科技人才和高水平的创新创业团队，也不断地加强校企之间的合作，培养创新人才，建设创新高地。

（5）科技创新生态建设。

深化科技创新建设的全面改革，使科技、教育、企业、金融等重点领域深度融合，不断革新科技创新领域技术，打造新时代科技创新环境与生态。建立健全创新体系建设制度，要政府牵头，充分发挥市场配置资源的基础性作用，致力于使各式各样的科技创新主体协同建设发展，打造政府、企业、研究机构和高校紧密联合的科技创新一体化创新体系；在科研诚信建设方面，科技人员应不断提高自己的素质，勤奋创新不断创造新技术、新产品，政府不断健全立法制度，加强知识产权的保护，保护科技创新人员的脑力成果，成渝地区不断加强诚信体系建设，发挥道德对社会信用的规范作用，在全社会建立诚信光荣的氛围；在知识产权保护方面，成渝地区在遵守中央设立的法律法规下，根据地方经济发展的实际情况建立符合本地区知识产权保护的法律法规，制定企业与企业之间、企业与员工之间的商业机密保护和侵权条例，保障每一个创新主体的权利，制定相应的激励制度，鼓励社会成员对侵犯知识产权的行为进行监督和举报。

2. 科技创新中心建设的法治保障

科技创新在现代化经济建设中占据重要地位，只有科技越来越先进，中国经济才会领先于世界，而经济的发展离不开法治的保障。国家的一切重大改革都需要法治的保障，在法治的环境下推行改革[①]，保障改革的顺利进行。成渝地区不断加强立法工作，为科技创新建设一个良好的法治环境，在立法工作之后再在执法、监督方面下功夫。

（1）加强成渝地区立法，为科技创新提供法治保障。

时代的发展，经济发展的推动，新兴产业体系应运而生，电商行业赚得盆满钵满，成渝政府在不上位法的指导下，结合成渝新兴产业实际制定相关法律法规。一是不断构建有利于成渝地区科技创新发展的法治环境，科技创新体系的建立有利于建设创新型省份，建设世界性科技强省。成渝地区应不断加强科技创新体系的法治保障，不断完善科技创新的高能级创新平台、关键核心技术攻关和成果转化、科技创新主体、科技创新生态系统。二是不断强化科技创新

---

① 杨学博.为中国之治提供法治保障［N］.齐齐哈尔日报，2021-01-01（3）.

基础研究的立法保障，随着经济的发展，我国正在从制造型大国向创新型大国转变，而且随着我国对外开放的大门越开越大，一批创新型企业正悄然兴起。对标成渝地区进入创新型地区的战略目标，成渝地区在应用基础研究方面还有明显的不足，迫切需要从法律上加强对基础研究的保障，不断地为基础研究提供人力、物力、财力的支持。三是加强科研机构和各类创新主体立法①，科研机构是国家经济发展的重要支撑，建设一个强大的科研机构已经成为迫切需要。成渝两地虽然有一部分科研院所，但这些机构体制落后、人员更新慢，需要进一步深化改革改善现有问题。不断推动科研机构的立法建设，为各类创新主体提供法治保障。

（2）提高成渝地区执法，为科技创新提供法治保障。

法治在一个城市或地区的科技创新发展中的地位十分重要，在激活创新主体、科技成果的转化、保护知识产权等方面承担着重要职能。一是不断加强行政执法队伍建设，提高执法人员的素质②，执法部门和执法人员的运用法律的能力，直接关系到法律对社会的效力和作用，成渝地区在加强本地执法队伍建设的过程中，确保相关人员都要持证上岗，对无证的工作人员要加强培训或清除出执法部门。二是创新执法手段，促进成渝地区执法一体化建设，成渝两地科技创新联手合作更好地促进技术研究成果的转化，两地在执法的过程中促进执法监督的互联互通，建立成渝两地执法的联动协作机制，实现违法犯罪线索互通、协调监督标准一致、处理的结果互相认同、两地联合开展科技创新领域的市场监管，保障科研人员的创新成果。三是加强知识产权执法队伍建设，整合成渝地区已有的知识产权执法力量，建立科学、高效的知识产权基层执法队伍，改善行政执法的条件，不断提高执法者的能力，把成渝地区日常管制、重点治理和现有的创新环境结合起来，提高对侵犯知识产权行为的处罚力度，对假冒、盗版等行为实施相应的处罚，提高对研究者专利权的保护水平，对企业商标、版权等加强执法保障。同时，也要不断完善对侵犯知识产权行为的举报、投诉机制，畅通知识产权行政保护的救济渠道③。

（3）加强成渝地区法律监督，为科技创新提供法治保障。

党的十九大报告提出要加快构建创新型国家，着力提高我国的科技创新水平，走出一条经济健康发展的道路。面对新时代发展战略，要将科技创新和依

---

① 贺德方，陈宝明，周华东. 国际科技立法发展趋势分析及若干思考 [J]. 中国软科学，2020（12）：1-10.

② 吴雨冰. 巩固改革成果 创新执法体制 [N]. 中国建设报，2021-02-01（5）.

③ 马一德. 创新驱动发展与知识产权战略实施 [J]. 中国法学，2013（4）：27-38.

法治国紧密联系，构建完善的科技创新体系。一是不断提高人大的法律监督效力，成渝地区地方人大不断提高对政府执法工作的监督，不断提出务实的政策建议，多抓微观把小问题也解决好，对存在的问题要一抓到底、一探究竟，也要不断提高人大代表的自身素质，深刻理解法律，不断解决实际中存在的问题。二是不断加强政府层级监督和检察监督①，成渝两地司法和行政并行的创新技术保护机制不完善，专利保护还达不到人民群众满意的程度，发挥检察机关的作用对诉讼案件采取公正的审判，提高执法监督的效率和公平性，提高政府工作人员的法律素质，对上下级在工作中存在的违法、违规行为进行检举揭发。三是加强人民群众的监督作用，成渝地区不断提高党政工作的透明度，让人民群众不断参与对自身有利害关系对国家发展有重要影响的决策，不断地建言献策，让人民监督权力的运行，让国家权力在阳光下运行。政府要发挥人民群众监督的重要作用，加大政府重大事情的公开力度，主动让人民群众监督，不断回应人民群众的需要，提高政府在人民群众中的地位。

四、改革开放新高地法治保障及其效果评价

改革开放以来，我国坚持走社会主义市场经济道路，沿海地区迅速发展起来，深圳、上海、广州等地成为我国经济最发达的地区，随着开放范围的不断扩大，中部、西部地区逐渐享受到改革开放的福利，经济迅速崛起。成渝地区双城经济圈位于西部地区的交通要道，有丰富的自然资源和矿产资源，成渝两地也成为西部地区经济发展的引擎。

1. 改革开放新高地的主要内容

（1）不断深化经济领域的重点改革。

经济的发展进步关系到国民的福祉和中国的竞争力和国际地位，我国的人口红利也在慢慢消失，经济的转型升级迫在眉睫。不断深化我国经济领域的重点改革，促进经济的健康发展。一是加快我国产权制度改革，改革开放以来我国大力实施产权制度改革，为了搞活经济政府不断简政放权，国有企业改革是我国经济改革中最难的一环，不断降低政府对国有企业的出资率，引入外资、私人资本加入国企实现公私合营，不断减轻政府的经济责任和风险②。推动农

---

① 凌岚，赵菁奇. 科技创新法治机制存在的问题及对策研究 [J]. 全球科技经济瞭望，2020，35（2）：69-76.

② 韩朝华. 明晰产权与规范不断深化自贸区的制度创新，政府 [J]. 经济研究，2003（2）：18-26，92.

村集体经济组织制度的改革，提高集体经济的服务功能，不断打破城乡二元结构，促进城乡经济一体化发展，建立"归属清晰、权责明确、保护严格、流转顺畅"的现代产权制度，激发农业农村发展的活力①。二是促进土地管理制度改革，成渝地区位于我国西部，这里山地众多，土地（平原）资源稀缺，地方政府增加土地管理部门的人员数量，加强对浪费土地资源、抢占、污染土地等的行为进行排查，加强土地资源的管理利用，地方政府坚持把人民的利益放在首位。尊重人民的首创精神②，不断听取人民对土地资源管理利用的意见建议。三是促进经济区与行政区的分离，减少政府对经济的干预，提高企业的自主经营能力，让政府这只看不见的手的作用只有在经济出现困难的时候出现，在经济运行中不断减少政府的干预。

（2）激发市场主体的活力。

要毫不动摇地坚持公有制经济为主体，采用各种方式去激励、支持、引导非公有制经济的发展。国有企业、民营企业、小微企业和个体工商户等组成了我国现有的经济主体，推动市场经济稳步向前。一是在国有企业方面，成渝两地的国有企业分布在各个行业，不断推动成渝地区国有企业改革，减少国有企业发展的阻碍，让国有资本和国有企业不断地变大变强，不断推动国有经济的布局优化，调整优化国有企业的内部结构，发挥国有企业在我国经济中的战略支撑作用，提高国有企业在世界经济中的声誉和地位。二是提高民营企业的市场主体地位，在疫情期间各个市场主体活力不足，而民营企业又占我国经济总量的80%以上，民营企业发展动力不足直接导致我国经济下滑，地方政府应不断加强财税支持，在疫情期间减少企业压力，不断地为企业提供各项优惠政策，在我国经济下行的情况下促进民营经济健康发展。三是不断提高小微企业和个体工商户的市场主体地位，小微企业和个体工商户在疫情期间受到的打击最大，关门倒闭的企业不在少数，成渝地区地方政府一直坚持为人民服务的政策和要求，在政策方面不断减税降费，为小微企业和个体工商户提供发展的机会。

（3）推动高水平制度型开放。

在我国的规则、管理、制度方面不断提高开放水平，积极融入区域全面经济伙伴关系协定（RCEP）成员国大市场，更好地增进我国和世界的经济交流，提高我国的竞争力。成渝地区拥有国家的政策支持和广阔的消费市场，在

---

① 黄延信，余葵，师高康，等. 对农村集体产权制度改革若干问题的思考 [J]. 农业经济问题，2014，35（4）：8-14.

② 黄小虎. 探寻土地使用制度改革的历史方位 [J]. 上海国土资源，2020，41（4）：1-8.

经济发展中充分发挥自己的优势，提高该地区在国家发展中的地位。一是依托成渝地区自由贸易试验区的建设，不断深化自贸区的制度创新，对投资、贸易、金融监管、财税、人才、法治等内容进行具体规范。相关规范既为自由贸易试验区的运行提供了法律保障，又为建立高水平的地方政府治理体系搭起了基本框架①。地方政府对自贸区经济发展实行简政放权，推动协同发展、贸易便利化、投资管理系统化，提高地区金融水平。二是建设高水平的进出口商品集散中心，成渝地区地处西部且有便利的陆空交通，西部南部对外联系密切，有广阔的交流市场，不断加强成渝地区和泰国、缅甸、印度、欧洲和中国香港的合作交流，加快建设贸易强省（市），推动该地区贸易和投资的自由化便利化，建设高水平的"一带一路"商品集散中心。三是保护外资企业的合法利益，我国开放的水平越来越大，引进的外资越来越多，为了保护外商在中国投资的权益和利益，落实外商投资准入前国民待遇加负面清单管理制度，把成渝地区打造成中西部投资首选地。

（4）良好营商环境的建设。

营商环境就是生产力，优化营商环境就是解放生产力、提升竞争力②。充分明确我国营商环境的建设目标，努力营造风清气正的经济环境，不断破除市场准入的隐性障碍，为企业的健康发展创造良好的空间。一是促进政府的简政放权，成渝地区要接好中央政府下放的权力，要进一步理顺政府与市场、政府与社会的关系，激发市场活力和社会创造力，推动经济转型升级，保证中央政令畅通。简政放权必将促进政府高效协调运转③。成渝两地不断给予企业和单位更多的自由，把政府建成一个服务型的政府。二是不断健全新型监管体系，监督有利于政府工作的公平公正，防止权力被少数人、少数利益集团利用，事中政府的监督必不可少，完善监督体系，加强立法的规范，在事前和事后也应该提高监管的效力，对新兴的产业体系实行包容审慎的监督。三是完善社会信用体系，建设好政府的信用，是建立真正的企业信用、个人信用以及金融信用等的前提条件④。加强法律法规对企业运行的规范，扩展信用体系的适用范围，加强对企业、员工、人民群众的诚信教育，为企业的良好运行创造条件。

---

① 李光辉. 自由贸易试验区：中国新一轮改革开放的试验田 [J]. 国际贸易，2017（6）：4-6.

② 陈润羊. 在优化营商环境上下更大功夫 [N]. 甘肃日报，2021-02-05（10）.

③ 张定安. 全面推进地方政府简政放权和行政审批制度改革的对策建议 [J]. 中国行政管理，2014（8）：16-21.

④ 刘建洲. 社会信用体系建设：内涵、模式与路径选择 [J]. 中共中央党校学报，2011，15（3）：50-53.

2. 改革开放新高地的法治保障

改革和法治如同车之两轮、鸟之两翼，法治和改革相互联系，改革有法治的规范和保障，法治要随着改革的发展不断地推陈出新。随着中国经济发展到历史的拐点，改革开放的大门越开越大，中央决定推动成渝地区双城经济圈建设，建设中国改革开放的新高地，不断缩小西部地区与东部沿海地区的差异。在建设成渝地区双城经济圈时，要用法治保障改革开放新高地的建设。

（1）加强成渝地区双城经济圈立法，为改革开放新高地提供法治保障。

法治和改革相互推动，以法的强制力保证改革顺利推进，以法治方式巩固和扩大改革成果①。我国是法治国家，在新时代推动我国改革开放新高地的发展，需要法律来维护。成渝地区双城经济圈是新时代国家发展战略重点推动的地区，各地方政府高度重视，保障改革开放新高地建设的顺利进行。一是保证地方立法的高质量，针对成渝地区产权制度的改革，制定相应的法律保障企业、员工等的合法权益，为经济的发展创造良好的法律环境。成渝地区要用好地方的立法权，推动立法与改革开放新高地相互衔接，加强在人工智能、大数据、信息化等方面的立法探索，支持新经济、新产业的发展；二是促进成渝地区立法的协同发展，成都和重庆是西部地区经济发展的重要的带动地区，在现代化建设中拥有政策、技术、地理位置、人口等先天优势，成都和重庆两地是西部地区经济中心，加强两地区的协同立法，不断解决经济发展过程中遇到的难题，保障成渝地区改革开放新高地建设的顺利进行；三是多渠道建设立法，成渝两地在过去立法中存在渠道单一、部门之间立法差别明显、群众的参与度不高、缺少专家的意见等问题，现如今成渝两地不断克服这些问题，不断听取群众、专家等的意见建议，由被动立法变成主动立法，用立法保障成渝地区改革开放新高地的建设。立法是我国经济建设发展的基础，只有各项法律法规不断完善，才能在建设改革开放新高地时有法可依。加强成渝地区的立法协同，不断实现成渝地区经济的一体化发展，从而带动西部地区实现经济现代化发展。

（2）加强成渝地区双城经济圈执法，为改革开放新高地建设提供法治保障。

成渝地区坚持以习近平法治思想为指导，认真贯彻中央全面依法治国工作会议精神，着眼谋长远之策、行固本之举，运用法治思维和法治方式应对变局、开拓新局，纵深推进法治成渝建设，不断开创全面依法治理新局面。中

---

① 吴洁. 在法治下推进改革 在改革中完善法治 [J]. 红旗文稿, 2019（5）: 33-34.

央的决策指示为全面建设社会主义现代化地区提供有力法治保障①。一是不断提高行政执法人员的素质，加强行政执法队伍建设，成渝两地执法人员要相互加深对对方教育、文化、经济、法律等方面的了解，在政治、业务、政策等方面的学习落到实处，注重大局观念、整体观念和纪律观念，为改革开放新高地的建设培养一批高素质的行政执法人员。在执法过程中不断深入实际，全面了解事件的全过程，确保诚实公正地对违反公平正义的行为进行裁定。二是不断创新执法手段，成渝两地不断建设专业地点、系统指挥、保障人员布局、建立执法部门的联动机制，逐步实现执法的科学化，不断促进执法系统的信息化，保障执法过程的方位全覆盖、时段全保障，加强"线上+线下"的执法队伍建设，不断提高执法的现代化建设水平，近几年中国的经济飞速发展，为不断跟上经济的发展步伐，行政执法的手段也要不断创新。三是要健全考核激励机制，做到奖惩分明，让基层执法队伍有更好的制度保障②，对于基层执法表现良好的执法人员，要给予他们职位、工资或奖励，这有助于提高基层执法人员的工作积极性。成渝地区拥有良好的法律环境，行政执法人员只有不断提升自身素质、不断创新执法的手段、提高执法的能力，才能不断为改革开放新高地建设创造活力。

（3）不断完善监督体系，为改革开放新高地建设提供法治保障。

当前，我们正处在世界百年未有之大变局的快速发展时期，中国的主要矛盾发生了历史性变化，各种风险依然存在，统筹发展与安全、不断克服经济发展中的困难依然任务繁重，要不断提高国家治理体系和治理能力，在建设中国特色社会主义监督体制方面不断克服困难。一是不断加强对权力机关的监督，加强人大对政府工作的监督，成渝地方人大始终坚持习近平法治思想，依法对地方政府、检察机关、"一府一委"等进行监督，地方人大在制定监督的法律法规时应咨询专家学者、人民群众等的意见建议，使制定的法律法规更加符合成渝地区的实际情况，真正让人大监督"长出利齿"并在实际工作中"咬合有力"。二是不断提高政府内部的监督水平，成渝地区要把行政部门内部人员依法执行监督的责任放在对政绩和绩效的考核上，作为评价行政人员工作质量的重要依据，不断提高行政管理人员的监督水平。定期对政府工作人员进行法治培训，增加他们的法律知识，减少工作人员在工作中出现的错误，不断保护

---

① 彭清华在省委全面依法治省工作会议上强调坚定以习近平法治思想为指导纵深推进法治四川建设为全面建设社会主义现代化提供有力法治保障 [EB/OL]. （2021-01-07）[2021-02-06]. http://www.sc.gov.cn/10462/c105962/2021/1/7/adb47686eadb491ea6f48593e1d2e6cc.shtml.

② 宁晶. 接住用好执法权，队伍建设不可松 [N]. 中国自然资源报，2021-02-02 (3).

具有监督揭发责任的工作人员的权利，让更多人加入对违法犯罪行为说"不"的行列。三是加强人民群众对政府工作的监督，在我国，人民是权力的来源，权力的行使需要等到人民的监督，不断地发扬基层民主，采取自下而上的监督方式，人民群众可以建言献策给政府机关提供合理化意见，或者通过信访的方式表达利益诉求。专家学者具有专业知识，可以运用自己的知识对政府的工作提出建议，以减少政府工作的疏漏。

五、高品质生活宜居地法治保障及其效果评价

打造高品质生活宜居地是成渝地区双城经济圈建设的又一重要定位，在经济建设发展中维持民生稳步向前，从五个方面全面推进高品质生活宜居地的建设发展，分别是推进文化繁荣发展、推进教育现代化、加快健康四川建设、强化就业优先和社会保障、加快建设美丽四川。持续推进成渝地区双城经济圈建设，共享成果，满足人们对美好生活的向往。

1. 高品质生活宜居地的主要内容

（1）文化繁荣发展的区域实践。

我国拥有五千年的历史，文化灿烂繁盛，在社会主义现代化的建设过程中，要坚持社会主义核心价值观，坚持习近平新时代中国特色社会主义思想。成渝地区拥有灿烂的巴蜀文化、红色文化、革命文化等，不断建设文化强省，把成渝地区建设成为文化繁荣、环境优美、人民生活富裕的地方，使成渝地区成为我国高品质生活宜居地。一是不断提升公共文化服务水平，充分发挥政府的主导作用，提升更加完善的公共文化服务，不断满足人民群众对公共文化产品、公共文化活动、公共文化设施的需要，也要不断地促进社会公众力量的参与，政府和社会公众携手一起提升公共文化服务水平。二是传承弘扬中华优秀传统文化，对于自然风光、重要文化和非物质文化遗产加强系统保护和修缮，建立一批文化保护的研究机构，培养新一代青年学习和了解传统文化，推动三星堆、罗家坝等古文化遗迹的勘探和保护。三是成渝地区要加强家庭、家教、家风建设①，把"家"与"国"紧密联系在一起，将个人命运融入国家命运。

---

① 四川省人民政府. 中共四川省委制定四川省国民经济和社会发展第十四个五年规划和二零三五年远景目标的建设 [EB/OL]. （2020-12-09）[2021-02-06]. http://www.sc.gov.cn/10462/10464/10797/2020/12/9/30de25c615154348835843b58380030f.shtml.

注重家庭、家教、家风建设，是新时代基层社会发展的重要抓手和着力点①。家庭是孩子接受教育的第一个地方，把家庭教育、学校教育和社会教育结合在一起，为孩子成长创造一个良好的环境，家风是社会文明风貌的一个缩影，良好的家风将促进良好社会风气的形成。

（2）教育现代化发展目标的区域实践。

教育为科技创新不断地培养人才，教育是一个国家长期健康发展的重要推动力，教育要面向现代化、面向世界、面向未来。成渝地区拥有四川大学、重庆大学、电子科技大学等多所著名高校，地方政府也不断加强政策、财政和技术的支持，促进该地区教育事业的发展。一是优化配置城乡教育资源，在城镇化发展的趋势下，不断进行城镇地区校舍的建设。成渝地区实施优惠政策，吸引人才到城镇、乡村等地教学，把教师、资金、设备等平均分配到城市和乡村。二是不断完善各阶段教育体系，成渝两地要扩大公办学前教育资源，解决幼儿上学难的问题，推动优质的初高中教育发展，普及高中教育，完善高等教育，建设世界一流的大学和科研机构，完善成渝地区各阶段的教育体系。三是发挥线上教育的优势，近年来我国互联网发展迅速，各种线上教育培训层出不穷，在线上学习，不仅能节约成本和时间，而且可以享受到全国优质的教育资源。成渝地区不断发挥在线教育的优势，不断办好开放性教育，建设学习型的社会。四是加强高素质专业化创新型教师队伍建设。教师是现代化新型人才的培养者，成渝地区应定期培训在岗教师，全面提高教师的综合素质，使教师的教学工作更加顺利，使教师队伍更加专业化。

（3）健康中国规划的区域实践。

党的十九大提出建设健康中国的战略计划。成渝地区深入学习党的十九大精神，把握健康中国的战略部署，不断提高人民群众的健康水平。一是建立稳定的公共卫生机制，针对社会突发性重大疫情等，迅速反应，全力出动，保护最广大人民群众的利益，针对重大疾病开展社会紧急援助，践行全心全意为人民服务的宗旨。二是加快推进全民健康信息平台建设，成渝两地协同建设网络全民健康信息平台，将两地人民的健康信息录入网络，便于人民群众就医和病情研究。三是加快发展医药和健康产业，医药研究是民众治病的关键，立法靠拢医药方面，针对医药生产完善法律法规，加大支持力度的同时加大违法惩戒力度，全力保证在药品生产这个源头上不出现问题。四是开展全民健身运动，

---

① 王能引. 探寻家庭家教家风在基层社会治理中的作用 [J]. 中共合肥市委党校学报, 2020, 19（6）：45-48.

加大全民运动健身的宣传力度，在社会上形成运动健身的良好氛围，全民都为健康四川、健康重庆出一份力。

（4）就业优先和社会保障政策的区域实践。

就业、社保等社会发展必要环节关系着社会的长治久安、人民的安居乐业，成渝良好的社会环境需要两地政府协同完善各项公共服务制度，保证人民需要，推进美好生活向前发展。一要全面落实"就业优先"战略，建立完善的就业公共服务体系，利用先进的"5G+"网络技术，联通线上线下就业服务，革新就业体系、就业形态。侧重毕业大学生初就业、退役军人就业、残疾人就业等就业难问题，抓好人才创业帮扶工作，做好技术、资金等支持工作。持续完善社会化就业相关技能培训制度，培育更多专业人才。二要健全社会保障体系，推进社会保障均等化，切实保证社会保障城乡公平统一、全民皆享、持续稳定。对基本养老、基本医保要持续完善相关制度，对重大疾病保险、社会紧急救助等制度要确立完善的法律法规。积极发展社会性福利事业，对退役军人、贫困人口、残障人士等需要帮助的群体实施救助方案。三要采取必要措施应对人口老龄化，宣传优生优育政策，降低生育、养育、教育成本，特别是促进教育事业发展，以达到全面提升人口各项素质的目标。通过建设养老院等，扩大与重建老年人活动场所，不断提高老年人生活质量。

（5）加快建设高品质生活宜居地。

习主席多次在各种场合强调"绿水青山就是金山银山"，要全面落实主席指示，坚持生态优于发展的理念。一要加强生态系统保护，重点做好已破坏生态环境的修复和生态环境治理工作。针对长江流域生态环境保护建设，使河长制、湖长制的实行落到实处，对捕鱼、排污、放牧等禁止行为做出严格的监督监管。针对濒危动物、名贵古树等做好保护，严格管控外来物种，保护生态环境和生物多样性。二要深化生态文明建设，把生态文明建设的重要地位凸显出来。通过建立健全生态文明建设规范，推进现代化环境治理体系建设，完善各项资源节约、可持续发展机制，加强生态环境检测监管。重点针对国土空间布局优化、资源节约、生态系统保护等方面制定法律制度，依靠硬手段保证生态文明建设。三要坚持绿色发展理念，建立健全绿色生产、绿色消费、绿色回收的法律制度，推动建设绿色低碳发展市场生产体系，大力发展绿色金融，着手环保产业、清洁能源产业，构建完善的绿色发展产业体系。倡导节约、反对奢侈浪费，创造良好的绿色社会环境氛围。

2. 高品质生活宜居地建设的法治保障

成渝地区是我国西部地区发展的引擎，随着经济几十年的高速发展，生态环境遭到了严重的破坏，人们的生存环境也面临严峻的考验，两地政府协调一致运用政策和财政手段给予生态修护的支持，运用法治保障成渝地区建设高品质宜居地。

（1）完善成渝地方立法，为高品质生活宜居地提供法治保障。

把成渝地区建设成为在全国都具有影响力的高品质生活宜居地，是贯彻"以人民为中心"发展思想的具体体现，是顺应新时代我国主要矛盾的发展变化、对人民群众对美好生活提出更高要求的积极回应。必须在推动成渝地区政治、经济、文化、社会和生态全面发展的过程中加强法治的保障作用。一是要完善地方立法，提高立法的质量。成渝地区地方立法是对上位法的细化，具有实时性、补充性和探索性的特点①，从成渝两地的实际情况出发，通过立法补充上位法和之前立法的缺失，从而促进立法质量的提高和成渝地区经济的健康发展，给高品质的生活宜居地建设创造条件，让地方立法的优势不断体现出来。二是不断丰富地方立法的内容。我国立法要坚持为人民服务的宗旨，地方立法也要依据这个宗旨不断地在立法上重视对人、财、物的保障，注重成渝地区文化、教育、健康、就业、城乡融合发展的立法保障。现如今我国经济发展迅速，立法也要随着经济发展不断增加新的内容，成渝地方政府重视人民生活水平的提高，为高品质生活宜居地建设添加一层法律的绿衣。三是保持立法的开放性。虽然当今地方立法的质量提升很大，但在实际运用中仍然存在一些问题，例如立法落后、不能照顾到少数人的利益等，成渝两地在立法过程中应不断加强统一合作，提高对少数民族立法的重视，保持立法的开放性，让法律更好地服务于成渝地区双城经济圈，更好地保障成渝地区建设高品质生活宜居地。

（2）提高成渝地区执法水平，为高品质生活宜居地提供法治保障。

当前地方政府的工作越来越受到社会各界的关注，地方政府的执法能力关系到当地经济的发展，关系到人民群众的合法权益，关系到国家和社会的稳定。因此，不断地提高地方行政执法水平，用法治保障人民群众拥有高品质生活宜居地。一是转变执法观念。成渝地方政府不断更新落后的执法观念，不断加强对执法人员的思想文化教育，对一线的执法人员定期展开思想和专业知识培训，牢固树立为人民服务的思想宗旨，把人民群众的利益放在工作的首要位置。地方执法人员应以法律为准绳维护社会公平正义，坚决避免执法过程中的形式主义和官僚主义。二是不断提高执法人员的综合素质。行政执法是一个需

---

① 何青洲.强化公共文化服务的地方立法保障［N］.学习时报，2021-01-20（2）.

要丰富知识和良好道德素养的工作，目前成渝地区执法人员的综合素质不够高，地方应不断加强培训，不断提高执法人员的业务能力，例如定期组织执法人员培训，到发达地区考察学习，不断积累执法人员的经验。把那些具有敬业精神、思想觉悟高的执法人员突显出来，不断地提高执法人员的道德水平。不断强化执法人员的责任意识，提高执法者的工作效率，不断促进成渝地区健康稳定发展。三是不断完善执法过程。首先地方政府主动改善执法环境，增强执法的透明度，成渝两地方政府协调一致，不断减少一线执法工作人员的工作阻力，提升执法的效能；其次地方政府不断加强执法资源的整合，在具体的执法过程中不断降低人员和资金的浪费；最后成渝各级政府还要从社会经济发展的新形势出发，做好法律规章的制定与完善工作，根据社会治理的新情形，赋予法律新内容，从而为一线执法人员提供强有力的法律支撑①。

（3）不断完善监督体系，为高品质生活宜居地提供法治保障。

党的十九大报告提出要不断健全人大监督、民主监督、行政监督、司法监督、群众监督、舆论监督制度，在党的统一领导下，聚焦社会各界力量，提高对执法人员的监督。成渝地区是西部经济发展的中心，是西部地区政治、经济、文化、生态建设的典范，不断完善成渝两地的监督体系，为高品质生活宜居地建设保驾护航。一是加大对行政权力的制约监督。成渝两地不断探索制定权力清单，厘清行政权力的边界，对政务工作实行"好差评"制度，在成渝地区建立"惠企政策兑现窗口"，对行政执法的事前、事中、事后进行全流程的闭环式监督，切实落实法院司法建议、检察院检察建议反馈制度，主动公开政务信息，提高社会对政务工作的监督力度②。二是不断促进日常监管的智能化，不断推动"互联网+公共法律服务"建设，加快智慧成渝建设。成渝地区是我国经济发展水平较高的地方，网络、信息的发展都名列全国前列，不断提高监督部门智能化的工作水平，全方位、不留死角地监督行政管理人员。三是不断增强社会监督。我国是人民当家做主的社会主义国家，人民是国家的主人，人民是国家权力的主体，政府要不断完善信息公示制度，提高政府对权力监督的意识。人民群众可以通过政府网络平台、上访等方式进行参政议政，对政府错误的工作方式提出改革意见。各方面的专家学者也是政府重要的智囊团，赋予专家学者在政府工作中讲话的权利，使其监督地方政府的工作。成渝

---

① 亓岩. 提高地方政府行政执法能力和水平研究 [J]. 改革与开放, 2016 (12)：69-70.

② 自贡市聚焦重点 完善机制 推进司法行政执法司法制约监督体系建设 [EB/OL]. (2020-10-10) [2021-02-06]. http://www.sc.gov.cn/10462/10464/10465/10595/2020/10/10/79392a1344d6404990294f48bc3ea6bb.shtml.

地区通过不断完善监督体系，为高品质生活宜居地建设提供法治保障。

六、本章小结

习近平总书记主持召开中央财经委员会第六次会议强调大力推动成渝地区双城经济圈建设，在西部地区形成高质量发展的重要增长极，把成渝地区打造成为内陆改革开放的新高地，推动经济高质量发展。要根据成渝地区的实际情况，抓住建设成渝地区的战略优势，推动成渝地区协调发展，促进人才、资源和资金等各类发展要素的合理流动和聚集，发挥成都和重庆两个中心城市的协调带动作用，把成渝地区打造成为具有全国影响力的重要经济中心、科技创新中心、改革开放新高地、高品质生活宜居地，助推西部地区经济的健康发展。我国是世界上最大的发展中国家，依法治国是我们的本质要求。推动成渝地区双城经济圈的发展也要坚持法治理念。要想促进成渝地区经济、政治、文化、生态的协同发展，就必须利用好两城市发展的优势，而法治保障就是成渝地区健康发展必不可少的基础和条件。加快成渝地区法治建设，推动经济现代化发展。我国发展进入了新时代，各项法律法规更加完备，开启了全面建设社会主义现代化国家的新时代，推动如粤港澳大湾区、京津冀、成渝地区双城经济圈等区域经济的健康发展，都要通过法治保障区域经济发展的成果。成渝地区作为我国西部地区经济发展的引擎，在政治协调、区域发展、产业融合等方面取得了重大的成就，作为国家级的重要发展区域，成渝地区把依法治国贯彻落实到经济发展的方方面面，全面提升成渝地区的法治水平，在矛盾风险来临时成渝地区有了更好的应对能力，把两地的社会环境建得更加公平、市场更加协调、改革发展更加坚强有力。成渝地区坚持在法治的保障下促进融合发展，必须不断提高政府的工作水平，增强"四个意识"、坚定"四个自信"、做到"两个维护"，必须不断深化对成渝地区双城经济圈建设重要意义的认识，比如持续推动市场化改革，建设更加开放公平的市场体系，依法治规范市场主体的活动、保障人民群众的利益、完善公共法治环境，为加快推动成渝地区双城经济圈建设的各项政策任务落实提供法治保障。

当前成渝地区正在推进法治省份、法治政府、法治社会建设，在各个方面都取得了一些新成绩，党加强了对依法治省的全面领导，成渝地方法规更加完备，法治政府建设更加深入，在改革方面司法体制取得了一定成效，法治成渝建设成效显著，特别是在疫情的情况下，两地政府共同完善立法、执法、司法、守法各个环节，为经济的健康发展提供有力的法治保障。但在全面依法治省方面还存在着一些不足，需要地方政府继续努力，成渝地区必须把握住战略定位的优势，加快推动法治改革、完善法律法规，充分发挥法治在经济建设中的保障作用，牢固成渝地区高质量发展的法治基石。成渝地区努力把法治建设作为重要的工作，在遵循国家宪法的基础上，健全地方法治，谋划未来成渝地区法治建设的蓝图，不断提高立法的质量和效率。另外还要并不断推进党委领导、人大主导、政府依托、社会参与的立法工作①，对重点行业、重点部位，要针对性地建立相关法律，要建设具有特色的法律法规。成渝地区在地方法治政府建设方面取得了一些新的突破，法治给行政权力划定了界限、定好了规矩，行政决策的程序更加规范。成渝地区深入推进"放管服"改革，在执法方面更加公正文明，司法的公信力得到全面提升，法治保障社会的公平正义，努力让人民群众感受到每一个司法案件的公平正义。不断提高公共法律的服务水平，对青少年加强法制教育，使法治成为每一个社会成员的普遍共识，推动建设成渝地区的法治环境。成渝地区把党对法治工作的领导放在首位，为推进全面依法治省提供有力的保障，各地方政府要发挥带头作用，把握好法治方向，积极履行好协调统一、监督检查、落实责任的工作，形成上下联系、左右贯通、共治共享的法治环境。领导干部的法治意识和法治思想也不断提高，以实际行动带动全社会形成崇德向善、遵守法律的社会氛围，把法治素养运用到选人用人的干部考核评价标准中，不断提高社会各个方面的法治水平。人才是社会发展的重要组成部分，在成渝地区打造一批高素质的法律工作者，促进成渝地区政治、经济、文化、社会、生态等建设的一体化。

---

① 彭清华在省委全面依法治省工作会议上强调坚定以习近平法治思想为指导纵深推进法治四川建设为全面建设社会主义现代化四川提供有力的法治保障 [EB/OL]. (2021-01-07) [2021-02-07]. http://www.sc.gov.cn/10462/c105962/2021/1/7/adb47686eadb491ea6f48593e1d2e6cc.shtml.

第七章 成渝地区双城经济圈建设法治保障的主要内容

  法治是人类文明进步的重要标志，是治国理政的基本方式，是中国共产党和中国人民的不懈追求。要深入学习贯彻习近平新时代中国特色社会主义法治思想，增强"四个意识"、坚定"四个自信"①，全面贯彻党的十九大和十九届三中全会、四中全会会议精神，把法治思想贯穿于我们工作和生活的方方面面，胸怀中华民族伟大复兴的中国梦。站在世界百年未有之大变局的历史拐点，坚持党对一切工作的绝对领导，坚持以为人民服务为中心，领导干部应充分履行职责，坚持稳中求进，不断化解工作中的危机，依法促进经济发展、维护社会稳定。

  成渝地区双城经济圈地处我国西部内陆，自 2011 年《成渝经济区区域规划》出台，2016 年《成渝城市群发展规划》印发，在《2019 年新型城镇化建设重点任务》中已经明确成渝城市群与京津冀城市群、长三角城市群、粤港澳城市群处于并列地位。国家将成渝地区双城经济圈建设提到了新型城镇化建设的至高位置，对成渝地区双城经济圈建设成果充满信心。成渝地区双城经济圈既是我国西部地区经济高质量发展的新的增长极，也是联通西南西北，推进长江流域经济带和新的丝绸之路经济带发展的重点战略建设工程，成渝两地政府致力于将成渝地区建设成为具有全国影响力的重要经济中心、科技创新中心、改革开放新高地、高品质生活宜居地。成渝两地政府落实中央政策要求，协同系统地构建两地建设规划，树立一体化发展理念，合理统一筹划、一体部署、互相协作、共同实施，唱好"双城记"。要加强交通基础设施建设，加快

---

  ① 李克强主持召开国务院党组会议 学习贯彻习近平法治思想和中央全面依法治国工作会议精神 [EB/OL]. (2020-11-26) [2021-01-14]. http://www.sc.gov.cn/10462/13241/2020/11/26/a6b6435540ab4c16b2a8767b15b929cc.shtml.

现代产业体系建设，增强协同创新发展能力，优化国土空间布局，加强生态环境保护，推进体制创新，强化公共服务共建共享①。

成渝地区双城经济圈建设离不开法治保障，法治手段既是保障成渝两地经济发展的必要方法，也是成渝建设的成果体现。本部分从法治保障角度多方面讲述成渝经济圈建设的主要内容即为成渝经济圈法治保障的主要内容。法治保障的主要内容：一是交通基础设施建设。将法治思维和法治方式贯穿交通基础设施规划、建设、管理、运营过程，从铁路、公路、航空、水运、运输服务成就与规划等方面进行系统介绍。二是产业体系。产业与区域经济协调发展应以法律制度体系加以规范，摆脱经济发展政策路径依赖，主要是从现代农业、现代工业、服务业等产业分析。三是协同创新。创新资源共建共享和区域法治协同，从全方位、多层次考虑成渝两地深度协同融合发展。四是国土空间。对川渝两省地区乃至长江中上游区域的空间布局，建立健全相关制度，根据两地地理资源实际，对区域空间布局及布局内的各种资源利用做协调规范的建设。五是生态环境。考虑长江流域生态系统与经济发展同构性、流域治理开发保护与管理特殊性，在制度上规范引导，促进人与自然和谐共存，致力建设成渝美好生态。六是体制创新。强化管理的程序公正，以治理框架法治化保障成渝地区平衡发展。七是公共服务。从成渝两地社会实际着手，着重考虑农村地区公共社会服务资源缺少问题，完善服务标准化、区域均等、城乡均等、群体均等的政策法律体系。

一、交通设施方面

交通设施建设在现代产业体系中占据基础地位，同时也是促使现代产业体系发展的重要工具。成渝地区双城经济圈交通基础设施建设是发展成渝经济的重要保证，对经济发展的基础性、导向性、推动性作用是不可替代的。党的十九届五中全会强调要加强交通强国建设②，这就要求交通设施发挥内外经济联动的重要纽带作用，成为改善人民生活质量、促进共同富裕的重要保障。习近平总书记在中央财经委员会第六次会议上强调，要大力推动成渝地区双城经济

---

① 省委召开常委会会议传达学习习近平总书记有关重要讲话重要指示精神 认真贯彻落实《成渝地区双城经济圈建设规划纲要》融入国家战略谋划推动我省"十四五"时期经济社会发展[EB/OL]. (2020-11-27) [2021-02-07]. http://www.sc.gov.cn/10462/10464/10797/2020/11/27/d45c2e5d4a8c48b48ee4426e07f9c78b.shtml.

② 中共十九届五中全会 [N]. 人民日报，2020-10-29 (1).

圈建设，在西部形成高质量发展的重要增长极，发挥好重庆和成都两大中心城市的领导带头作用，助推成渝地区乃至长江中上游及西部地区高质量向上向好发展。坚决贯彻落实交通强国指示精神，根据四川省交通运输厅和重庆市交通局出台的《成渝地区双城经济圈交通一体化发展三年行动方案（2020—2022年）》文件要求，把目标放在基础设施的短板上，加快构建内部畅通外部联动、高效快捷的区域交通运输体系，共同建设成都—重庆国际性综合交通枢纽，合力推动成渝地区双城经济圈交通一体化试点工程先行先试。大力推动成渝地区双城经济圈交通基础设施建设，强化成渝交通设施内联外通的作用，充分发挥该地区交通枢纽的作用，不断完善传统和新型基础设施建设，构建互联互通、管理协同、安全高效的基础设施网络，使成渝地区成为我国交通基础设施建设的样板，成为西部地区进行国际交流的枢纽。在坚持"绿水青山就是金山银山"的倡导下，大力发展绿色交通、智能化交通，促使交通运输结构的优化，充分发掘和利用已有的资源，提高交通基础设施建设的效率和质量，实现交通和生态环境的和谐共存。统筹推进，合力发展，根据各地的实际情况发展出独具特色的一体化道路和模式，共同构建成渝地区交通融合发展的新格局。

一年多来，成渝两地在铁路、公路、航空、水运、运输服务方面的交通基础设施建设齐头并进，在交通基础设施的规划、建设、管理运营等方面取得了辉煌成就。在铁路建设方面，成渝地区推动干线铁路、城际铁路、都市圈市域（郊）铁路和城市轨道交通"四网"融合发展，克服地形带来的困难，打造多方向的对外大通道，形成米字型干线铁路建设，依靠"一带一路"和长江经济带建设发展，促进铁路建设的出海出关，加强对内对外的联系带动本地区经济的发展；坚持"多中心、多层级、多节点"网状的城市建筑特点，推动一体融合、互联互通、环射结合的城际铁路建设，实现"1小时交通圈"，促进城际、地域之间的协调发展；根据地形和城市建筑特点开建更多的轨道线路，加强轨道站点和常规公交站点的无缝衔接，提高城市的现代化水平，实现轨道交通和人口、产业、土地利用协调发展。在公路建设方面，成渝地区畅通对外高速公路通道，加快加密公路干线，打通"断头路"和"瓶颈路"促进地区之间的交流和联系；完善中心城区城市道路网络和强化主城都市区高速公路和快速路一体化衔接。在水运建设方面，成渝地区建设四通八达、协调联动的水运网络，建设以长江干线为主通道、多条重要支流为骨架的航道网络，加快长江上游航道整治和梯级分层，加强港口分工协作，构建结构合理、功能完善的港口群，着力打造长江上游航运枢纽，加强航运体系筹分工协作，提高长江上游航运中心服务水平。在航空建设方面，成渝地区建设引领内陆、辐射全球的航空网络，不断增加机场的数量，进一步扩大航空服务覆盖面，加快构建以"枢纽机场为核心、支线机场为支撑"的运输机场布局体系。在全国各地的航空建设中，成渝更应发挥好模范作用，创造建设多位一体的全国航空服务系统。在交通运输服务方面，成渝地区利用先进的网络手段，通过建设"1+5+N"物流信息平台，融合发展铁路水路、公路铁路、"一单制"联运服务，加速促进高铁快运、电商快递班列、多式联运班列发展与完善，提高成渝两地交通运输服务能力，更好地服务人民群众，便捷人民出行，提升人民的生活幸福感。成渝地区要立足成渝地区双城经济圈发展，依托重庆物流通道、成都国家重要商贸物流中心，以满足经济发展需要为目的，利用成渝地区地理位置优势，发挥"水水中转""铁水联运"物流通道方式的优越性，着力建设成渝连接长江中上游和西部地区重点运输通道，使成渝物流通道成为长江上游的物流中心、西部地区物流服务的重要组成部分。成渝地区运输服务建设的全面开展，是成渝地区双城经济圈交通基础建设的重要一环，是加速物流交易、提升物流服务水平、完善现代物流体系的一大步，是提高双城人民生活质量的添翼之笔，是成渝经济发展的巨大推手。

法治交通建设是法治政府建设的重要内容，是交通强国战略题中的应有之意，是实现交通运输治理体系和治理能力现代化的必由之路，是实现强体系、强治理、强服务的基础和支撑。成渝地区遵循中央的指示把法治思想贯穿于交通建设中，促进该领域蓬勃健康发展。四川省委书记彭清华在四川省交通建设推进会议上的讲话指出："牢牢把握交通'先行官'定位，对接落实国家有关政策，加快推进重大交通基础设施建设，推进铁、公、水、空各种运输方式协调发展，分级打造一批国际性、全国性、区域性的交通枢纽，构建安全、便捷、高效、绿色、经济的现代化综合交通体系。"① 党政机关应该坚定不移地深化法治政府部门建设，为实现交通强省、交通强国提供良好的法治环境，依据中央的要求，不断调整法治政府部门的领导小组和职能，加强第一责任人负全责的法律要求，适时出台一些加强交通强国建设的行动方案，对政府部门的工作人员实施考核评价机制，完善交通运输法治政府部门建设报告和通报公示制度，对交通基础设施建设部门的重大项目实施社会公示制度，增强社会透明

---

① 我省召开交通强省建设推进会议牢牢把握"先行官"定位 加快补短板强弱项努力建设人民满意保障有力全国一流的交通强省彭清华作批示 尹力出席并讲话［EB/OL］．（2020-10-16）［2021-02-07］．http://www.sc.gov.cn/10462/14721/14722/14732/2020/10/16/3fb17046e76e4d318c702c1c59e8512c.shtmlm.

度，扩大公众参与度，提高专家风险评估的质量和效率。成渝地区应坚定不移构建完备的综合交通运输法规体系，紧紧围绕国家交通强国的建设目标建设交通强省，根据社会发展不断调整交通运输的法律法规，制定并出台一些适用于跨省跨国的铁路、公路、水运、航空等的法律体系，重点加强交通安全法、运输法、收费条例和推进"一带一路"建设的法律法规建设，不断完善交通运输关联的新兴行业立法工作，如快递、外卖行业，促使物流服务更加安全高效，外卖行业更加完善。要坚定不移坚持规范严格公正文明执法，稳步推进交通运输部门的执法改革，对分散的执法部门进行整合，减少不必要的人力物力，提高部门的办事效率，逐步落实交通运输部门的执法公示制度、记录执法的全过程，构建完备的交通运输处罚制度，加快推进交通运输部门的行政执法信息化建设，实现省际联合执法、信息共享制度，着力解决跨省案件执法的难度。建立交通部门法律专家委员会、法律顾问和公职律师制度，提高科学、民主、依法决策水平。交通的通达程度对地区经济社会发展起着基础性的作用，要加强政府和人民的联系，优化基础设施建设，使完善的基础设施更好地服务于人民的生活、更好地服务于"一带一路"建设和西部大开发战略，把法治保障贯穿于交通建设的方方面面，不断促进成渝地区经济的发展和人民生活水平的提高。

成渝地区双城经济圈交通基础设施建设，现如今在铁路、公路、水运、航空、交通运输方面取得初步成效，如成渝铁路、兰渝铁路、渝蓉公路、渝遂公路、草街枢纽、潼南枢纽、重庆江北机场、成都双流机场、天府机场等的建设。交通基础设施的建设和完善，不仅缩短了两地空间上的距离，而且也加速了两地人才、信息、金融、产业的联系，发挥了成都、重庆两大核心城市辐射、带动作用，促进了经济的发展、人员的流动、产业的更新换代升级。要继续按照"统一谋划、一体衔接、互联互通、协同管理、共治共享"的思路，坚持交通一体化发展，坚持"成渝一盘棋"思维，牢固树立一体化发展理念，在坚持国家大政方针的前提下，到 2025 年，基本实现基础设施网络"一体化"、运输服务体系"一体化"、交通治理体系"一体化"三个"一体化"，到 2035 年，构建"面向全球、辐射全国、引领西部"的成渝地区双城经济圈现代化综合交通运输体系。要牢牢抓住成渝地区双城经济圈建设的时机，不断增强各部门的工作责任感，紧盯该地区建设的问题、短板、弱项，要不断细化中央、省政府关于交通建设的意见措施，着力建设内联外通的综合立体交通网络，加快建设便捷的运输服务体系，大力推进交通和产业的发展，逐步做强交通企业，推动四川省由交通大省向交通强省迈进。

二、现代产业体系方面

现代产业主要指第一、第二、第三产业，但在经济发展水平不同的国家含义又有些差别，对于我国这样一个网络发达的发展中国家，现代产业体系则以智慧经济（数字经济）为主导、现代农业为基础，主要包括现代农业、现代工业、服务业等产业，是现代经济体系的重要支撑。现代产业以实体经济为依托，在国民经济中占据主导型的地位，是国民收入的主要来源产业、国家发展壮大的支柱性产业、提高国际竞争力的重要组成部分。习近平总书记主持召开中央财经委员会第六次会议时强调成渝地区要加强现代产业体系建设①，加强顶层设计和统一规划，突出成都和重庆两大城市的中心地位，辐射带动西部地区经济发展。重庆市委书记在九龙坡区调研时强调②，加快现代产业体系的发展，推动经济体系转型升级，是党的十九届五中全会做出的重要发展部署，我们要深入领悟会议内容，根据现实情况逐步落实，要把实体经济放在中心位置，因地制宜地发展现代化新兴产业，提升产业的现代化水平，提高产业发展的效益和竞争力，努力提高创新水平，推动传统低端产业向制动化、信息化转变。要重点针对经济发展中的薄弱点，大力助推产学研深度融合，着力攻克核心技术难关，加速成果的转化，加快推动信息化的发展，推动数字化、信息化和实体经济的融合，积极发展数字经济时代下的新技术、新方法、新产业、新模式，打造具有国际影响力的现代产业体系。第一，在加快发展现代工业方面，保持制造业在国民经济中的稳定的比例，发挥先进制造业对经济的引领带动作用，把优势工业和新兴产业放在突出位置，加快构建"5+1"现代工业体系，加快制造业的发展。促进工业基础设施建设，推动制造业的转型升级。提高企业的创新能力，加快高端品牌的建设，成渝两地协同整合汽车、智能化制造、电子信息等优势产业，培养一批世界顶尖的大企业。不断促进装备制造、能源开发、优质酒业、食品加工等具有国际影响力的产业群的发展和全国重要的生物医药、核技术开发、能源化工、先进材料、口腔医疗设备等产业基地建设，培养数字化、智能化、信息化等未来的新兴产业群。打造成渝一体化高质

---

① 习近平主持召开中央财经委员会第六次会议 [EB/OL]. (2020-01-03) [2021-02-07]. http://www.gov.cn/xinwen/2020/01/03/content_5466363.htm.

② 杨帆，张珺. 陈敏尔在九龙坡区调研时强调 深入贯彻党的十九届五中全会精神 着力提升产业链供应链现代化水平 [EB/OL]. (2020-11-05) [2021-02-11]. http://cpc.people.com.cn/n1/2020/1105/c64094-31920058.html.

量发展的示范区，积极承接发达地区的产业转移，推动建筑业智能化发展，促进制造业的转型升级。加强政府的引领作用，各地政府把法治建设放在重要位置，切实把工业现代化发展的各项工作纳入法治化轨道；提高立法质量，提高对地方政府立法的监督，对智能制造业、电子信息产业等影响深远的产业立法项目进行统筹规划，优化立法环境、建设地方立法咨询专家库，推动立法工作的制度化规范化；深化"放管服"改革，加快政府简政放权，提高企业经营自主权，在企业的生产、销售等环节加强政府和人民的监督，使企业在法律允许的范围内发展。第二，在推动农业现代化方面，提高农业的技术投入，促进农业的机械化，加快建设现代农业体系，促进农业与二、三产业的融合发展，推动四川省由农业大省向农业强省的转变。严格控制耕地面积，实施耕地保护政策，提高农田建设标准，加强技术投入，推动耕地病虫害防控体系建设，提高粮食的产量和质量，调控储蓄粮食的能力，保障粮食的安全和重要农产品的供给能力。提高人们节约粮食的意识，深化农业供给侧结构性改革，提高农业的绿色、标准、产业化建设。促进现代农业园区的建设，打造城市农业示范区，保障特色农产品的发展，促进成渝地区特色农业经济带建设。加强成渝地区农业立法，促进农业立法与社会主义市场经济和农业现代化发展方向相适应；面对农业的改革，不断完善执法队伍建设，建立成渝地区行政执法队伍的协调联动机制，提高对农业现代化行政执法的监督检查；加强农业司法机构建设，提高司法人员的素质，严明公正地处理农业发展过程中的违法行为①。第三，在加快发展现代服务业方面，加快建设"4+6"现代服务业体系，推动生产性服务业向信息化和智能化方向转变、生活性服务业向绿色多样化转变，促进成渝地区服务强省建设。积极促进服务结构、服务模式的转型升级，促进现代服务业集聚地建设。成渝地区是促进西部地区发展的龙头，不断提高该地区金融服务中心的地位，完善现代金融服务机构，加强基础设施的建设，不断扩大金融市场，发展特色金融，不断为"一带一路"建设注入活力。加快建设旅游强省，不断提高自然风光、人文风光、红色文化等旅游资源的知名度，加快交通、民宿等旅游配套基础设施的建设，打造世界著名的文化旅游品牌，共建巴蜀文化旅游走廊。不断推动生产性服务业、生活性服务业、金融服务业、旅游服务业等的一体化建设，对在发展中出现的矛盾问题，加强立法，促进政府监督，提高成渝地区现代化服务水平。成渝两地在现代服务业方面加强法治建设领域的交流与合作，共同打造"区域法治共同体"，在成渝地区双城经济

---

① 钱平磊. 加强我国农业发展中法治保障体系构建 [J]. 前沿，2012（12）：84-85.

圈的建设规划下，促进金融业、旅游业等领域的立法合作，推动形成与现代服务业相适应的法律法规；共同打造"法律服务共同体"，在服务业方面实现资源共享，成渝两地共同推动建立法律服务热线平台，推动建立律师、公证、司法鉴定、仲裁等法律服务行业信息共享、服务协同机制。第四，在打造数字经济发展高地方面，加快数字经济人才培养和科研成果的转化，推动数字产业化和产业数字化发展，推动数字经济和实体经济的深度融合，加强数字经济、5G 网络、人工智能、云计算、智能制造等领域的合作，大力发展线上线下产业经济，促进大数据、物联网、区块链等新兴产业的发展，把成渝地区打造成为具有全国影响力的数字产业集群。在数字经济时代，一是建立健全严密的个人信息保护法律体系，对个人信息保护得越好，获得的用户就会越多，数字经济的市场就会越大。二是有效规制人工智能的法律风险，保障人工智能在良好的法律环境中发展，也要在相关法律规范的引导下，营造更好的创新文化，促进智能经济发展。三是推动政府数据开放中央立法，加快数字法治政府建设，建设"政务数字服务平台"，推动建设高度信息化、全面网络化、深度智能化的数字法治政府新形态，形成"用数据对话、用数据决策、用数据服务、用数据创新"的现代化治理模式①。

法治建设对经济建设一直发挥着重要的保障作用，特别是我国经济发展进入新时代，成渝地区双城经济圈发展建设如火如荼。地方法治经济是实现"使市场在资源配置中起决定性作用和更好发挥政府作用"②的必由之路，同样是检验地方法治建设实践和完善国家法治经济建设的应有之义。法治对产业经济的发展提供规范和保护的作用，成渝地区应借鉴长三角、珠三角、京津冀等地法治建设成果，研究适合成渝地区的法律规范。成渝地区是一体交融的命运共同体，地方政府应推动形成适合该地区发展的地方性法规和政府规章性制度，深入学习贯彻中央的指示文件，加强联合立法，使经济在法治保障下健康运行。

我国是世界上最大的发展中国家，农业农村问题突出，要改变我国城乡发展差距大的状况，新时代在实施乡村振兴的过程中就要把农业现代化改革放在首位。四川是农业大省，充分发挥四川在农业建设中的领导地位，在成渝地区的中间地带和一些农业发展区域，构建国家优质高产高效粮油、国家优质商品猪战略保障基地，国家都市高效特色农业示范区，全国绿色优质蔬菜产业带，长江上游柑橘（柠檬）产业带，全国优质道地中药材产业带，美丽巴蜀宜居

① 刘权，刘学涛. 数字经济的界定、发展与法治保障 [J]. 金融博览，2020 (5)：32-33.
② 陈兵，新常态下的地方法治经济建设探索：以吉林省中小企业发展法治推进为研究对象 [J]. 法治社会，2017 (1)：27-37.

乡村示范带，全国农业科技创新中心，川东北渝东北优质粮油果蔬健康养殖产业集群，形成"两基地、一示范区、四产业带、一中心和一集群"的农业发展模式①。成渝地区将加强合作共同推动高质量发展的农业会展中心，携手建设紧密联系、鲜明特色、市场紧缺、人气高涨的开放型川渝农业会展价值链，力争打造西部地区农业会展经济龙头；双方将促进农业会展的深度融合，合作开创农业展会的新形式、新特点、新机制，促进成渝两地农业展会的优势互补、资源共享、互利共赢；此外，两地将充分利用会展经济的带动作用、对外开放作用、资源整合作用，扩展会展的价值链，促进两地农业发展的联合、农业地域的合作、农业科技的交流，并通过和境外的交流打造中西联系的平台，携手开创两地的境外农业市场，以及"一带一路"周围国家的农产品交流市场。两地应实现基础设施建设，共同防止动植物疫情和重大病虫害，两地应加强防控预案的信息共享、防控措施相互借鉴，遏制动植物疫情和重大病虫害蔓延，双方应在第一时间发现病虫害时通知对方，并及时通知省动物管理局对动物产品进行抽样调查，携手推进两地重大病虫害防控，共同应对重大病虫害突发事件。此外，除了规划农业的现代化发展模式，还要以科技为支撑，发展现代农业机器设备，为农业的发展推波助力，四川省农业农村厅支持农科方面强大的华西大学和西南大学联手扛起农业机械化、智能化、信息化的大旗助力实现农业现代化。成渝地区发挥成都和重庆的领导核心作用，辐射相邻省市，带动农村农业协调一致发展，着力建设在全国起示范作用的农村一、二、三产业融合发展区，国家绿色现代农业示范区，在全国率先实现农业农村现代化。而农业现代化发展离不开法治的保障，"要加强农业法治化建设，发挥法治在发展现代化农业中的功能，真正构建起现代农业经济可持续发展的支持与保障系统"② 在现代化农业发展的过程中，川渝两地携手制定了一些相关的法律法规，推动农业的生产，保障农产品的数量和质量，保护农业的生产环境，促进农业生产工具的机械化、智能化、信息化，在这方面取得了明显的成效。农业现代化的法制建设，不仅要求该地区制定相关的法律法规，而且要求执法部门依法行政，用法律思维和法律方式解决农业、农民遇到的难题。我国农业正处在从传统农业向现代农业转型的关键时期，农业改革正处在深水区和攻坚期，农业改革仍然任重道远③。第一次工业革命以蒸汽机为动力源，第二次工业革

---

① 成渝现代高效特色农业带这样建 [N]. 四川日报, 2020-06-09 (12).
② 王怀勇. 发展现代农业的法治保障 [J]. 法学论坛, 2009 (6)：4.
③ 农业部关于贯彻党的十八届四中全会精神深入推进农业法治建设的意见 [N]. 2015-03-19.

命以电力为动力源，第三次工业革命以计算机、原子能为动力源，通过三次工业革命，人类的机械化水平越来越高。1978 年改革开放至今的 40 多年来，我们遵循中国特色社会主义道路的指引，完成了西方世界用五个多世纪才完成的产业转型升级。成渝地区作为我国西部地区发展的领头羊，拥有丰富的矿产资源、优美的自然风光和坚实的经济发展基础，为旅游业、制造业和现代化新兴产业的发展奠定了基础。成渝地区文化底蕴丰厚，有优美的自然风光，为旅游业的发展创造了条件。世界著名的旅游特色景点就有"天府风光""熊猫故乡""蜀汉文化"，而西岭雪山、青城山、九峰山、都江堰等在全国乃至亚洲也远近闻名；重庆的地区特色如火锅和温泉也是旅游必选。成都和重庆的旅游资源一脉相承，促进该地区旅游资源由分散开发向整体开放的转型升级，推动该地区世界闻名景观的合作发展，发挥它的典型示范和辐射带动作用；成渝地区双城经济圈及其辐射区有着丰富的资源，许多资源储存量巨大，分布也相对集中，具有很大的开发潜力，其中钛、钒、硫铁矿、熔炼水晶、芒硝、铝土、岩盐、锶矿、天然气、水能资源均位居全国首位有利于资源开采行业及制造业的发展，劳动力资源丰富、地价相对较低有利于密集型制造业的发展；工业发达地区的经验表明，园区经济对提升工业规模、推动新型工业化有重要作用，如四川省经济开发区、四川省特色产业基地（五金、包装产业）、四川省首批农产品加工示范园区、四川省国际科技合作基地，是成都市重点发展的五个国别园区之一。按照相似相同产业一园区、每一园区各有自己的特色的发展思路，大力推动两地的企业向园区集中，加强企业之间的联系，努力把园区建设成为国内外重要的工业集中地和区域工业发展的领头辐射地带。当今世界经济转型升级加快，企业应根据中央《关于进一步推进服务业改革开放发展的指导意见》，加快产业转型升级，发展服务业新业态。成渝地区不断加快经济的联合互动，促进物流服务业、信息化服务业、金融保险、金融服务业、科技服务业、租赁服务业、节能环保服务业等的发展，减少市场准入限制，鼓励服务业的投资、减免国家税收、降低地价等。在服务业建设方面的法治保障需加强政府的政策支持，根据成渝地区双城经济圈不同地区的实际情况，以东部地区服务业营商环境的法治建设为模板，对不同地区因地制宜地制定法律法规，并给不同区域提供财政和金融支持。在产业管理方面，对不同地区实行差别化管理，东部地区从人才和技术方面对成渝地区进行支持，引导支持成渝地区建设独立、开放的营商环境，进而带动西部地区服务业的发展。而对违反规定的企业要进行教育规范，实情处罚，重点是进行法治宣传。实体经济是衡量国家经济发展程度的重要指标，把法治保障运用于经济发展的全过程，加强政府的立法和执法工作，为经济建设保驾护航。

当前，世界新一轮的产业革命正加速推进，5G 的发展给工业互联网的推进创造了条件，这将加速数字中国、智慧中国的建设，有利于中国现代工业化的发展，为实现中国梦创造巨大动力，为疫情下世界经济停滞创造新的动力源。2020 年 5 月 19 日，成渝两地经济和信息化、通信管理部门在渝共同签署《成渝工业互联网一体化发展示范区战略合作协议》，提出携手构建"工业互联网"，共建成渝地区工业互联网一体化发展示范区，努力打造全国示范新名片①。成渝两地应该把各自的政策、产业、资源当成未来发展的支柱，促进信息、网络、安全、环境等的一体化发展，实现现代化的基础设施共同建设、共同使用，优势资源相互合作，信息安全共享，共同促进生态文明建设，发挥工业互联网的作用，推动两地工业、科技、人才、网络、生产等要素的汇聚，促进成渝地区双城经济圈协同建设。一是要继续巩固工业互联网的基础设施建设成果。目前成渝地区建成 5G 基站超过 6 000 个，华为、中科曙光、万国数据等国内领先企业来成渝两地投资建设，建成超过 10 万个数据中心，形成了以成都、雅安、绵阳、德阳等地为中心的数据产业集群。二是持续加速工业互联网线上平台建设。成渝两地注重发挥大企业的领导带头作用，从制造行业、集群产业入手，从试点企业扩展到全行业，推动工业互联网在企业的广泛应用，成渝地区也涌现出了具有鲜明特色的互联网企业代表，比如四川长虹集团和川能智网等企业。三是广泛应用工业互联网促进企业建设。成渝地区积极推进企业上云，相继推出了益企云、生态圈建设云和制造工业云等多个省级云服务平台，为全省企业提供云上运营服务。从地域分布上来看，企业上云的单位主要是在成都、绵阳、德阳，且近五成位于成都。从行业分布上来看，金融业、建筑业、制造业等行业蒸蒸日上。成渝地区双城经济圈聚集了具有国际影响力的企业、世界领先的技术、知识渊博的人才，为打造全国领先的经济圈创造动力。法治建设对互联网产业这个新兴产业来说，是极其需要的。工业互联网是新兴事物且发展速度快，当前的网络立法依然没有紧跟网络发展，如果不能制定更高效力的网络法，必然会导致网络立法和规制乱象②。做好互联网产业相关立法工作，特别是针对网上犯罪等行为，要严格制定相关法律法规，保障互联网良好的运营环境；政府应该不断促进信息公开，加强政府和群众的交流互

---

① 川渝共建工业互联网一体化发展示范 [N]. 四川日报，2020-05-20 (4).
② 张嘉军，赵杏一. 论互联网视野下的法治建设 [J]. 法学论坛，2017，32 (4)：148-154.

动，加强群众的网络安全教育，使群众合理行使网络议事、网络监督功能，利用新媒体和群众进行有效的沟通，加强法治保障，促进成渝地区双城经济圈工业互联网一体化建设。

三、协同创新方面

知识的增长在协同创新中占据主导地位，需要政府、企业、高校和科研机构相互协作，为科技创新打造良好的社会环境。协同创新需要通过国家的政策支持和安排，促进企业、高校、科研机构协同一致加强交流与合作，加强技术的创新，加速科技成果的转化和应用。在全球化时代，知识经济在国民生产总值中的比例不断增长，全球科技创新成果不断增多，更新换代的周期不断缩短，而科技创新中心是全球重要的顶尖人才和资源要素的聚集地。纵观世界经济更新发展的过程，发达国家都是在科技创新上占据重要的地位，都把科技创新放在国家发展的重要的战略位置。而我国是世界上最大的发展中国家，要想在世界经济中占据重要的一级，必须把科技创新放在国家发展战略的重要地位。我国正在从制造型大国向创新型大国转变，科技创新为我们推波助力，争当科技创新型大国是我们立足于世界实现伟大复兴的必由之路。当前我国许多地区为了实现大发展大进步，把科技创新作为实现经济发展的重要的手段。在中央政府的支持下，成渝地区双城经济圈协同建设科技创新平台的新高地，实现该地区产业的转型升级。2020 年 1 月 3 日，中央财经委员会第六次会议①决定大力推动成渝地区双城经济圈建设，标志着成渝地区双城经济圈的发展正式上升为国家战略，成渝地区双城经济圈成为中国经济发展的第四增长极。成渝两地政府肩负着国家和人民的嘱托，政府需加强政策支持、财政支持、人才培养等为科技创新准备条件，为实现经济腾飞、中华民族伟大复兴贡献力量。

改革开放以来，中国走的是从沿海到内陆的梯形经济发展模式，按照经济发展的方式来看，东部地区有先天的地理优势，发展远远快于中西部地区。目前我国已经建立了北京、上海、合肥、粤港澳四个科技创新中心，而成渝地区双城经济圈建设刚刚提出不久，在发展的过程中可以借鉴四个地区的先进经验。成渝两地政府联手打造科技创新新高地——成都高新区和重庆高新区，发

---

① 习近平主持召开中央财经委员会第六次会议［EB/OL］.（2020-01-03）［2021-02-11］. http://www.gov.cn/xinwen/2020-01/03/content_5466363.htm.

挥两个地区的辐射带动作用，促进成渝地区"两极一廊多点"创新格局的建设，"两级"就是成都高新区和重庆高新区，"一廊"就是成都、重庆两城市为中心的成渝地区双城经济圈，"多点"就是成渝地区分布的多个小的创新中心和科研机构。重庆高新区把工作的重点放在产业生产和供给是否充足、军事国防是否安全、长江地区的生态建设是否完善、生物物种是否多样等方面，不断引进科技创新的最新成果，集中力量不断建设像中科院、北大、清华等大型的科研机构。同时，重庆不断加快建设生物学等方面的国家重点实验中心，加快建设数字化、信息化的科技创新中心，不断夯实智能化、数字化、大健康、生态环境等原始实验基地建设。重庆高新区建设有 14 所以上培养专业人才的高校，不断助力建设完善以信息化、大健康、制造业、服务业为主导的现代化工业体系，智能化生产的价值在 1 800 亿以上，重庆市高新区已然是重庆重点的科技创新中心。成都高新区目前已经形成以电子信息、生物、新经济为主导的产业中心，成都高新区到现在总共建设 6 个国家建设重点实验室、20 个国家院士工作室，52 295 家科技创新企业，184 件发明专利。重庆和成都具有一脉相承的特点，他们在经济发展的过程中目标是相同的，发展理念也是一致的，两地区在现代化建设的过程中具有良好的合作空间，两地应充分发挥各自的优势、拓展合作领域、深化合作范围、共谋合作项目，不断推动两地合作交流更加深入，形成成渝地区双城经济圈发展的模范样板，不断为促进中国经济第四增长极的发展壮大贡献力量。推动成渝地区双城经济圈的建设，双城高新区的建设发展一定是以科技创新为主体，不断打造全国科技创新的新高地，成渝地区应秉承"成渝一家亲"的发展理念，相互合作、共同发展。"成渝综合性国家科学中心"是国家支持发展建设的，是以成都、重庆两个地区为中心并辐射带动周围地区发展的国家科技中心，成都和重庆两地共同争取和建设国家的大型项目和基础设施，共同享用，并共同开发该地区丰富的矿产资源和丰富的清洁能源，共同推动国家人工智能等大型信息化、智能化试验区的建设。在 2020 年 9 月，成都超算中心投入试运行，它的投入加快了现代化的进程，它在软件开发、大数值运算、人才培养等方面不断发挥着作用，可以期盼等到它完全投入使用后，可采用"线上+线下"的方式服务于企业、政府、社会。要大力发挥成都地区的辐射带动作用，加快推动成德眉资同城化发展，促进这些地区"校企合作、成果共享、共同创新、金融合作、人才共享"的发展协同，不断打造"成都—资阳协同创新中心"。2020 年，成都市牵头举办了 12 场"校企双进"活动，促进了 2 000 家以上的企业与 700 多项科技创新成果的成功对接，使科研成果成功转化为现实产品。不断推动成都地区科技创新建设，引进和培育创新型人才，加强创新资源聚集地建设以更好地聚集优秀资源，对成渝地区双城经济圈建设有着巨大推力，同时也不断带动着周围地区经济现代化建设。

建设高能级创新平台方面，在促进经济的转型升级过程中，科技创新能力决定着经济发展的高度，按照持续、系统、全面的要求，建设成渝地区高能级创新平台，加快创新型城市的建设，努力打造一批创新水平高的科研成果，为建设经济发展的高地做出成渝两地的贡献。建设高能级创新平台，成渝地区根据自身的特点，充分发挥本地区的建设优势，推动建设具有世界影响力的科学中心。创新基础设施建设，建设科技含量高的集群聚集地，把成都、重庆两地的科学城建设成为西部地区创新高地，把高等学府和科研基地结合起来打造成为中国重要的创新驱动动力源和创业示范区，把绵阳地区建设成为中国重要的科技城和经济中心，为成渝地区双城经济圈建设创新高地。不断建设成渝地区协同创新共同体，如科技创新示范区、经济技术开发区、高新技术开发区等，不断打造极具特色的科技创新基地。聚焦航天技术、互联网信息、生物科学、核能技术等先进技术实验室的建设。成渝地区应把创新作为经济建设的关键抓手，推动经济高质量发展的重要引擎，推动成渝地区高能级创新平台从量的积累到质的飞越，从点到面的全面升级，形成"高质量、高标准"的经济创新发展新态势，对未来产业、未来城市、未来生活等全面赋予能量，努力让创新成为成渝地区经济高质量发展的新动力、新名片。建设好高能级建创新平台，不断抢占科技创新的新高地，在建设标准上争创"行业第一、全国一流、引领国际"，在科技创新上突出原创感、科技感、技术性，在成效上注重科技成果的转化、辐射带动周边地区经济的发展；社会需求是科技创新的动力，建设创新平台支持科技发展；生态建设是科技创新的基础，加强基础设施的建设，营造良好的营商环境，为科技创新发展营造良好的政策、制度、人文、社会、舆论环境；用改革为科技创新赋能，成渝地区双城经济圈是国家建设的区域经济的代表，该地区又是"一带一路"建设的重要一环，不断破解科技创新中的难题，用改革为科技创新赋能；对创新进行智慧赋能，探索跨区域、跨行业、跨部门的发展建设，促进成渝地区管理一体化、市场运营一体化、社会监督一体化。

成渝地区应不断加强多科学城的建设，要规划建设川渝两省市的"科学城体系"——"3+2科学城体系"，即四川省重点建设天府科学城、绵阳科技城、川南（宜宾）科教城；重庆市重点建设重庆科学城、两江新区科技城等①。近年来成渝地区经济发展向好，在全球经济转型升级的时代，成渝地区也应该抓住时代的机遇，把科技创新放在现代化建设的重要位置。第一，政府应不断加强顶层设计，制定适宜于成渝两地的科技创新策略，把成渝地区连同周围地区经济建设放在科技创新的基础之上，促进该地区产业的转型升级。第二，要不断明晰该地区的发展思路，突出协同创新发展的重要性。政府应不断优化空间布局，突出该地区的区位优势，以"一城多园"的发展模式共同构建西部地区科技城，不断打造以成都和重庆为中心的现代化科技创新经济带，同时政府应不断支持在成都和重庆两地分别布局建设综合性国家科学中心、布局建设网络空间安全、长江经济带农业绿色发展中心等国家实验室，不断推动建设国家生物信息中心。第三，要不断聚集创新资源，支持成渝地区高等教育的改革创新，不断引进国内外知名大学在成都地区建设分校，高薪聘请世界著名的科研人员，促进成渝地区大学的建设、学科的发展。此外，要制定培养世界顶尖人才的计划，支持成渝地区和海外人才共同建设创新基地。第四，要不断提升科学技术的实力，加强技术的协作攻关，国家支持成渝地区建设一批世界顶尖的科技创新中心、技术开发中心等国家重点科技实验基地。不断深化国际间的交流与合作，促进成渝地区和新加坡在互联网、交通基础设施、自由贸易港建设中的交流与合作，共同打造"一带一路"合作中心，不断推动沿线国家的交流与合作，推动科技创新成果的转化。第五，建设良好的生态环境，共同推动"新基建"的建设发展，不断推动成渝地区双城经济圈"新基建"的发展，促进互联网基础设施的发展、6G 实验中心的建设、超算中心建设、工业互联网的发展、推动大数据工程的建设发展，促进金融领域、信息领域、物流领域、计算机领域的协同发展和转型升级。成渝地区双城经济圈地区是国家现代化建设的重点地区，科学城的建设发展有利于为该地区的建设推波助力，有利于发挥该地区的辐射带动作用，促进西部地区建设的发展。不断促进成渝地区"数科创大走廊"一体化建设，不断规划和建设成渝两地高端创新企业的联系和发展，强化成都、重庆两中心城市的辐射带动作用，促进沿线地区经济的转型升级，地区中心城市沿线如"成—遂（宁）—南（充）—广（安）—渝"城市带、"成—遂（宁）—潼（南）—渝"城市带，交通沿线如"成—内（江）—渝"（沿成渝高铁线），河流沿线如"宜（宾）—泸

---

① 张志强，熊永兰，韩文艳. 成渝国家科技创新中心建设模式与政策研究 [J]. 中国西部，2020（5）：11-23.

（州）—渝"（沿长江流域等）① 人口密集、交通便捷，有利于科学技术的创新、产业的转型升级，不断促进该地区信息化、数字化、互联网一体化的加速发展，成渝地区是中国经济发展战略中的重要的一部分，在东部地区、中部地区经济崛起后，西部地区应不断借鉴两地区的成功经验为本地区的发展不断注入新鲜活力。

成渝地区双城经济圈协同创新发展是全方位、多层次的深度融合发展，在资源高度融合共享的同时，也需要探索区域法治协同发展途径。完善的协同发展体系需要健全区域法治协同机制、法治协同体系和提高法治协同能力。协同创新与法治保障本就是相辅相成的，良好的法治环境既是资源协同发展的保障，又是协同发展体系中法治协同发展成果的重要体现，也是成渝地区双城经济圈发展建设的法治保障需要；协同发展既是推动成渝地区双城经济圈资源整合、共建共享、协调发展的建设方法，又是推进社会法治保障进步、法治保障健全的有力推手。

成渝地区双城经济圈区域法治协同发展应全力整合成都、重庆两地的法治资源，聚合两地法治力量，统筹推进法治协同制度建设，加强两地法治建设方面的沟通协调，共同建设区域法治协同发展的良好发展局面。一是要加强立法方面的协同机制。成渝地区双城经济圈资源共享需要完善的法治保障机制，要着手建立相关资源如网络购物、生态环境等方面的立法协同。二是要加强执法方面的协同机制。成渝两地应推进联合执法、互相响应、线索互通、互相监察，共同开展对重点协同发展领域及其他重点部位的监察力度。三是加强法律文化的协同机制。主要是利用网络传媒资源，譬如微信公众号、自媒体视频等，加大两地法律文化宣传力度，可开展线上线下主题活动，促进大众学法、懂法、知法、用法，营造成渝地区良好的法治氛围。四是加强法律服务的协同机制。两地法治资源丰富，要持续加强法律服务上的沟通交流，共同建立法律服务专业团队，以重大战略项目建设为契机，协同提供专业完善的法律服务。五是加强人才培养的协同机制。加强人才队伍的建设事关成渝两地未来发展，法治人才队伍是成渝地区双城经济圈未来法治建设、法治保障的重中之重。要推进两地法治队伍建设领域的沟通交流，建立实施法治人才共同培养措施，联合两地优秀的法律教育资源，同时培训两地法治人才，为成渝地区双城经济圈培养更多优秀的法治人才，打造同时适宜于两地法治保障的法治队伍。

---

① 张志强，熊永兰，韩文艳. 成渝国家科技创新中心建设模式与政策研究 [J]. 中国西部，2020（5）：11-23.

成渝地区双城经济圈资源协同发展的第一步就是法治保障的协同建设，法治协同应从制度层面上通过立法建设大力推动法治协同，持续推进长效、规范、有力、高质、创新的协同机制，为成渝地区双城经济圈建设打下良好的法治保障基础，推动成渝地区稳定向好的发展建设。

四、国土空间方面

成渝地区双城经济圈是国家发展建设中的重要一环，随着改革开放的深入，有着政策优势和先天地理条件优势的东部地区迅速崛起，近两年中央出台了一些政策加速对外开放促进中部地区崛起，在振兴东北老工业基地的一系列政策下，东北迅速发展，而现阶段西部地区发展滞后、后劲不足。西部地区地处中国内陆，交通不便，基础设施落后，对外引资引企有一定的难度，但西部地区有丰富的自然资源和矿产资源，在发展中具有明显的资源优势。2020年10月29日《中共中央关于制定国民经济和社会发展第十四个五年规划和二〇三五年远景目标的建议》提出优化国土空间布局，推进区域协调发展和以人为核心的新型城镇化建设①。在促进国土资源优化的情况下要加强生态环境的保护，在建设中各地方政府要加强协作促进长江经济带国土空间布局一体化。成渝地区贯彻中央的政策规划，在国土空间布局方面制定了一系列的政策，根据当地的实际情况制定了符合西部地区发展的措施，以习近平新时代中国特色社会主义思想为指导，坚持新发展理念，不断在成渝地区打造规范统一、责权明确、科学高效的国土空间布局，在有限的空间里提升水土资源的利用效率。合理规划成渝地区的国土空间布局规划，建立"多规合一"审批体系，完善监督体系，加强立法措施的保护，从建设到完成阶段西部地区的国土空间布局和利用都有社会和监督部门的监管。成渝为自己制定了长期目标：至2035年，成渝地区双城经济圈要建立一套适用于本区域的国土空间开发和保护的完善制度，要以成渝国土空间布局为基础，以统一成渝区域国土的用途为抓手，以提高成渝乃至西部地区、长江中游地区国土空间布局治理体系和治理能力现代化水平为目的，逐步建设企业生产空间安全高效、人民生活空间舒适安逸、生态空间绿水青山，和谐统一、高质发展、可持续的国土空间布局。为提高国土资源的利用效率，成渝地区应充分利用自己的优势，平衡好退耕还林还草和国土

① 中共中央关于制定国民经济和社会发展第十四个五年规划和二〇三五年远景目标的建议 [EB/OL].（2020-11-03）[2021-02-07]. http://www.gov.cn/zhengce/2020-11/03/content_5556991.htm.

资源的开发利用之间的矛盾，不断促进高质量发展，并且在保证城镇化高速发展的情况下，保护好基本的农田发展。

　　成都、重庆两地是带领西部地区发展的龙头城市，两地集中了西部地区的优势资源，有丰富的劳动力资源，交通发达，但土地资源相对稀缺，所以在成渝地区双城经济圈建设的过程中合理规划好土地资源显得尤为重要。重庆市在土地规划方面不断采取措施：第一是优化国土空间布局，重庆市坚持从全局出发，促进成渝地区城市群一体化建设，不断优化生活、生产、生态的空间布局，提高城市的土地资源利用效率，提高城市交通基础设施建设水平，制定城市楼房建设规划，合理拆除老、旧、危房屋。四川加快推动成德眉资（成都、德阳、眉山、资阳）同城化发展，主干城市由成都扩展为成都都市圈，不断发展都市圈的卫星城市，促进都市圈内部城市的协调发展，促进成都地区内部经济圈的一体化发展。在重庆地区，提升城市的发展规划水平，不断促进城市内涵的提升，以点带面、均衡发展，同周边市县形成一体化发展的都市圈。第二是提高资源配置质量效益，重庆市政府应把目光放在提高产业质量、促进供给侧结构改革、提高经济智能化水平上面，不断完善成渝地区现代化产业体系，保障该地区土地资源、矿产资源的合理配置。实体经济依然是我国经济的主导产业，成渝地区双城经济圈应把实体经济放在首位，加强工业的发展，不断对工业用地加强规划，政府的政策应向智能化产业、电子产业、现代化服务业等方面倾斜，不断促进产业的转型升级，提高对民营企业发展的统筹规划水平，逐步解决民营企业用地难的历史问题。第三是积极履行生态保护修复的职责，不断加强长江上游地区生态屏障的保护，坚决把生态保护放在首位，促进生态环境的修护，加大开展国家山林湖泊草地修护工程的力度，加快长江及其支流生态环境的修护工作，因地制宜发展开发项目，加强对长江上游地区的保护，促进源头保护，做好西部地区国土资源的空间监管，持续开展退耕还林还草计划，保护耕地红线，加强生态资源、旅游湿地的保护，依法惩治破坏生态环境的行为，提高城市的绿化面积，改善人们的居住环境。第四是积极推动城乡融合发展，我国在快速城镇化的过程中，已经出现超大城市城市病凸显而中小城市发展动力不足的问题，这不仅影响我国经济发展效率，也导致区域发展不平衡①。现如今，城市的劳动力大都来自乡村，劳动力流失也给乡村带来了一系列的负面影响，如土地无人耕种、空巢老人问题、留守儿童问题。城市的

---

　　① 孟天琦. 优化国土空间布局，推进区域协调发展和新型城镇化 [J]. 中共南京市委党校学报，2020（6）：90-94.

教育、医疗卫生、环境等也是造成乡村人口流失的主要原因，为改变乡村落后的面貌，缩小城镇差距，地方的政策措施必须向乡村地区倾斜。要对城乡建设进行规划，健全城乡融合发展的政策措施，推动人才、技术、物资、资本等在城乡之间流动，形成以工促农、城乡融合、共同富裕的城乡协同发展格局。在中国特色社会主义新时代，应不断促进示范城市的建设，弥补乡县发展的短板，培育经济强县、经济强乡，不断推动县改市、县改区、特色城乡建设。为加速乡村振兴战略施行，要完善乡村地区规划编制，由政府向乡村地区提供建设的规划师，加大对乡村地区的统筹规划，推动乡村地区的建设。成渝两地位于西部地区，山地较多、经济发展难度很大，特贫地区居多，提供优惠政策来保障异地搬迁群众的权利，对山区丰富的自然资源进行合理开发，加强基础设施的建设，吸引外资对该地区进行生态旅游开发建设，对乡村地区不断进行规划建设，支持农业农村的发展建设。土地空间是大众生存的唯一场所和环境，国土空间是一切活动的必要载体。在经济活动和现代化建设的过程中，不断优化国土空间布局，促进区域协调发展和新型城镇化建设，是我们未来发展的唯一出路。

当前，随着我国经济由高速增长阶段转向高质量发展阶段，中心城市的作用应放在更加突出的位置，因为中心城市集聚了更多的高端制造业、高端服务业和重大新兴产业，能够聚集更多的人口与各类生产要素，也有更大的综合承载能力[①]，在成渝地区双城经济圈发展中成都和重庆两地的引领带动作用不可忽视。

长江经济带上游地区是生态环境的脆弱地区，在经济发展的过程中，对那些生态环境脆弱敏感的地区，政府要加强监管控制，经济发展不能逾越生态保护的红线。经济发展的过程中应给足自然环境恢复的时间，给长江地区生态环境设定一个安全缓冲地带，促进经济的可持续发展。成渝地区位于我国的西部，地处我国长江的上游地区，在生态环境的保护和修护方面应该把长江上游地区放在首位，保护水资源免受化工产品的污染，不断推动长江沿岸地区的合作发展，促进各个部门的协调合作。对长江上游地区的保护应重点放在水资源、土地资源和生物的多样性方面，该地区应该合理地开发水资源，严格控制水电开发对生态环境造成的破坏；长江的中游地区应加大力度针对水库水资源安全展开相关行动；长江的下游地区应加快产业的转型升级，把重点放在退耕

---

① 张学良，杨朝远. 发挥中心城市和城市群在区域协调发展中的带动引领作用 [N]. 光明日报，2020-01-14 (11).

还林还草、对饮用水的保护上，加强长江沿岸地区的生态环境的治理，促进经济的健康发展。

成渝两地政府应带头完善长江流域环境治理体系，推动保护长江经济带生态政策的出台，重点从源头治理，展开污染防治行动。要实施长江经济带地区山水林田湖的修护工程，不断恢复被破坏的生态环境。改革开放以来，长江经济带沿岸地区只追求经济的发展，而忽视了对生态环境的保护。现如今我们必须贯彻落实习近平总书记"当前和今后一个相当长的历史时期，都要把长江生态环境的修护工作放在压倒性的地位"的讲话精神，按照对生态资源保护的要求，加强对水资源、森林资源、土地资源等的保护，加强对该地区生态环境的修护，不断弥补长江流域的生态赤字。在保护生态环境的过程中，要坚持"山水林田湖是共同体"的原则，综合考虑上中下游三个不同地段的协调发展，统筹陆路和水系两个系统的生态联系，促进长江地区生态环境的发展。要创新体制机制，不断推动长江经济带生态文明建设活动。加强政府的顶层设计，制定正确的政策策略，统筹推进"五位一体"总体布局，协调推进"四个全面"战略布局，贯彻落实创新、协调、绿色、开放、共享的发展理念，在加强长江沿岸地区经济发展的过程中，生态环境的建设和保护也应该放在工作日程中。成渝地区应加强生态文明示范区建设，促进各个省市建设生态文明省、生态文明市，不断创新生态文明示范区的体制机制，设立湿地保护区，促进该地区生态功能的提升，加强森林保护区建设，不断构建该地区生态文明体制机制，促进长江经济带的绿色发展。不断加强对长江上游地区交通、水利等基础设施的建设，促进上中下游水资源的整合利用，实现该地区发展的互联互通，不断促进该地区资源保障体系的建立和信息共享平台的建立，实现资源要素的互利互补。

成渝地区地处中国西部地区，山多平原少，在基础设施建设、经济发展，生态环境保护方面存在相当大的困难，而国土资源的开发利用在众多方面制约着西部地区经济的发展。立法建设有利于保障成渝地区经济的健康发展。现如今我们正处在改革的攻坚阶段，在新的历史阶段必须强调制度、法治的重要性，突出制度、法治的根本性、全局性、稳定性和长期性特征，强调制度和法治保障经济社会稳定发展、国家长治久安的作用①。社会主义的建设需要法治的保障，优化国土的空间布局更需要法治的保障，社会主义法治保障是维持国家长治久安、和谐稳定的有力抓手，同样法治保障也为实现国土资源合理布

---

① 王爱辉. 有效发挥法治的保障作用 [N]. 中国邮政报, 2021-01-12 (03).

局、合理开发、可持续发展提供着必要保障。在划定生态保护红线、从长江源头治理生态环境、加强山林水田湖系统的修护、创新体制机制、加强长江上游地区生态文明建设方面都要贯彻法治，有效发挥法治对经济建设的稳定作用，发挥法治对生态文明建设的引导、推动和促进作用，在法律允许的范围内利用自然资源、优化国土资源空间布局。优化成渝地区双城经济圈国土空间布局的第一步就是要加强法治建设，国家应加强立法建设，为长江上游地区国土资源的开发利用提供法治保障。一是要强化法治思维，在法制建设过程中推动长江上游地区国土资源空间的优化布局，在保持经济持续健康发展的情况下，促进土地资源的有效分配，要坚持用法治思维和法治方法开展对国土资源的合理分配，在国土开发建设的过程中使它更加科学完备、系统规范。二是要建立成渝地区协同立法机制，成渝地区双城经济圈在经济发展的过程中坚持一体化发展，在国土空间布局建设的过程中也应该打造区域法治建设一体化，建立成渝地区协同立法机制，加强行政立法合作，紧紧围绕成渝地区双城经济圈国土空间布局的问题，推动政府出台适当的地方性法律法规和一些规章制度。三是要不断加强成渝地区行政执法队伍建设，促进该地区行政执法的互联互通，对长江上游地区国土资源的开发利用中存在的一些违规违法行为依法进行处罚。四是要不断加强法治宣传教育活动，整合成渝两地的宣传资源，推动成渝两地区法治建设的融合发展，为成渝地区双城经济圈建设提供良好的法制环境。

五、生态环境方面

成渝地区处于我国西部，研究生态系统问题需要将圈子放大至西部这个大环境。西部区域生态特点十分明显，占地面积 680 万平方千米以上，包括重庆、四川、云南、贵州、陕西、宁夏、甘肃、青海、内蒙古、广西、新疆、西藏等地，人口 4 亿左右，相对于东部地区这里地广人稀。西部地区虽然经济不发达，但却是我国主要的能源储藏地，也是长江、黄河、澜沧江等河流的发源地，还是诸多野生动植物的主要栖息地。但在经济快速发展的现代，生态环境遭到人类活动的严重破坏，尤其是水资源、湿地资源、森林资源、草地资源类等遭到人类的严重破坏，土地荒漠化、动植物数量种减少。如果走"先破坏，后治理"的错误路子，将对经济建设造成巨大阻碍。

1. 水资源问题

作为中国第一大河，长江共跨 11 个省份，物产丰富，是中国重要的水资源源泉，但是改革开放以来，经济建设迅速发展，长江流域生态环境却遭到了严重破坏。首先是水质严重污染，上游建设的大型水电站，排污治理不达标、监察力度不够的问题难免存在，而支流临近许多城市、乡镇，化肥农药的长期无节制使用致使长江水质受到严重污染。其次是长江流域物种生存受到了严重影响，水利工程的建设、不加节制地猎捕、赤潮生物的入侵，长江流域原生物种的生存环境被一再破坏、生存空间一再缩小。最后是水土流失问题，长江水利委员会第一次发布的全国水利普查数据显示：长江流域水土保持措施面积达到3 585.03万公顷，方使水土流失问题得到有效缓解，这可以从侧面反映之前长江流域水土流失问题是多么的严重。黄河流域环境问题也不容乐观，黄河多年出现断流的现象，而且断流的时间间隔不断缩短，黄河的含沙量也在逐年增长导致上游地区水土流失严重。再来说湖泊如青海湖、纳木错湖等的环境问题，气候干旱化、全球变暖、不合理的放牧，致使湖泊水土流失日益严重，水位不断下降，湖面不断缩小，而且还有数千个大小湖泊从陆地上消失。工矿业的开采作业导致流入河流中的污水、废水连年增加，且河流的流量小自净能力差导致河流湖泊的水质下降、污染严重，同时河流水的富营养化也在不断加剧。冰川是地球上主要的淡水资源，近40年来由于经济的发展和不合时宜的人类活动，青藏高原、祁连山、天山的冰雪覆盖率连年下降，雪线不断上升。

2. 湿地资源问题

湿地被称为"地球之肾"，是地球的蓄水池，对于保持水土不流失、调节适宜气候、净化污染水质、维持生物种类的多样性方面具有重要作用。西部地区湿地面积不大，但是恶劣的环境致使湿地承载力非常脆弱，加之人类活动、气候变化等的影响，西部地区的湿地面积正在逐年减少，从而湿地对环境的调节功能也在减弱，对西部整个生态都有着巨大的负面影响。

3. 森林资源问题

森林是地球上重要的自然资源，具有吸收二氧化碳等导致气候变暖的气体同时释放氧气的功能，而且还可以保持水土不流失、改善人类生存的环境，西部地区现如今森林的覆盖率虽然有所上升，但都是人为种植，原始森林的面积不断减少，森林对自然环境的调节功能不断下降。

4. 草地资源问题

西部地区是我国主要的草地分布地带，草场为畜牧业的发展提供了原料，随着经济的发展，畜牧业的规模不断扩大，草地的面积急剧下降，草地退化为沙漠带来了一系列环境问题。由于人口的不断增加，经济的飞速发展，人类对环境的破坏越来越严重，土地荒漠化、石漠化加剧，土地的退化引发了一系列的问题，如资源短缺、土地的生产力下降、风沙严重等，从而对西部地区经济的发展带来消极的影响。西部地区拥有得天独厚的自然资源，孕育产生了种类繁多的物种资源，然而随着经济的发展，自然环境遭到严重破坏，动植物生存的范围不断缩小进而导致动植物的数量种类不断减少。

人类活动是导致西部地区生态环境严重破坏的主要原因，要想改变现状还需要人类自身有所觉悟。政府应不断加强立法工作，对违法犯罪行为进行严惩，加强宣传教育不断提高人民的觉悟和思想道德素质，在生态恢复建设中人人都应该具有主人翁意识。生态破坏不只是一个国家的问题，而是当今世界所有国家共同面临的严峻挑战，如何维护、恢复生态环境已成为全世界、全人类共同思考的难题。中国已与世界紧密联系在一起，我们必须同国际社会一道积极应对环境恶化，尽自己所能承担应尽的责任和义务，大力推进生态文明建设，有效控制温室气体排放，更好地彰显负责任大国形象，为全人类的可持续发展做出贡献①。党的十九大明确提出到 2035 年基本实现社会主义现代化，到 21 世纪中叶，把我国建设成为富强、民主、文明、和谐、美丽的社会主义现代化强国，明确把"美丽"作为我国社会主义现代化建设的目标之一。习总书记也多次强调"绿水青山就是金山银山"，提出坚持人与自然和谐共生的基本方略，提出我们要建设的现代化是人与自然和谐相处的现代化。持续改善生态环境质量，不断增加人民群众的环境福祉，增加优质生态产品供给，建设优美的生态环境，满足人民群众对美好生活的向往和需求②。生态环境是人类生存和发展的根基，我们要坚持人与自然和谐相处的理念，坚持生态优先、绿色发展的原则，让人民群众生活在绿水青山的环境中③。成渝地区地方政府积极谋划布局编制规划，争取国家在资金、项目、政策上的支持，坚持通力合作，形成上下"一盘棋"的整体格局，加强监督，制定生态环境保护的法律法规④。

2019 年四川政府部门启动了《四川黄河流域片区水生态修复及湿地保护综合规划》的编制工作，为的就是深入调查黄河流域水资源，对黄河生态系统破坏进行统筹治理。阿坝州水务局联合黄河水利委员会勘察规划设计研究院

① 张高丽. 大推进生态文明　努力建设美丽中国 [J]. 求是，2013（24）：3-11.
② 万军. 面向美丽中国的生态环境规划探讨 [J]. 环境与可持续发展，2020，45（6）：139-140.
③ 关于推动城市基础设施改造加强城市生态环境建设的指导意见 [EB/OL].（2020-01-22）[2021-02-07]. http://www.sc.gov.cn/10462/c103042/2020/1/22/b649bd3b07144692b994a3b91a630521.shtml.
④ 四川省生态环境厅积极推进成渝地区双城经济圈生态环保工作 [EB/OL].（2020-07-29）[2021-02-07]. http://www.sc.gov.cn/10462/10464/10465/10574/2020/7/29/e1e3e60271f44498b37f31d1bff44ce5.shtml.

共同对四川境内黄河流域进行协同治理，在红原、阿坝、若尔盖等县组织开展保护黄河主题活动，创新水资源保护和法律保护的协同治理机制，大力打击违法违规行为，譬如无处理排污、无节制挖采、不合理畜牧等。2020年4月，泸州市检察院与重庆市检察院共同签署了《关于在长江跨界流域生态环境资源保护中加强公益诉讼检察工作跨区域协作的意见》，旨在协同合作、统筹开展长江流域生态环境治理的监督检察工作，促进川渝两地对长江生态的加速治理，为长江上游生态保护提供坚实有效的法治保障。几乎同一时间，川渝两地相关部门组建了全国第一个跨省的联合河长制办公室——川渝联合河长办公室，并就此发表了《川渝跨界河流管理保护联合宣言》，向两地公众表态：两地将协同开展河长制工作，联合共建生态示范河湖，共创全国河流联合治理模范。从2012年开始，四川省开始治理城市里面的黑臭水体，到2020年共治理完成360千米的黑臭水体。不断加强岷江、沱江、嘉陵江、琼江等河流的污水治理和环境治理。

不断提高河流周围生态环境的修护能力，不断改善水的质量，提高饮用水的质量。加快现代化城市建设，修护城市水污染，减少城市洪涝灾害，加快四川地区饮用水的安全建设，促进人与自然的和谐相处。在城镇水资源治理中，两地政府要求企业健全污水处理系统，工业污水全部达到国家的排放标准才能排放。鼓励企业发展循环经济，促进企业用水的循环再利用，加强城市居民饮用水源地的保护，提高水资源的质量，改善人民的饮水环境。川渝两地政府签订了《川渝野生动植物与自然保护区及湿地生态保护合作协议》，旨在用强有力的法律手段来保护川渝野生动植物、自然保护区、湿地区域，促进生态发展多样性，致力于从根源处解决湿地污染问题。政府有关部门限制城市居民生活排污，减少废弃物的乱丢乱扔，对湿地区域附近的农业生产、工业园建设与生产进行沟通协调，对重型的工业工厂污染源予以拆迁搬移，建设湿地生态保护园，促进湿地区域自我修复，普及湿地生态保护常识，提高民众素质，促进全民加入保护湿地的队伍，全面维护湿地生态区域的健康可持续发展。川渝两地林业部门签署了《筑牢长江上游重要生态屏障助推成渝地区双城经济圈建设合作协议》，在重庆召开了联合工作会议，会议要求加大川渝两地林业有害生物防治工作的实施开展力度，推动联防联治工作协同进行，两地开展"一江五路六山"生态综合治理工程，"一江"指的是长江流域，"五路"指的是成安渝高速公路、成渝环线高速公路、巴广渝高速公路、成渝高铁和成渝中线高铁，"六山"指的是华蓥山、明月山、铜锣山、四面山、大巴山、大梁山。通过加强长江流域生态建设、生态保护来完善对长江两岸森林树木的保护，用交通建设发展来落实人与自然和谐发展的要求，推动两地主要山脉生态建设，加大退耕还林力度，加快荒山变为"金山银山"的进程。严格贯彻落实乡村振兴战略要求，结合川渝两地实际开展大面积种植树木，扩展城市中森林面积，扩展绿色空间，加速城市绿色生态修复，为城镇居民打造高质量的绿色生活环境。

　　长效生态环境治理只靠群众行动是完全不够的，需要成渝两地政府联手，出台相关政策推动生态保护的法治建设，近年来两地有关部门签订了相当多的规划合作协议，旨在用法律保障成渝两地的生态保护与环境建设，强化河湖长制，推动林长制落地落实，通过系列配套活动，向大众宣传生态保护政策与破坏生态的危害性，利用各种媒体手段强调"绿水青山就是金山银山"。在法治保障环境治理这一方面，成渝两地政府走在前列，成渝领导班子清楚生态环境与经济建设之间"唇亡齿寒"的关系，探索生态系统与经济发展的协同性。成渝地区可借鉴武汉市政府出台的《长江武汉段跨区断面水质考核奖惩和生态补偿办法（试行）》，该办法对武汉各区综合污染指数进行考核，奖优罚劣①。成渝政府致力于用法律手段保护生态环境，推动生态系统的自我修复，加强统筹山林草木湖泊湿地的保护措施，为保护濒危物种、限制外来物种制定强有力的制度，对违规猎捕、无节制开发山林、无限制畜牧、无处理排污等违规行为进行惩罚。

六、体制创新方面

　　深入贯彻习近平总书记在中央财经委员会第六次会议上的重要讲话，加快推动成渝地区双城经济圈体制创新，川渝两地山水相连有着共同的历史文化情怀，在推动区域经济一体化的过程中有着先天的优势。重庆、四川联合印发《关于推动成渝地区双城经济圈建设的若干重大改革举措》，全面对接深化四川和重庆合作推动成渝地区双城经济圈建设工作方案等部署的重要改革任务，聚焦制约成渝地区双城经济圈高质量建设发展的深层次矛盾和体制性障碍，提出探索经济区和行政区适度分离综合改单、完善川渝自贸试验区协同开放示范区体制机制、推进城乡融合发展改革示范、健全生态环境联防联控机制等11项须两省市协同推进的重大改革举措②。为推动成渝地区双城经济圈的建设发

---

① 长江武汉段跨区面水质考核奖惩和生态补偿办法（试行）[N]. 人民日报，2018-01-05（2）.

② 重庆四川联合印发《关于推动成渝地区双城经济圈建设的若干重大改革举措》[N]. 重庆日报，2020-08-24（1）.

展，川渝两地交往密切，实现了全方位、多领域、深层次交流合作。据统计，2020 年以来，重庆和四川有关方面签订合作协议 200 余份，特别是毗邻地区之间交往频繁，共谋发展、合作共赢热点不断、亮点纷呈①，双方在交通建设、特色产业整合、加快构建协同创新体系、推动国土空间规划、生态环境治理、改革创新、公共服务方面等加强合作，促进成渝地区双城经济圈建设的各项工作顺利推进。

经济区是以经济发展为主体的区域单元，行政区是以管理层为主体的区域单元，经济区与行政区分离是新时代中国经济改革发展的必经之路。我国是社会主义国家，必须要在行政体制管理的框架下促进经济的发展和转型升级。成渝地区在探索经济区和行政区分离的过程中要不断完善专门经济功能区管理机制，对电子信息、汽车摩托车、装备制造、消费品、材料、生物医药等特色优势的产业园区和经济开发区，政府要简政放权提高产业园区和经济开发区中企业的经营自主权，设立专门管理经济区的经济管理委员会在技术研发、机构设置和企业运行等方面给予支持。通过制定合理的规章制度、加大政策和财政支持、提高土地资源的利用效率等不断减少"政企矛盾"。不断完善自贸试验区协同开放示范区体制机制，成渝两地加强一体化合作不断对自贸试验区进行改革创新、赋能放权、协同开放，加强政府引导，集中解决主要矛盾，不断释放改革红利，加大政府的政策支持，不断提升市场主体的满意度和获得感。同时，成渝两地积极促进两地市场的联合统一，协同共建"一带一路"进出口商品集散中心，加强跨境电商合作平台的建设，在招商引资、促进经贸合作、重大外贸项目落地成渝地区方面加强协作，不断提高成渝地区在全国的经济地位，促进西部地区最大的经济开放体的建设。成渝地区要加快建设城乡融合发展示范区，不断促进先进的生产设备、高质量的人才向西部地区流入，支持西部地区各个省份在高质量的公共服务方面加强投入，促进城市和乡村的经济、交通等基础设施一体化建设，支持现代化的企业不断向农村流入，不断提高农民的收入水平。政府要不断实行向乡村建设靠拢的人才政策，吸引更多的优秀企业、优秀人才进入基层。加强乡村地区交通、信息、网络等基础设施的建设，吸引聚集一批创收的企业，加快形成一批特色的农业产业体系。成渝地区不断健全生态环境联防联控机制，协同促进两地经济的高质量发展。两地经过多年的合作发展，现如今，成渝地区在水污染治理、大气污染治理、生态环境

---

① 创新体制机制推进成渝地区双城经济圈建设川渝两地已签署合作协议 200 余份［EB/OL］.（2020-11-18）［2021-02-07］. http://www.cq.gov.cn/zqfz/shfz/202011/t20201118_8473340_wap.html.

恢复建设、废弃物的处理、环境的监管合作等方面已经取得显著成效。学习借鉴京津冀、长三角、粤港澳大湾区生态环境保护建设的先进经验，协同制订水、大气、土壤等的污染防控计划并制定一系列的相关法律法规，推动成渝地区生态环境联防联控工作迈上一个新台阶。

修路是致富的康庄大道，交通便利对于地方经济建设发展有基础性的作用。推动成渝地区双城经济圈的建设首先要完善交通设施：第一是坚持规划一体化，积极推进客运一体化、物流一体化、两地区的政策法规一体化，不断推动交通基础设施的互联互通、服务的共建共享、管理的协调统一；第二是促进网络信息的一体化建设，促进网络不断提速，推动干线铁路、城际铁路、市域（郊）铁路、城市轨道的"四网融合"，推动成渝地区双城经济圈高速公路的改造扩建，建设完备的城市交通干线，实现省级交通干线大提速；第三是促进交通枢纽的一体化建设，加强航空、水运的基础设施建设，分工安排天府国际机场、双流国际机场等机场的客运工作，推动航空运输和高速公路、铁路干线的协调，成渝地区应共同推动长江上游航运的建设，加快长江、渠江、嘉陵江等河流的航运建设，促进雅安地区无水港的发展，推动广安、广元、南充至重庆港口的货运水上穿梭巴士的建设，不断促进成渝地区航运体系建设的一体化；第四是完善成渝地区双城经济圈交通服务的一体化建设，加速成渝地区城市交通"1小时"便捷建设，推动铁路交通一体化、出行服务一体化，着力推动交通建设信息化，推进电子客票、"一卡通"等向更广阔的区域扩展，合力提升交通服务一体化建设水平。

推动成渝地区特色产业整合，成渝两地应互相借鉴发展经验，发挥本地区经济建设的经验优势，促进工业互联网、汽车产业、能源等产业集群的发展。成渝地区工业互联网一体化发展示范区的建设，打造了中国经济第四增长极，有利于成渝两地在工业和信息化方面加强交流合作，加快促进产业在区域间流动，实现成渝两地经济的高质量发展。成渝两地不断提高绿色能源的利用效率和低碳清洁能源的生产效率，促进成渝两地电网一体化建设、天然气千亿生产基地建设、百亿级储气基地建设，不断为经济的发展输入新鲜的血液。增强研发中心和企业的联系，促进技术向产品转化，处理好政府和市场的关系，在经济的发展中坚持以市场为主体，政府的作用放在第二位置，如在汽车行业，不断引进专业人才，进一步加强电动汽车和智能化汽车的研究，掌握汽车领域的核心技术。作为西部改革开放经济发展新的增长极，成渝地区经济发展对整个西南地区有着巨大的辐射带动作用，推动着西南区域产业的融合发展，促进了经济的转型升级。

协同创新是区域协同发展的高级阶段，其重要特征体现在：区域内的各种创新要素能够自由"耦合"和"外溢"，创新要素深度融合于区域经济发展。创新要素在区域经济发展中的联系越强，则区域协同创新程度越高①。成渝地区双城经济圈建设是一项长期工程，要加强顶层设计和统筹协调②，成都和重庆两省市在规划、组织、协调等方面起着领导带动作用，促进成渝地区产业链的集群建设，减少相同产业基础设施的重复建设和防止生产过剩、恶意竞争，提升产品在市场上的竞争力，从而使成渝地区双城经济圈在资源配置方面更有效率；既要发挥中心城市的协调带动作用，也要发挥各地的比较优势，成德眉资就是这种中心城市带动周围中小城市发展的典型案例；为经济的发展提供统一的平台，促进生产要素向本区域流入和聚集，对区域内部而言，统一的平台不仅为中心城市的发展和产业的转型升级创造条件而且为周围小城镇承接产业转移和获取资源提供更多的机会，对区域外部而言，吸引外资不仅需要中心城市的引领作用，而且还需要基础设施完备的中小城镇的支撑作用，共同建设的平台包括产业园、科技园、对外开放平台、绿色生态平台等，每一个平台都不是一两个城市所能完成的，需要区域内多个城市的共同合作；加强基础设施建设，实现资源的优势互补，要加强交通和信息基础设施的建设，基础牢不牢决定着区域内其他资源是不是能够不受限制地流通，各类资源能否互联互通。

当前我国的土地利用方面存在着耕地减少、绿化面积减少、土地沙化严重、企业污染排放严重等方面的问题。成渝地区在国土开发利用方面采取了一系列措施：第一是国土空间布局实现从"不优"到"科学"，成渝地区双城经济圈要根据"一极两中心两地"的标准定位，按照人口的需要、经济的发展、生态环境的建设不断优化国土的空间布局，目的就是不断协调好生产、生活、生态环境三者之间的联系，守住生态保护的红线、永久基本农田、城镇开发边界三条控制线③，提高城市的环境质量，扩大人民的生存空间。第二是对重点领域和重点项目加紧盘活存量、用好增量，加快对闲置土地的处置，提高城镇土地的利用效率，加强对农村土地的建设管理，节约用地，推进农村土地改革，不断提高成渝地区双城经济圈国土资源的空间布局，提高经济圈的建设质量。

---

① 马奇柯，任家华.成渝地区双城经济圈协同创新能力提升研究 [J].重庆行政，2020 (6).

② 齐东向，韩秉志，李万祥.把最大制度优势转变为最强治理效能 [N].经济日报，2020-01-08.

③ 全面建成小康社会夺取新时代中国特色社会主义伟大胜利：在中国共产党第十九次全国代表大会上的报告 [N].人民日报，2017-10-28 (1).

成渝地区将在四个方面加强生态环境的建设：第一是深化生态共建，成都和重庆两地将加强河流污染的治理，加强区域生态走廊的建设，共同打造长江、嘉陵江、岷江、涪江等流域"两岸的绿水青山"生态走廊建设，加强长江上游生态恢复建设，牢固长江上游的生态屏障；第二是深化污染共治，增加提高人员配备加强对河流的巡视，关停污染严重的企业，降低大气污染，建立长江经济带危险物品的联防联控机制，开展生态执法合作；第三是加强协商合作，两地政府间建立创新合作机制，建立一体化的决策机制和执行机制，订立一系列协议，加强沟通协作，共同推动成渝地区双城经济圈生态环境的建设；第四是共同管理环境问题，两地共同编制成渝地区资源的保护和使用规划，对大气污染、土壤污染、森林退化、湿地面积减少等生态问题实施专项治理，使生态的保护和治理协同发力，不断改善成渝地区生态环境质量。

坚持依法治国，建设社会主义法治国家，成渝地区双城经济圈的体制创新要在法律允许的范围内。各地政府在促进体制创新时，要把法制建设贯穿其中，把法制建设应用于成渝地区双城经济圈建设的方方面面。加强地方政府对体制创新方面的立法工作，不断培养司法方面的人才，推进立法工作的制度化和规范化，以良法促进善治。落实中央"放管服"相关政策要求，两地政府立足本身，结合实际情况，从上而下地落实推动简政放权、放管结合、优化服务总要求，加速政府职能部门对手中权力运用方式方法的转变，从体制创新的实际着手，建设体制创新的法治保障，促进国际合作，共享发展成果。不断对乡镇（街道）扩权赋能，探索以信用为基础的新型监管机制，加强行政权力的监督，推动政府工作的公开化透明化建设，让公权力在阳光下运行。促进成渝地区法律服务供给一体化建设，加强成渝两地法律服务的合作，协力促进成渝两地法律服务联合部门的成立。针对法律援助异地申办、经济困难补助和法律援助事项互认等问题建立健全相关机制。推动建立律师、公证、司法鉴定、仲裁等法律服务行业信息共享机制和服务协同机制。

七、公共服务方面

公共服务是指政府部门、国有企事业单位及有关中介机构必须有效履行的义务，包括城乡公共设施建设和科技、卫生、教育、体育、文化等公共事业发展，为大众提供基础的社会保障和政府的服务性，强调的是公民的权利。本节从完善公共服务标准、公共服务均等的法律政策着手，强调标准化、服务均等的内容及意义。

成渝地区双城经济圈建设是两地命运紧紧连在一起的战略协议，是两地人民生活水平得到巨大提高的有力推手，对提升两地公共服务能力有着重要意义。成渝两地政府从签署战略性协议着手，通过明确两地公共服务协同共建措施，推进成渝地区双城经济圈公共服务标准体系建设，设立统一的规定、共建的机制、协同的法制保障，完善两地公共服务标准，共享公共服务带来的优质生活。公共服务一体化是推进成渝地区双城经济圈建设的重要内容，当前川渝两地已经在多领域构建机制开展合作，不断推动公共服务一体化，持续加深两地公共服务的共建、共享①。

1. 社会保障服务

2020 年 4 月 2 日，川渝两地政府人社局共同签署协议，明确将逐步推动条件成熟的社保服务事项实现成渝通办，并对专业技术人才职称予以互认。此举将加快两地间人力资源合理流动与高效集聚，助力成渝地区双城经济圈建设②。协议提出川渝两地将就构建社保服务协同机制，完善川渝之间养老保险关系转交续办等流程规定，在川渝公共服务平台互相对接的基础上，努力与国家公共服务相联系、相适应、相对接，对两地之间工作区域经常性变化又不出川渝片区的人员，譬如农民工等，明确规定其在基本养老保险缴纳工作中将不受地域户籍限制。

2. 教育服务

持续开展教育资源合作共享，强化教育人才共同培养。加强教育人才队伍的建设事关成渝两地教育水平的提升，要推进两地教育人才队伍建设领域的沟通交流，建立实施教育人才共同培养措施，联合两地优秀的教育师资，同时培训两地教育人才，为成渝两地教育公共服务培养更多优秀的教育人才，打造同时适宜于两地学校的人才队伍。加强川渝中小学、职业教育学校、高校之间的沟通交流，深入开展专业科目之间的合作研究，建立川渝临近区域之间学校帮带机制，共建教育合作培训模式。川渝两地还在职业能力、职业等级证书方面进行协调互认，建立双城人才证书互通机制，无论是纸质证书还是电子证书都可实现互认共用。

3. 卫生服务

要继续深入开展两地之间的医疗机构合作，开展医疗卫生专业共建交流合

① 中华人民共和国中央人民政府. 成渝地区双城经济圈全面推进公共服务一体化 [EB/OL]. (2020-04-29) [2021-02-07]. http://www.gov.cn/xinwen/2020-04/29/content_5507491.htm.

② 中华人民共和国中央人民政府. 成渝社保服务事项将逐步实现"通办" [EB/OL]. (2020-04-02) [2021-02-08]. http://www.gov.cn/xinwen/2020-04/02/content_5498240.htm.

作，组织线上线下综合会诊，共同提升两地医疗水平。建立川渝两地人口医疗信息登记共通平台，将两地人民的主要健康信息登记在册，共享就医记录资源，促进信息共享，提升两地人民异地就医服务的便捷性，完善两地医疗检查结果信息互认、共用，建立健全成渝重大疾病防控体系，以目前世界性的新冠疫情为契机，探索建立重大疫情联防联控机制，全面提高突发性应急卫生事件协同处置能力，造福于两地甚至周边更多省市人民。

4. 交通服务

近年来成渝地区双城经济圈交通设施建设取得显著成就，如成渝铁路、兰渝铁路、渝蓉公路、渝遂公路、草街枢纽、潼南枢纽、重庆江北机场、成都双流机场、天府机场等的建设。公共交通服务的建设和完善，不仅缩短了两地空间上的距离，而且也加强了两地人才、信息、金融、产业的联系，发挥四川、重庆两大核心地区辐射、带动作用促进经济的发展、人员的流动、产业的更新换代升级。推进公共交通服务，成渝两地政府按照"统一谋划、一体衔接、互联互通、协同管理、共治共享"的思路，促进公共交通一体化发展，坚持"川渝一盘棋"思维，在坚持国家大政方针的前提下，到2025年，基本实现基础设施网络"一体化"、运输服务体系"一体化"、交通治理体系"一体化"的三个"一体化"，到2035年，构建"面向全球、辐射全国、引领西部"的成渝地区双城经济圈现代化综合公共交通服务体系。成渝两地政府将继续在公共交通服务领域，在统筹协调道路运输、水运港口、多式联运、行业管理协同共治等方面加强合作。

5. 就业服务

成渝两地政府对人力资源市场要素配置情况如数家珍，为推动两地人民就业问题的解决也共同制定了相关协议。两地明确人力资源数据交互，在就业岗位、社保问题等方面进行了深入的交流与信息共享。成渝地区政府有关部门共同建立新的创业基地，培养入职基础能力，增加就业岗位，不断扩展新的就业方向，为人才创业提供技术与资金支持，为更好解决就业问题、进行创业支持提供法治保障。

6. 公共事务服务

成渝两地在社会公共事务服务方面也有重大进展，建立公共事务一体化，创造共享城市川渝一家亲。两地推动社会公共服务建设协同进展，在诸多方面进行共享交流合作，在社会应急管理、市场商品特别是药品安全、生产安全等方面初见成效，在重大问题譬如重大疫情、反恐维稳、灾害防治等其他方面建立健全完善的联控联防机制，推动成渝两地在信息共享、事态处理、监督管理、安全稳定等方面取得重要成果。

7. 公共服务设施

在公共服务设施建设方面，成渝两地通过建设地区行政中心、文化中心、商业中心、体育中心、生态中心等地区主要公共服务设施，着力打造城市市政公共服务基础设施体系，展现成都、重庆两座城市完善的公共服务设施。通过推动博物馆、图书馆、文化宫等文化中心建设，提升城市文化内涵，提高公共文化资源的服务能力；通过建设公共体育锻炼场所，提升国民身体素质，落实体育强国发展战略；通过建设各类植物园、动物园、湿地公园等博览园区，努力改善城市生态环境，突出生态保护的重要性。公共服务基础设施建设，既是社会公共服务建设的重要方面，又是提升人民生活质量的需要，也是为满足人民日益增长的对美好生活的向往的需要。

基本公共服务均等化，旨在使全体人民群众能够享受公平的、大致均等的基本服务，核心要求就是促进机会均等，并不是简单的平均分配、一模一样。每个公民都拥有享受基本公共服务的权利，保证每个公民享受到基本公共服务是政府的重要职责之一。党的十八大以来，我国加大在基本公共服务方面的建设力度，取得了长足的发展，但仍然存在着服务质量参差不齐，区域、城乡、群体间差别较大，公共服务和我国经济发展不相适应等问题。党的十九大提出要不断完善社会公共服务体系，到2035年基本实现公共服务均等化。成渝地区双城经济圈是我国西部地区经济发展的重要引擎，要坚持为人民服务的发展思想，把人民最关心的问题放在突出位置，应从基本公共服务入手，探索成渝地区基本公共服务均等化的发展模式，满足人民群众日益增长的物质文化需求。人民群众对生活的公共需求即为公共服务内容，比如社会保障、公共教育、便利的交通、优美的环境、健康的食品、体育和娱乐、电力、自来水等①。

一是基础教育均等。基于九年制义务教育，努力发挥教育事业的公益性。成渝两地城乡教育资源不均等，两地教育资源也有较大差异，这是两地基础教育不均等的主要问题。促进教育公平，要从以下几点做起：一要加大财政教育经费投入比例，提升对基础教育事业的财政投入，推动教育行业硬件设施建设，创造更优质的教育环境。二要健全教育规范制度，两地应联手协力完善相关教育规范，推进教育事业改革。三要促进地区教育资源均等，从丰富扶贫地区教育资源着手，平衡城乡教育资源，针对留守儿童、特困家庭采取必要帮扶措施，努力实现公平教育。

---

① 马庆钰. 关于"公共服务"的解读 [J]. 中国行政管理，2005（2）：78-82.

二是医疗卫生资源均等。基于社会医疗卫生健康体系，努力发挥医疗卫生的公益性。以农村地区医疗体系完善为抓手，建设全面覆盖城乡地区的医疗卫生服务体系，实现医疗资源均等，平衡城市地区、农村地区医疗资源，特别是将优秀的医疗卫生队伍向农村地区输入，做好医疗器材、保障体系、药品供应、法律规范等方面可促进卫生资源均等的保障工作。

　　三是社保体系和公共服务体系均等。基于现行的社保体系和市场就业机制，努力发挥社保体系和公共服务体的公益性。完善现行的社会保障体系，探索以公益事业为核心的公共服务制度改革，以各类保险、社会帮扶、养老、医疗为主要抓手，推进重点区域特别是农村地区、特困地区社会保障制度的建设，建立一人不漏的完善的社保机制系统。建立健全的公共就业服务机制，从政府完善就业政策着手，主动担当社会群众就业的责任，做好宣传工作，支持创业。推动初就职能力培训制度建设，完善人力资源市场责任义务标准，确保无论是城市还是农村人才的就业或再就业，还要解决好高校毕业生的就业工作，在技术、人力、财政上给予支持，解决不同区域、不同年龄、不同领域、不同能力人才就业的问题。

　　成渝两地政府不断创新区域协调发展的新机制，而区域协调发展的最基本要求就是实现基本公共服务均等化，加强基础设施的建设，不断完善土地、户籍、转移支付等配套政策，不断提高城市的承载能力，促进迁移人口的稳定落户。在党和政府的领导下，立足发挥各地区的比较优势和实现区域发展的均等化，不断提高人民的基本生活水平，促进区域的协调发展。不断巩固改革开放成果，致力补齐区域之间政策差异，加速推动地区统筹、秩序良好、互利双赢、健康可持续新格局建设。稳步实现社会基本公共服务区域发展均等化，不同区域的人民在医疗教育、交通服务、基础设施、文化发展等方面实现公平对等，向区域之间协调发展的目标前进。要通过法制保障重要手段促进公共服务标准的实行和公共服务均等化的开展，以成渝两地共建成渝地区双城经济圈为重要抓手，围绕公共服务多方面、多层次、多领域地建立公共服务法制保障机制，落实上级政策指示精神，用法律规章制度确保公共服务标准机制建立，确保区域均等、群体均等、城乡均等相关政策落地落实，用法治保障成渝人民共享公共服务带来的美好生活。同时通过法治手段对破坏区域公共服务均等的行为做出严厉惩治，对影响公共服务标准的违法分子进行严厉打击，保障成渝两地人民在医疗卫生、公共交通、创业就业、社会保障、文化服务、基础设施、教育等各个领域得到均等的公共服务。

参考文献

陈婉玲，曹书，2019. 中国区域经济法制模式探索与路径创新：以政策补强型
　　法制为路径 [J]. 经济社会体制比较（6）：178-185.

冯磊，张楠，2017. 京津冀区域经济一体化法治研究 [J]. 河北企业（6）：
　　97-98.

公丕祥，2014. 变革时代的区域法治发展 [M]. 北京：法律出版社.

公丕祥，2016. 区域法治发展研究：第 1 卷 [M]. 北京：法律出版社.

公丕祥，2017. 区域治理与法治发展 [M]. 北京：法律出版社.

公丕祥，2018. 区域法治发展研究：第 2 卷 [M]. 北京：法律出版社.

公丕祥，龚廷泰，王扬，2019. 区域法治发展基础理论研究 [M]. 北京：法律
　　出版社.

黄佳桢，许强，魏瑶，2019. 成渝经济圈经济效率评价与治理研究 [M]. 北
　　京：中国经济出版社.

刘登娟，2018. 成渝城市群资源环境与经济协调发展研究 [M]. 成都：四川大
　　学出版社.

刘革，金成波，2013. 区域法治化评价体系与标准研究 [M]. 北京：中国政法
　　大学出版社.

骆玲，2008. 成渝试验区与社会建设 [M]. 成都：西南交通大学出版社.

骆天纬，2017. 区域法治发展研究丛书 区域法治发展的理论逻辑 [M]. 北京：
　　法律出版社.

石红华，2019. 成渝经济区地方政府跨域治理合作机制的理论与实践 [M]. 北
　　京：知识产权出版社.

石佑启，朱最新，2015. 区域法治与地方立法研究文丛 区域法治与地方立法研
　　究 [M]. 广州：广东教育出版社.

石佑启，朱最新，2016. 软法治理、地方立法与行政法治研究 区域法治与地方立法研究文丛 [M]. 广州：广东教育出版社.

石佑启，朱最新，2015. 区域法治与地方立法研究文丛 地方立法学 [M]. 广州：广东教育出版社.

陶品竹，2018. 京津冀协同发展与区域法治建设研究 [M]. 北京：中国政法大学出版社.

汪习根，2011. 发展、人权与法治研究 区域发展的视角 [M]. 武汉：武汉大学出版社.

王爽，2018. 论我国区域行政指导规范的法治化：以珠三角区域经济一体化为例 [J]. 法治社会（6）：27-35.

韦以明，韦军，韦娌，2009. 泛珠三角区域合作法治问题研究 [M]. 南宁：广西人民出版社.

文正邦，2018. 论国家治理体系中的区域治理及其法治和宪法保障 [J]. 上海政法学院学报（法治论丛）（6）：114-123.

吴大华，张帆，2019. 新形势下贵州区域法治建设调查与研究 [M]. 北京：中国政法大学出版社.

夏锦文，2015. 区域法治发展的文化机理 [M]. 北京：法律出版社.

杨毅，张琳，2019. 成渝经济区地方政府跨域治理合作机制的理论与实践 [M]. 北京：知识产权出版社.

杨玉梅，2007. 正视与反思：我国区域经济的法治化 [J]. 经济问题探索（6）：28-31.

叶必丰，2017. 区域协同的行政行为理论资源及其挑战 [J]. 法学杂志（3）：79-89.

赵驹，郭靖，梁正，2013. 成渝经济区会展业发展研究 [M]. 成都：四川大学出版社.

钟海燕，2007. 成渝城市群研究 [M]. 北京：中国财政经济出版社.

重庆市经济信息中心，重庆市综合经济研究院，2009. 成渝经济区发展思路研究 [M]. 重庆：重庆出版社.

周继红，2011. 我国区域经济协调发展法治化内涵研究 [J]. 北方法学，5（4）：73-78.

周一沁，2018. 环境法治建设促进区域经济发展的基本原则研究 [J]. 生产力研究（10）：68-72.

朱容, 2004. 论法治建设与区域经济发展 [J]. 经济体制改革 (4): 154-156.

BATEMAN, 2020. The natural capital approach to integrating science, economics and policy into decisions affecting the natural environment [M]. Cambridge: Conservation Research, Policy and Practice.

DIN M, 2015. Introduction to regional economic development: major theories and basic analytical tools. Cheltenham [M]. Belgiam: Edward Elgar Publishing.

LUCIA Q, 2019. The politics of state compliance with international "soft law" in finance [J]. Governance (1): 45-62.